Csaba Szépfalusi – Karel Kriz · Bergerlebnis Schneeberg & Rax

niederösterreich kultur

Gedruckt mit Unterstützung der Abteilung Kultur und Wissenschaft
des Amtes der Niederösterreichischen Landesregierung

Für unsere Mütter

Csaba Szépfalusi ist alle beschriebenen Touren zwischen 1999 und 2001
persönlich abgegangen und hat sie in Bildern festgehalten. Trotz der
dadurch gewährleisteten Aktualität der Angaben kann für ihre Richtigkeit
aufgrund der Einflussnahme von Mensch und Natur auf die Landschaft und
der daraus resultierenden Veränderungen keinerlei Haftung übernommen
werden.

Csaba Szépfalusi dankt

– **Herwig Baumgartner**, NÖ-Landeswegereferent des OeAV, für die
  Unterstützung bei der Recherche über die Betreuungsgebiete der
  alpinen Vereine,

– **Dr. Wolfgang Ladenbauer**, Landesleiter des Österr. Bergrettungsdienstes für Wien und Niederösterreich, für Auskünfte über das Berg-
  rettungswesen,

– **Doz. Dr. Günther Eigenthaler** für die fachliche Durchsicht des
  Manuskripts,

– **allen Wirtsleuten** am Berg und im Tal für ihre Unterstützung bei den
  Recherchen,

– Alex, Christian Bancher, Peter Berghuber, Katarina Bica, Winfried
  Dämon, Eva Geyer-Hahnreich, Jupp Graser, Susanne Graser, Maximi-
  lian Glück, Werner Hahnreich, Doris Hummel, Klaudia Kobald-Glück,
  Uschi Koller, Claudia Öttl, Walter Strauss, Sissi Witte und allen Teil-
  nehmern an den diversen Ausbildungskursen und Führungstouren der
  OeAV-Sektion *EDELWEISS*, die mit ihm gemeinsam schöne Tage auf
  Schneeberg und Rax verbracht und damit zum Zustandekommen dieses
  Buchs beigetragen haben.

Karel Kriz dankt

– **Susanne Bachl, Roland Herndler** und **Alexander Schratt** für die krea-
  tive und sehr engagierte kartographische Zusammenarbeit. Sie haben
  großen Anteil am Zustandekommen der Karten und Panoramen gehabt.

Csaba Szépfalusi   Karel Kriz

Bergerlebnis

Schneeberg & Rax

Die schönsten Bergwanderungen
und Klettersteige

:STYRIA

Einleitung

Schneeberg

Hütten

Rax

Hütten

Übergänge

Gipfel

Touren

Schneeberg, Höllental und Rax

Schneeberg und Rax sind die östlichsten Zweitausender der Alpen und ihre letzten bedeutenden Gebirgsbildungen. Ihre große landschaftliche Schönheit und die Nähe zu Wien ließen dieses durch das Höllental getrennte ungleiche Geschwisterpaar zu einem der traditionsreichsten und meistfrequentierten bergtouristischen Anziehungspunkte der gesamten Alpen heranwachsen. Heute stellen Schneeberg und Rax das Musterbeispiel einer alpinen Kulturlandschaft dar, mit einigen intensiv, aber nicht übermäßig erschlossenen und mit großen weitgehend ursprünglich erhaltenen Bereichen.

Die Errichtung der ersten Wr. Hochquellenwasserleitung im Jahre 1873 hat das weitere Schicksal der Landschaft entscheidend beeinflusst und sich rück-, aber auch in unsere Zukunft vorausblickend als ein wahrer Segen für ihre Erhaltung herausgestellt. Schneeberg und Rax sind heute über weite Teile Wasserschutz- bzw. Quellschutz- sowie Landschaftsschutzgebiet. Damit sind gravierende Eingriffe ins Landschaftsgefüge nicht möglich. Die weltweit für eine Großstadt einzigartige Qualität des Wiener Trinkwassers ist also ursächlich mit der Erhaltung der Landschaft, die von ihrer Bevölkerung zu Erholungszwecken besucht wird, verbunden.

Die ungleichen Geschwister Schneeberg und Rax

Der Schneeberg ist „Berg", die Rax „Gebirge". Ihre Erscheinungsformen sind trotz ihrer räumlichen Nähe zueinander grundverschieden. Beide weisen einen komplexen Aufbau auf, sind aber in ihrer Ausführung nicht zu vergleichen. Auf der einen Seite der gipfelorientierte Hochschneeberg, auf der anderen Seite die weitläufige Hochflächenlandschaft der Rax. Der Schneeberg nimmt dabei den topographisch günstigeren Standort ein. Er ist die dominierende Erscheinung am östlichen Alpenrand und bis weit in die Pannonische Tiefebene als erhabene breite Berggestalt sichtbar. Gewissermaßen der Mt. McKinley Niederösterreichs! Gemeinsam mit dem Ötscher ist er darüber hinaus derjenige Gipfel Niederösterreichs, der praktisch von jedem erhöhten Standort des Bundeslandes, aber auch aus dem Burgenland und der Steiermark sichtbar ist.

1898 schreibt Fritz Benesch im Jahrbuch des DuÖAV:

… der Wiener Schneeberg, einer der ältesten Touristenberge der Alpen. Ganz isoliert steht er da und überragt, mit der gewaltigen Breitseite seine ebenbürtigen Nachbarn verdeckend, die Gipfel der Voralpen … Vom Thurm zu St. Stefan, von jeder Anhöhe der Stadt, von allen den vielen Kuppen des Wienerwaldes ist der Coloss am Südhimmel zu sehen und bildet überall den malerischen Abschluss der Landschaft. Ein Wahrzeichen der Kaiserstadt und ihrer herrlichen Umgebung.

Bild Seiten 8/9:
Blick von der
Kloster-Hinteralpe
bei Lilienfeld
zum Schneeberg

10

Die breit gelagerte Rax hat dem nichts Gleichwertiges entgegenzusetzen. Ihre
Stärken liegen eindeutig in ihrer Ausdehnung, aus der sich ein enormer
Abwechslungsreichtum und ein schier unerschöpfliches Angebot an Aufstiegs-
und damit an Kombinationsmöglichkeiten ergeben. Auf dem Schneeberg
strebt man dem Gipfel zu („der Gipfel ist das Ziel"), auf der Rax treibt man
sich oben herum („der Weg ist das Ziel"). Ganz so krass ist es natürlich nicht:
Immerhin besitzt gerade der Schneeberg im Grafensteig einen Höhenweg, der
quasi auf halber Höhe den gesamten Bergkörper umrundet, ohne sich um den
Gipfel zu kümmern. Das ist die eine Ausnahme. Die andere besteht in seinen
beiden Vorbergen Kuhschneeberg und Gahns. Dort kann der Wanderer mit
gebührendem Respektabstand zum „Oberkörper" auf stillen Wegen abseits des
Gipfeltrubels wandeln.

Schneeberg & Rax als Freizeitobjekt

In ihrer Vielseitigkeit stellen Schneeberg und Rax ein unerschöpfliches alpines Panoptikum dar. Für jedermann, für jedes Alter, für jeden Geschmack, für
jedes Können und für jede Jahreszeit. Wanderungen, Klettertouren, Klettersteige, Skitouren, Schneeschuhwandern, Wasserfallklettern, Wildwasserpad-
deln, Mountainbiken. Alles ist möglich, und jeder kann es anlegen, wie er
möchte, von gemütlich bis extrem.
Einige wenige Bereiche, es sind dies – wie könnte es anders sein – diejenigen,
welche am einfachsten erreichbar sind, haben sich dabei zu richtigen Massen-
zonen entwickelt: Am Schneeberg das „magische Dreieck" Zahnradbahn-
Bergstation – Kaiserstein – Klosterwappen. Auf der Rax die „magische Meile"
Seilbahn-Bergstation – Ottohaus – Seeweg – Seehütte. Dort wird man an schönen Wochenenden und Feiertagen Einsamkeit und Ruhe vergeblich suchen,
dafür aber vielleicht den Nachbarn treffen, dem man alles zugetraut hat, nur
nicht, dass er in die Berge geht! Unter dem Motto „Hüttenhüpfen" wurde auf

der Rax eine erfolgreiche Initiative zur Ankurbelung der Hüttenbesuche, insbesondere durch Tagesgäste, ins Leben gerufen. Schneeberg und Rax sind neuerdings auch Bestandteile des „Wander-Grand-Slam", zu dem weiters die Semmering-Region (Sonnwendstein, Hirschenkogel) und der Semmering-Bahnwanderweg gehören.

So ist das eben bei „Hausbergen". Und Schneeberg und Rax sind unbestritten Hausberge. Nicht nur „Wiener" Hausberge – das sei hier im Sinne einer ausgewogenen Beurteilung festgehalten! Hausberg impliziert, dass man nicht nur einmal kommt, sondern immer wieder. Um neue Anstiege kennen zu lernen und neue Wegkombinationen auszuprobieren. Darin liegt ein enormer Reiz, und er wird immer größer, je öfter man kommt. Der Autor hat es am eigenen Leib erfahren! Oben mag sich manches gleichen, auch die Aussicht, aber der Weg dorthin, der ist jedesmal anders und daher immer ein neues schönes Erlebnis.

Die beste Jahreszeit

Schneeberg und Rax haben immer Saison, auch wenn's nicht immer eine Hochsaison ist. Die Wanderzeit dauert vom späten Frühjahr bis in den November hinein. **Mai und Juni** sind die Zeit der großen Kontraste. Auf der einen Seite beleben noch Schneebänder und -flecken das Landschaftsbild, auf der anderen Seite blühen bereits in unmittelbarer Nähe die ersten Alpenblumen. Der **Sommer** mag heiß sein und die absolute Höhe von Schneeberg & Rax an Hundstagen für kühlende Luft nicht ausreichen, aber immer ist's ja nicht drückend schwül! Wer den Schneeberg- und Raxsommer nicht kennt, dem entgeht vieles: Vor allem in den schattigen Gräben (Bärengraben, Kesselgraben, Stadelwandgraben, Weichtalklamm, Eng) entfaltet sich eine üppige würzig-mild duftende Flora, welche die Steige oft komplett überwuchert und eine dschungelähnliche Landschaft entstehen lässt. Schauen Sie sich das an! Die sonnseitigen Kare und Latschenfelder sollten Sie allerdings im Sommer eher meiden, sie verwandeln sich gerne in eine Schweiß treibende „Freiluftsauna". Der **Herbst** ist natürlich die klassische Wanderzeit: frische Luft und eine „ausgezeichnete Fernsicht" hoch über dem Nebelmeer, so sieht das Herbstwanderklischee und an vielen Tagen auch die Realität aus.

Wenn der erste Schnee fällt, die Wege und Steige angezuckert, aber noch begehbar sind, bekommt die Landschaft einen besonderen, neuartigen Reiz. Einen, den man bald nicht mehr missen möchte und der einen fließenden Übergang zum echten **Winter** herstellt. Dann, wenn eine geschlossene Schneedecke die Wege verschwinden lässt, beginnt die Zeit der Skitouren-Geher, der Winter- und der Schneeschuhwanderer.

Warnung an Wanderer und Bergsteiger

Schneeberg und Rax mögen hinsichtlich ihrer absoluten Höhe nicht wirklich hoch sein, im Vergleich mit ihren Nachbarn sind sie aber echte Riesen. Vor allem der Schneeberg, der nach Norden und Osten eine Überhöhung von 700 bis 800 Meter aufweist, stellt eine veritable Barriere dar. Nicht nur optisch, auch für das Klima! Schneeberg und Rax brauen, unterstützt vom zwischen ihnen 1500 m tief eingeschnittenen Höllental, oft ihr eigenes Wetter. Die besondere Gewitteranfälligkeit ist im Sommer zu beachten. Generell können die klimatischen Unterschiede am Ausgangspunkt der Tour und in der Gipfel-region enorm sein. Das mag seine Reize haben, hat aber auch seine großen Gefahren für diejenigen Besucher, die darauf nicht vorbereitet sind. Die Über-gänge aus windgeschützten Bereichen hinaus auf die Hochfläche können schlagartig eine neue Situation schaffen, z. B. die letzten Meter vom Schlan-genweg zum Karl-Ludwig-Haus, der Austritt vom Fadensteig oder von einem der ostseitigen Gratanstiege auf den Hochschneeberg. Der Wind kann dort, aber auch an allen anderen exponierten Stellen im wahrsten Sinne des Wortes umwerfend sein! Schließlich muss noch besonders für Rax-Geher auf die Nebelanfälligkeit des Hochplateaus hingewiesen werden.

Schneeberg-Daten

Abgrenzung: Klostertaler Gscheid – Faden-sattel – Puchberg am Schneeberg – Sier-ningtal – Ternitz – Gloggnitz – Hirschwang – Höllental – Voismühle – Klostertaler Gscheid.

Gliederung: Der Hochschneeberg bildet einen ausgeprägten Oberkörper, den zwei Hochebenen flankieren: im Nordwesten der Kuhschneeberg, im Südosten die Gahns.

Superlativ: Der Schneeberg ist der höchste Berg Niederösterreichs und sein einziger Zweitausender.

Am Ufer der Schwarza im Höllental.

Rax-Daten

Abgrenzung: Hirschwang – Höllental – Nasswald – Nasskamm – Altenbergtal – Raxental – Preiner Gscheid – Hirschwang.

Gliederung: Die Rax besteht aus den drei Gebirgsteilen Grünschacher, Scheibwald und Heukuppe.

Superlativ: Die Rax ist ein niederösterreichisch-steirisches Grenzgebirge, wobei mit der Heukuppe ihr einziger Zweitausender rein steirisch, der Groß-teil des Kalkstocks aber niederösterreichisch ist.

Highlights

1891: erste Skibesteigung eines Österreichischen Gipfels (Stuhleck) durch Toni Schruf.

1894: Fritz Benesch stellt in seinem „Specialführer auf die Raxalpe" die erste alpine Schwierigkeitsskala vor (Benesch-Skala). Diese wird Vorbild für die auch heute noch gebräuchliche UIAA-Skala.

1895: erste Skibesteigung des Schneebergs durch Toni Schruf.

1896: Gründung der weltweit ersten Bergrettungsorganisation: Alpiner Ret-tungsausschuss Wien (ARAW).

1904: erster alpiner skitechnischer Vergleichswettkampf in der Breiten Ries: Mathias Zdarsky und seine Lilienfelder Skitechnik gegen die Norweger Technik, vertreten durch Hassa Horn. Zdarsky geht als eindeutiger Sieger hervor.

Bergwanderungen und Klettersteige auf Schneeberg und Rax

Bergwanderungen

Im Untertitel des Buchs wird bewusst von Bergwanderungen gesprochen und nicht von Wanderungen. Damit soll der überwiegend alpine Charakter, der Schneeberg und Rax auszeichnet, betont und hervorgehoben werden. Sosehr nämlich das nähere Einzugsgebiet der Zahnradbahn auf den Schneeberg (Strecke Bergstation – Fischerhütte) und der Rax-Seilbahn (Übergang zum Ottohaus und weiter auf dem Seeweg zur Seehütte) bei gutem Wetter den Eindruck einer ins Gebirge verlagerten Promenade vermitteln kann, so sehr muss betont werden, dass sich dabei die Besucher im Hochgebirge mit all seinen Schönheiten, aber auch Einschränkungen und Tücken bewegen.

Es gibt auf Schneeberg und Rax nur recht **wenige „ganz leichte" Wanderwege**. Großteils handelt es sich um schmale, teils auch ausgesetzte Steige, die abschnittsweise durch steilen Wald, über steinigen und geröllichen Boden führen und entsprechende Trittsicherheit erfordern. Vor allem im **Abstieg** kommen diese lästigen Eigenschaften der Steige zum Tragen. Viele dieser Steige waren ursprünglich Jagd- oder Holzknechtssteige und sind erst später für touristische Zweck erschlossen und ausgebaut worden. Beispiele: Sosehr der Wachthüttelkammsteig „leicht" erscheinen mag, im Abstieg ist er 100%ig ernst zu nehmen. Gleiches gilt auch für den Rudolfsteig auf der Vis-à-vis-Seite des Großen Höllentals, für Bärenloch und Wildfährte, für AV-Steig und Teufelsbadstubensteig!

Zu berücksichtigen sind auch die **großen Höhenunterschiede**, die vom Tal auf die hohen Gipfel zu überwinden sind. 1000 Höhenmeter sind da leicht drin, im Extremfall sogar 1500! Besonders auf der Rax können sich bei den Höhenwanderungen noch ganz schön viele Höhenmeter „zusammenläppern".

Großes Augenmerk muss von allen Besuchern auf die **Wasserarmut** gelegt werden. Im wasserdurchlässigen Kalk herrscht oberflächlich Dürre. Die wenigen – zumeist auf den Karten eingezeichneten – Wasserstellen sollten zum Nachtanken genutzt werden. Ab Spätsommer kann es mit der Versorgung oft schon vorbei sein!

Die leichten Anstiege aus dem Tal auf die Hochflächen:

Rax: Großer Kesselgraben, Altenbergersteig, Schlangenweg, Waxriegelsteig, Törlweg, Kaisersteig, Schüttersteig, Gsolhirnsteig.

Schneeberg: Fadenweg, Mieseltal, Hengstweg, Ferdinand-Mayr-Weg. Alle Anstiege auf das Gahnsplateau sind durchwegs als leicht zu bezeichnen. Alle anderen Steige haben mehr oder weniger viele gefährliche Stellen, an denen bei Unachtsamkeit oder Ungeübtheit Abrutsch- bis Absturzgefahr besteht!

Auf der Hochfläche sind die Wege hinsichtlich ihrer technischen Schwierigkeit weitgehend harmlos, die Gefahren liegen da mehr in der großen Ausgesetztheit gegenüber Wind und Wetter.

Charakteristik und Besonderheit der Klettersteige auf der Rax und am Schneeberg

Die **Rax** ist ein traditionsreiches Klettersteig-Paradies. Vielleicht wurde hier sogar überhaupt der erste Klettersteig der Alpen errichtet. Die beiden Eisensteigbäume des Haidsteigs und das Leiternsystem in der Einstiegswand des AV-Steigs („Ceplwand") sind typische Beispiele für den historischen Charakter, der die meisten Rax-Klettersteige auszeichnet und ihnen einen besonderen Stellenwert verleiht. Zur Zeit ihrer Erbauung ging es meist nicht um ein gesuchtes Ferrata-Feeling, sondern um einen „Weg durch die Wand – zur Hütte oder auf den Berg".

Diese gesicherten Steige dürfen also meist nicht mit den modernen Steiganlagen verglichen und verwechselt werden, bei denen vom Einstieg bis zum Ausstieg ein durchlaufendes Stahlseil die Route absichert. So hat der Haidsteig Besonderes zu bieten: Der zweite Eisensteigbaum besitzt kein Sicherungsseil. Eine Selbstsicherung muss daher an den Leitersprossen erfolgen! Nicht verwirren lassen darf man sich von einer Tafel beim Ausstieg des Preintalersteigs. Da wird dieser nämlich als „ungesicherter Klettersteig" bezeichnet.

Viele der Rax-Klettersteige haben einige gesicherte, aber auch viele ungesicherte – und nicht ungefährliche! – Abschnitte. Sie sollten eher als alpine Anstiege mit einigen gesicherten Passagen bezeichnet werden. Die Anforderungen, vor allem hinsichtlich der Trittsicherheit, sind dabei nicht auf diese Einzelstellen beschränkt, sondern verteilen sich auf längere Abschnitte, also auch auf das so genannte Gehgelände. Sie müssen daher absolut ernst genom-

men werden, selbst wenn sie bis auf wenige Ausnahmen (Haidsteig, König-schusswandsteig, Kronich-Eisenweg) keine größeren Klettersteig-Schwierigkeiten aufweisen.

Der **Schneeberg** hat mit Klettersteigen wenig am Hut! Lediglich der kurze gesicherte Anstieg von der Kienthaler Hütte auf den Turmstein kann als solcher bezeichnet werden. Er kommt kaum als Hauptziel einer Tour in Frage, ist aber als Anhängsel, auch wegen der Aussicht vom Gipfel, sehr empfehlenswert. Ganz kurze leichte gesicherte Passagen gibt es auf dem Südlichen Grafensteig, auf dem Wassersteig, in der Weichtalklamm und in der Eng. Ansonsten ist der Schneeberg „eisenfrei".

Sich selbst sichern oder nicht?

Der Großteil der Rax-Klettersteige weist, wie oben erwähnt, verhältnismäßig geringe Klettersteig-Schwierigkeiten auf, führt aber durch ausgesprochen alpines Gelände (z. B. im Großen Höllental und in den Kahlmäuern). Oft wird dabei von Begehern, aus welchen Gründen auch immer, keine Selbstsiche-

rung verwendet. Es möge sich jeder die folgenden Fragen selbst beantworten: Wenn er aus- und am Stahlseil abrutscht, ist er sich wirklich sicher, dass er sich trotz Aufpralls am Fels oder auf Trittstiften halten kann? Was ist, wenn er von einem Stein getroffen wird, auf dem Kopf, auf der Griffhand? Wenn er von einem Gefährten unabsichtlich gestoßen wird? Wenn ein Griff oder eine Sicherung ausbricht? Wenn es zu spät ist, um diese Fragen zu beantworten…

Alpine Routen

Einige Tourenvorschläge in diesem Buch lassen sich weder in die Kategorie Bergwanderung noch in jene der Klettersteige einordnen. Es handelt sich dabei um alpine Anstiege, die aufgrund ihrer geringen Kletterschwierigkeiten in der Regel ohne Seilsicherung begangen werden. Das sind auf der Rax: Preintalersteig, Großes Fuchsloch, Kleines Fuchsloch, Amaliensteig, Blechmauernsteig, Großes Gries, Kleines Gries. Und auf dem Schneeberg: Krumme Ries, Nandlgrat, Herminensteig, Novembergrat, Mittagstein. Da sich die meisten davon unter Schneeberg- und Rax-Besuchern großer Beliebtheit erfreuen, erschien es angebracht, sie im Buch aufzunehmen und vorzustellen. Ihre Begehung ist aber nichts für reine Wanderer! Sie bleibt dem erfahrenen Bergsteiger überlassen, der gute Kondition mitbringt und mit den Tücken des Geländes gut zurechtkommt.

Die alpine Erschließung
von Schneeberg und Rax

…beginnt im Jahre 1574. Charles de l'Ecluse (Carolus Clusius) besteigt erstmals den Schneeberg. Ob er tatsächlich der Erste war, ist nicht belegbar, aber er war der Erste, der eine dokumentierte Besteigung vorweisen kann. Seine Motive galten nicht einer Erstbesteigung im Sinn eines „Gipfelsiegs", sondern waren naturwissenschaftlich ausgerichtet. Er arbeitete im Auftrag von Kaiser Maximilian, der ihn 1573 aus Antwerpen engagiert hatte, an einem Werk über die österreichische Flora, welches 1583 erschien.

Bis weit in das 18. Jahrhundert hinein war das touristische Interesse am Schneeberg praktisch ausschließlich der Botanik gewidmet. Die relative Nähe zur Kaiserstadt und die leichte Besteigbarkeit von Puchberg aus haben den Schneeberg zu einer idealen Forschungsstätte gemacht. Auch die ersten Führer zeugen von großem Entdeckungsdrang, was sich u. a. in den kulturellen Exkursen (Brauchtum, Handwerk etc.) niederschlägt.

Anfang des 19. Jahrhunderts erscheinen die ersten Bücher, welche die erwachende romantische Reiselust widerspiegeln. Typisch war die gefühlsbetonte poetische Darstellung der Eindrücke, die die Bergwelt auf den Besuchern hinterließ. Aus heutiger Sicht waren das die Vorgänger der Freizeitführer. Der Schneeberg war natürlich die Hauptattraktion. Ein hoher Berg, der von Wien und den Aussichtsplätzen des Wienerwalds an schönen Tagen dem Horizont eine unverwechselbare Silhouette verlieh, musste unweigerlich Phantasie, Neugier und Interesse anregen.

Innthaler-Gedenkstein
beim Habsburghaus.

Fischer von Röslerstamm hat in seinem 1844 erschienenen Buch „Der Wanderer nach dem Schneeberg" (übrigens eines der ersten alpinen Führerwerke überhaupt) u. a. die Breite Ries und den Schneidergraben als Anstiegsmöglichkeit erwähnt.

Die Zeit der aktiven, bewussten Suche nach neuen Besteigungsmöglichkeiten und nach neuen bergsteigerischen Herausforderungen setzt erst im letzten Drittel des 19. Jahrhunderts ein. Und sie hält bis heute an! Waren es damals die Gräben, Grate und Wände, die erschlossen wurden, so sind es heute die Genusskletterei und die extremsten Sportkletterrouten, welche die Bergbegeisterten in anhaltender Zahl in das Schneeberg-Rax-Gebiet, vor allem aber ins Höllental locken.

Das einschneidende Ereignis für die massentouristische Erschließung des Schneebergs war 1897 die Eröffnung der Schneebergbahn von Wr. Neustadt nach Puchberg am Schneeberg und der Zahnradbahn von Puchberg zum Hochschneeberg. 1217 Höhenmeter werden auf der 9,5 km langen Strecke überwunden. Damit war eine bequeme Reise von Wien zum höchstgelegenen Bahnhof Österreichs am Hochschneeberg, also mitten ins Hochgebirge, möglich. Seine Nachbarin, die Rax, hatte im 19. Jahrhundert zunächst noch das Nachsehen. Sie war erstens vom Schneeberg verdeckt, zweitens umständlich zu erreichen, und drittens wirkten ihre nach allen Himmelsrichtungen abfallenden steilen Wandfluchten auf Bergtouristen zunächst wie eine unnahbare Festung. Die Rax galt auch als ernster, gefährlicher und schwieriger. Vor allem die Orientierungsprobleme auf der Hochfläche waren gefürchtet. Es ist nicht verwunderlich, dass dort in dieser Zeit viele Bergtote durch Erfrieren zu verzeichnen waren. Erst durch das Anbringen von Markierungen und Stangen konnte diese Situation entschärft werden.

Die wirtschaftliche Erschließung der Rax geht aber auf das 17. Jahrhundert zurück, als der Bergbau in der Gegend rund um Hirschwang ausgebaut wurde. Der Sengerkogel galt als „Erzberg Niederösterreichs". Spuren des Abbaus sind heute noch in der Nähe der Talstation der Rax-Seilbahn zu sehen. Um 1800 machte Georg Hubmer, der erste „Raxkönig" (der zweite ist Camillo Kronich) Furore. Er hat die abenteuerliche Aufgabe übernommen, den Holznachschub aus Nasswald für die Eisenwerke in Hirschwang und für Wien zu bewerkstelligen. Belohnt wurde er dafür durch eine Bilderbuchkarriere, die ihn vom einfachen, aus dem Salzkammergut kommenden Holzfäller zum k. u. k. Schwemm-Meister hochsteigen ließ. Die Schwarza wurde für den Holztransport von Hindernissen befreit, in Nasswald entstand eine protestantische Holzfällersiedlung. Berühmt wurde Hubmer vor allem durch den später nach ihm benannten Schwemmstollen, den er am Preintaler Gscheidl (zwischen Lahnberg und Gippel) errichten ließ. Auch zahlreiche Holzriesen (z. B. diejenige durch die Eng, Seite 114) gehen auf diese Zeit zurück. Und wenn sich jemand auf der Rax-Karte über die Bezeichnung „Eisenbahngraben" auf dem Scheibwald (Seite 246) wundert, so darf er sich darunter eine Hubmer'sche Holztransportbahn (also keine „Eisenbahn") vorstellen!

Wichtig für die touristische Erschließung der Rax, aber auch der „Rückseite" des Schneebergs war der Ausbau der Verkehrswege. Eine Straße durch das Höllental gibt es seit 1832. 1842 wurde die Eisenbahn Wien–Gloggnitz eröff-

Von der Dürren Wand
zum Schneeberg.

net, 1854 die Semmering-Bergstrecke, die erste Gebirgsbahn der Welt, seit einigen Jahren Weltkulturerbe!

Als Folge davon verlagert sich ab ca. 1875 das alpine Interesse neben dem Schneeberg auch verstärkt auf die Rax. Berühmte Bergsteiger wie Emil und Otto Zsigmondy, Eugen Guido Lammer, Hans Wödl, Gustav Jahn, Eduard Pichl u. v. a. haben die Zeit der Erstbegehungen an den Wänden der Kahlmäuer und im Großen Höllental eingeleitet. Auch die Ära der berühmten Rax-Bergführer wurde durch Namen wie Daniel Inthaler, Konrad Kain und Ignaz Spielbichler begonnen.

1894 gibt Fritz Benesch den ersten „Spezialführer auf die Raxalpe" heraus. Dieser beinhaltet die weltweit erste numerische alpine Schwierigkeitsskala! Mit der Erbauung der ersten Hütten (Karl-Ludwig-Haus, Ottohaus, Habsburghaus) wurde die Rax auch für die große Masse der Wanderer zu einem attraktiven Ziel. Eine Raxpartie war in der Hochblüte der Sommerfrische-Kultur ganz einfach „in". Diese erste Freizeitwelle hat bis heute der Region zwischen Gloggnitz und dem Semmering ihren unverwechselbaren, aus heutiger Sicht nostalgisch-pittoresken Charakter verliehen. In den letzten Jahren hat sich sogar der Begriff „Zauberberg" als regionale Bezeichnung eingebürgert! Parallel zur Errichtung der Zahnradbahn auf den Schneeberg gab es auch an der Rax Pläne, die eine bahntechnische Erschließung der Hochfläche vorsahen. Diese stießen aber auf massiven Widerstand in der Wiener Bergsteigerschaft und bei den alpinen Vereinen. 1926 war aber die Rax-Seilbahn (die erste Seilschwebebahn Österreichs) von Hirschwang auf das Gsolhirn doch Realität. Und spätestens mit diesem Bau hat die Rax dank ihrer vielfältigeren Tourenmöglichkeiten dem Schneeberg den Rang als beliebtestes alpines Ausflugsziel am östlichen Alpenrand abgelaufen und bis heute behalten …

19

Naturkundliche Streiflichter

Beitrag von Mag. Thomas Hoffmann

Die beiden großen Hausberge der Wiener, Schneeberg und Rax, nehmen innerhalb der Bergwelt eine herausragende Sonderstellung ein. Nähert man sich von Wien, bildet der Schneeberg bald einen fixen Orientierungspunkt am Horizont; er ist mit 2076 m der höchste Berg Niederösterreichs.

Die Einzigartigkeit hat viele Gesichter in der Natur: Da wäre die verkarstete Plateaulandschaft ebenso zu nennen wie die steilen mit Schwarzföhren bewaldeten Talflanken des Höllentales. Zudem entspringen am Fuß der mächtigen Kalkstöcke zahlreiche Quellen. Die beiden Berge bieten für jeden etwas, sodass Ausflügler, Wanderer und Bergsteiger ebenso auf ihre Rechnung kommen wie Geologen. Letztere studieren in den hellen Kalken die Entwicklung und Veränderung des einstigen Tethysmeeres. Dem Biologen sind die steil aufragenden Wände und die tief in die Niederungen hinabreichenden Lawinenrinnen wichtige Standorte für bunt wechselnde Biotope von der Flussniederung bis zur alpinen Höhenstufe.

Die geologische Großlage

Die Lage der beiden Berge lässt keine Zweifel offen. Sie liegen innerhalb des Alpenbogens, der von Nizza bis Wien reicht und werden hier den **Nördlichen Kalkalpen** zugerechnet. Innerhalb dieses Kalkgürtels, der im Norden von den sanften Hügeln der Flyschzone begrenzt wird, liegen sie weit im Süden. Schon die Südflanken der Rax gehören zu einer anderen geologischen Großeinheit. Der Sattel des Preiner Gscheids (1070 m) bildet nicht nur die Grenze von Niederösterreich zur Steiermark, sondern liegt bereits in der **Grauwackenzone**. Lassen sich die Nördlichen Kalkalpen mit den Stichworten „Karst und Wasser" grob charakterisieren, ist es bei der Grauwackenzone das „Erz". Als Beispiel seien der Sengerkogel („NÖ-Erzberg") und der steirische Erzberg genannt. Auch altersmäßig handelt es sich hier um zwei Welten: Die Kalkalpen stellen im Wesentlichen Meeresablagerungen des Erdmittelalters (Mesozoikum) dar, die Grauwackenzone besteht aus einer bunt gemischten Abfolge verschiedenster Gesteine (Schiefer, vulkanische Gesteine, Kalke) des Erdaltertums.

Bunte Gesteinsabfolgen

Die Gesteinsabfolge der Kalkalpen spiegelt das schrittweise Vordringen des Tethysmeeres während der Trias wider. Dieser Zeitabschnitt markiert den Beginn des Erdmittelalters bei 248 Millionen Jahren und endet bei 206 Millionen Jahren. So gut wie fast alle großen Kalkstöcke der Alpen, vom Karwendel im Westen über den Dachstein bis zur Hohen Wand, Rax und Schneeberg im Osten entstammen dieser Periode.

Geologisch interessant ist hier das Altenbergertal an der Südwestflanke der Rax, wo auch die Höflerquelle entspringt. Namen wie „In der Naß" oder „Nassbauer" weisen auf die Wasser stauende Wirkung des Talbodens hin, der aus den so genannten „Werfener Schichten" besteht. Diese tonig-schiefrigen Ablagerungen bilden innerhalb der gesamten Kalkalpen sanfte Wiesen und Weiden und stellen einen der wichtigsten Grundwasserstauhorizonte dar. Am Weg zum Hochplateau findet sich dann eine rasch wechselnde Abfolge bunter Kalke und Dolomite. Alle wurden sie im Meer der Tethys abgelagert.

Doch je nachdem, in welcher Wassertiefe bzw. wie gut die Versorgung mit Sauerstoff war, zeigen sie sich heute mehr oder weniger farbenfroh. Dunkle Kalke beispielsweise sind Anzeiger für lebensfeindliches Milieu in tiefen, ruhigen Meeresabschnitten. Helle Kalke hingegen sprechen für das Gegenteil. Wichtig sind die Gipfelregionen. Sowohl Rax als auch Schneeberg bestehen aus „Wettersteinkalk". Dieser hell verwitternde, nach dem Wettersteingebirge in Tirol benannte Kalk ist eine Ablagerung seichter Meeresteile bei tropischem Klima und baut den Hauptteil der beiden Wiener Hausberge auf. So besteht die Heukuppe (2007 m) aus Resten eines ehemaligen Riffes, das einst von Kalkschwämmen und Korallen besiedelt war, während Richtung Norden die Ablagerungen der nur wenige Meter tiefen Lagune erhalten sind. Hier sind vor allem die runden Quer- und Längsschnitte fossiler Kalkalgen die häufigsten Reste unter den Fossilien.

Von der Geburt der Alpen zu den Augensteinen

Nachdem die einst kilometerdicken Ablagerungen des weichen Kalkschlamms zu kompaktem Kalk verfestigt wurden und sich das Meer der Tethys endgültig zurückgezogen hatte, begann sich der noch junge Alpenkörper langsam zu formieren. Zwischenzeitlich hatten durch den langsamen, aber kontinuierlichen Anschub der afrikanischen Kontinentalplatte gegen die europäische gewaltige Gebirgsbewegungen im Zeitlupentempo stattgefunden.

Schließlich setzen vor rund 30 Millionen Jahren massive Hebungen im Bereich der heutigen Zentralalpen ein, die sich als Erste aus dem Wasser erhoben und trockenes Land bildeten. Wenn von diesem frühen Festland auch heute nichts mehr übrig ist, so wissen wir von dessen Existenz aufgrund der Funde von „Augensteinen". Das sind Gerölle kristalliner Gesteine, die sich in Karstspalten am Plateau von Rax und Schneeberg finden. Sie stammen von Flüssen, die Schotter von den im Süden befindlichen Zentralalpen über das heutige Gebiet von Rax und Schneeberg nach Norden in das Molassemeer der Paratethys mitführten. Durch die Kraft der frühen Flüsse ist auch die heute tafelförmige Gestalt der beiden Berge zu erklären.

Die letzte einschneidende geologische Epoche war die Eiszeit, die vor 1,8 Millionen Jahren begann. Rax und Schneeberg waren als letzte Ausläufer des Alpenkörpers gerade noch vom Eis bedeckt. Erst vor rund 10.000 Jahren war die Welt wieder „in Ordnung". Die Tier- und Pflanzenwelt hatte sich die einstigen Areale zurückerobert.

Karst – das Geheimnis des Trinkwassers

Wenn heute Rax und Schneeberg das Trinkwasser-Reservoir Wiens für die 1. Wiener Hochquellenwasserleitung ist, so lässt sich dies auf die intensive und tiefgründige Verkarstung zurückführen. Dadurch kann der Niederschlag auf den Plateaus innerhalb kürzester Zeit durch den Berg sickern, wo er am Bergfuß als Quelle wieder austritt. Bei diesem Weg durch den Berg greift das Wasser, angereichert durch das Kohlendioxyd der Luft und der Wurzeln, den Kalk an. Bei diesem Vorgang geht stets ein wenig vom harten Gestein in Lösung. Auf diese Weise entsteht der reiche Formenschatz der Karstlandschaften, der von großen Dolinen über scharfe Karren bis hin zu millimeterfeinen Poren reicht. Kalk, der dabei im Wasser in Lösung geht, ist für die Härte und den guten Geschmack des Trinkwassers verantwortlich und lagert sich im Wasserkocher als „Kesselstein" wieder ab.

Jeder Pflanze ihr Standort

Wenn man das Gebiet von Rax und Schneeberg mit dem dazwischen liegenden Tal der Schwarza betrachtet, so liegen zwischen den Flussniederungen und den Berggipfeln rund 1500 Höhenmeter. Dieser große Unterschied in der Topographie bedingt die Ausbildung verschiedenster Biotope, in denen

sich eine hoch angepasste Tierwelt wohl fühlt. Auf engstem Raum liegen hier verschiedenste Extremstandorte vor.

Abgesehen von der Stufe der Auwälder entlang der Schwarza kann zwischen der montanen (Bergwaldstufe), der subalpinen (Krummholzstufe) und der alpinen Stufe (über 2000 m, Hochgebirgsstufe) unterschieden werden.

Generell gilt: Je weiter man hinaufsteigt, desto kürzer dauert die Vegetationsperiode. Pflanzen haben zwischen dem Wegschmelzen des letzten Schnees und den ersten Schneeflocken nur zwei bis drei Monate Zeit für Wachstum und Blüte, und oft werden sie auch noch bei sommerlichen Schlechtwettereinbrüchen von Schnee und Eis überrascht. Diese Periode ist begleitet von extremen Temperaturschwankungen. Üppige Wuchsformen kann sich die Natur hier nicht leisten, stattdessen ist die alpine Flora von pelzigen behaarten Blättern dominiert. Teilweise wird bei Blüten nicht einmal ein Stängel ausgebildet.

Innerhalb der Bergwaldstufe ist der Schwarzföhrenwald hervorzuheben, der an den Felsfluren und Schutthalden des Schwarzatales zum Schneeberg hin zu finden ist. Als wenig anspruchsvoller Baum hat die Schwarzföhre mit ihren breiten schirmartigen Kronen hier immer noch genügend Raum, um auf den extremen Trockenstandorten steiler Felsgrate überleben zu können. Früher war die Harzgewinnung, deren Spuren an der Bäumen noch vielerorts zu sehen sind, ein wichtiger Wirtschaftsfaktor. Dazwischen taucht der sagenumwobene, weiß blühende bis zu 60 cm große „Echte Salomonsiegel", auch „Duftweißwurz" oder „Springwurz" genannt, auf. Angeblich blüht er nur in der Johannesnacht und öffnet dann Türen und Fenster und ist sogar imstande, Felsen zu sprengen.

Die Zone der Latschenwälder, auch Krummholz oder Legföhre sind gebräuchliche Synonyme für die maximal drei Meter hohen Nadelgehölze, schließt an die subalpinen Fichtenwälder an und reicht entlang von Lawinenrinnen weit in die Talniederungen hinunter. Dieses dichte Gewirr biegsamer Kiefernäste hat zwei große Bedeutungen: zum einen als Wasserspeicher, denn in den Ästen sammelt sich der Schnee, der nach dem Abschmelzen in die Karsthohlräume des Untergrundes versickert; zum anderen als Pionierpflanze, die den Boden alter Almen für die spätere Besiedlung durch den Wald vorbereitet.

Wenn es um die alpine Zone geht, so lässt sie sich als „Reich der Murmeltiere" charakterisieren. Diese drolligen Nager wurden zunächst wegen ihres Fettes („Murmeltieröl") stark dezimiert. Am Beginn des 20. Jahrhunderts setzte man sie aber auf der Rax wieder aus, und seither konnten sie sich dort erfolgreich halten. Im Sommer kommen zwei bis fünf Junge zur Welt und bleiben dann in der Regel bis zum dritten oder vierten Lebensjahr bei ihren Eltern, ehe sie abwandern. Den strengen Winter überstehen sie als echte Winterschläfer dicht aneinander gedrängt in bis zu drei Meter tief liegenden Erd- bzw. Felshöhlen.

Botanisch fallen hier in der Extremzone die dichten Polsterseggenrasen auf. Sie bedecken weite Felsfluren oberhalb der Baumgrenze, vertragen Temperaturen bis zu minus 70 Grad Celsius, und bilden den Untergrund für andere Pflanzen. Gerade im alpinen Bereich sollte man bei jedem Schritt, im wahrsten Sinn des Wortes, darauf achten, die Vegetation nicht zu zerstören. Hier hat es die Natur viel schwerer, sich zu regenerieren, und schließlich sollte man in den Wiener Hausbergen nicht vergessen, dass es bei Naturschutz nicht „bloß" um Tiere und Pflanzen, sondern auch um unser Trinkwasser geht.

Trinkwasser und Tourismus am Beispiel der Wiener Hochquellenleitungen

Bereits in den Jahren 1869–1873 wurde die im Höllental entspringende Kaiserbrunnquelle gefasst und mittels eines 90 km langen Freispiegelkanals – nach dem Vorbild der alten römischen Wasserleitungen – nach Wien geleitet. Aber nicht nur die Wiener Bevölkerung, sondern auch viele niederösterreichische Gemeinden, welche entlang dieser Hochquellenwasserleitung liegen, kamen so in den Genuss des köstlichen und erfrischenden Quellwassers. Durch die Einbeziehung der Quellen des Großen Höllentales, des Reißtales und der Wasseralm (1885–1893) sowie mit dem Bau der 2. Wiener Hochquellenleitung aus dem Gebiet des Hochschwabs (1900–1910) wurde das Rückgrat der Wiener Wasserversorgung geschaffen. Die wassermäßige Erschließung der Sieben Quellen und der Schneealpe (1965–1972) sowie die Fassung der Pfannbauernquelle bei Gußwerk (1985–1988) trugen dazu bei, dass heute die Wiener Bevölkerung nahezu das ganze Jahr mit Trinkwasser aus Gebirgsquellen versorgt werden kann.

Mit dem Bau der 1. Wiener Hochquellenleitung aus dem Schneeberg-, Rax- und Schneealpengebiet wurde der Grundstein für die moderne Wasserversorgung Wiens gelegt. Sie genießt in der internationalen Fachwelt mit Recht größtes Ansehen und zählt zweifellos zu den größten kommunalen Errungenschaften des 19. Jahrhunderts.

Die Nutzung der großen Wasservorkommen von Rax und Schneeberg ging Hand in Hand mit der Erschließung dieser attraktiven Berge für den Tourismus. Im Wiener Bereich war es in der Mitte des vorigen Jahrhunderts durch das rasche Bevölkerungswachstum, das zum Teil fehlende Kanalsystem, undichte Senkgruben und das dadurch verseuchte Grundwasser zu Cholera- und Typhusepidemien gekommen. Mit der Heranholung von Trinkwasser aus bisher von Menschen noch unberührten Gebieten hofften die Verantwortlichen, diesem Problem zu entkommen. Der Tourismus, der sich bald zu einer Massenbewegung entwickelte, brachte nun die Menschen wieder in das Einzugsgebiet ihres Trinkwassers.

Die Quellen beziehen ihr Wasser aus dem Niederschlag (Regen, Schnee), welcher an der Bergoberfläche versickert. Dieses Wasser erfährt, sobald es die schützende Vegetationsschichte eines Weide-, Wald- oder Wiesenbodens einmal durchörtert hat, keine weitere Reinigung im Berg mehr. Dieser Umstand zwingt daher die Verantwortlichen, für die Sauberkeit der Bergoberfläche zu sorgen. Verschiedene Vorbeugemaßnahmen sollen eine Verunreinigung gefährdeter Gebiete und damit des Quellwassers verhindern. Der vorerst mangelnde gesetzliche Schutz veranlasste die Stadt Wien, im Quellenschutzgebiet Grund zu erwerben, um so der Verpflichtung zur Erhaltung der Güte und

Das Wasserschloss in Kaiserbrunn.

Menge des Trinkwassers besser nachkommen zu können. Bedeutende Teile von Rax, Schneeberg und Schneealpe stehen daher im Eigentum der Stadt Wien (ca. 18.000 ha bzw. 180 km^2).

Vom Quelleinzugsgebiet im Bereich Rax und Schneeberg muss auf Anordnung der Wasserrechtsbehörde nur ein verschwindend kleiner Teil in der unmittelbaren Nähe von Quellfassungen oder großen Dolinen für den allgemeinen Zutritt gesperrt werden. Die Respektierung dieser Maßnahme sollte für den verantwortungsbewussten Bergsteiger ebenso eine Selbstverständlichkeit sein, wie auf die Sauberkeit der Umwelt zu achten und in diesem Sinn auch auf andere einzuwirken.

Seit dem Jahr 1965 gibt es eine eigene gesetzliche Verordnung zum Schutz der Wasservorkommen des Rax-, Schneeberg- und Schneealpengebiets (BGBl. 353/65), welche dem Schutz des Wassers Vorrang vor allen anderen Vorhaben einräumt. Die verbesserte Gesetzeslage sowie ein Umdenken der Bevölkerung und der Wanderer im Sinne des Umweltschutzes gestatten heute, dass in diesem sensiblen Gebiet durchaus maßvoller Tourismus neben dem erforderlichen Wasserschutz existieren kann.

Von der Stadt Wien wird dazu durch wesentliche Unterstützung bei der Abfuhr von Abwasser und Abfallstoffen sowie der Erneuerung von Sanitäranlagen bei den Schutzhütten und der Verbesserung der Infrastruktur der Hütten durch Forstwege sowie durch Unterstützung von Vereinen, die im Sinne des Umweltschutzes wirken, beigetragen.

Parallel zur Vermeidung der freizeitindustriellen Erschließung sollte dabei aber auch die Respektierung des notwendigen und ungestörten Lebensraumes aller anderen Lebewesen selbstverständlich sein. Das bedeutet für den Bergwanderer

- Benutzung des reichlich vorhandenen Steig- und Wegenetzes
- Meidung unaufgeschlossener Gebiete als Schutzzone für Pflanzen und Tiere

Alle diese Maßnahmen sollen die Natürlichkeit unserer schönen Berge und damit einen wichtigen Erholungsraum erhalten. Ein gesunder Wald und saubere Berge sichern uns und unseren Kindern auch weiterhin das notwendige Trinkwasser.

Wissenswertes über Geschichte und Bau der 1. Wiener Hochquellenleitung, welche seit 1873 aus dem Rax-, Schneeberg- und Schneealpengebiet Trinkwasser für Wien und viele NÖ-Gemeinden liefert, erhalten Sie bei einem Besuch des Wasserleitungsmuseums in Kaiserbrunn.

Wasserleitungsmuseum Kaiserbrunn

Exponate, Pläne und Bilder geben Auskunft über dieses Projekt sowie die Wiener Wasserversorgung insgesamt, aber auch über notwendige Wasserschutzmaßnahmen in diesen attraktiven Ausflugsgebieten. Es gibt auch die Möglichkeit zur Besichtigung des Wasserschlosses der Kaiserbrunnquelle.

Um einen Besuch des Wasserleitungsmuseums in Kaiserbrunn mit einer Wanderung verbinden zu können, wurde von der Stadt Wien zwischen Hirschwang und Kaiserbrunn ein neuer Weg angelegt, der die Wanderer abseits der Bundesstraße die landschaftliche Schönheit des Höllentales erleben lassen soll. Dieser 1. Wiener Wasserleitungsweg erweitert das vorhandene Wegenetz für den sanften Tourismus um einen äußerst attraktiven Teil. Gehzeit Hirschwang – Kaiserbrunn $1^1/_2$ Std.

Allgem. Öffnungszeiten: 1. Mai – 26. Oktober am Samstag von 14:00 – 16:00, Sonn- und Feiertag von 10:00 – 12:00 und von 14:00 – 16:00, Gruppen ab 10 Personen auch außerhalb dieser Zeit auf Anfrage: MA 31 – Betriebsleitung Hirschwang, Tel. 02666/52548.

Für die Stadt Wien
MA 31 – Wasserwerke
Der Betriebsleiter in Hirschwang
Ing. Helmut Walter i. R./ Techn. OAR.

Trinkwasser aus eigenen Wäldern

Der überwiegende Teil von Rax und Schneeberg sowie vom Hochschwab in der Steiermark ist im Besitz der Stadt Wien. Diese über 32.000 Hektar Wälder, Latschen, Almen, Felsen, Wiesen und Gewässer werden von der Magistratsabteilung 49 – Forstamt und Landwirtschaftsbetrieb der Stadt Wien bewirtschaftet. Besonderes Augenmerk wird dabei auf den Zustand der Wälder und der Böden gelegt. Studien haben gezeigt, dass die Böden in naturnahen, gemischten und ungleichaltrigen Wäldern den Quellenschutz optimal erfüllen. Diese Böden filtern und speichern den Niederschlag am besten und geben das Wasser dauerhaft an die Quellen ab. Daraus folgen die wichtigsten Grundsätze des Forstamtes im Quellenschutzgebiet:

– Überführung der unnatürlichen Fichtenwälder in naturnahe Mischwälder.
– Junge Wälder werden nicht aufgeforstet, sondern keimen aus den Samen von Altbäumen der Umgebung.
– Das Wild wird so reguliert, dass die Mischbaumarten unbeschädigt aufwachsen können.
– Um Erosionen zu verhindern, werden keine Kahlschläge mehr angelegt. Es werden nur Einzelbäume und kleine Baumgruppen geerntet.
– Um das empfindliche Gefüge des Bodens nicht zu stören, werden Forststraßen nur im unbedingt notwendigen Ausmaß angelegt.
– Das Holz der geernteten Bäume wird hauptsächlich mit mobilen Seilbahnen, über dem Boden schwebend, zur Forststraße gebracht. Die schweren Arbeitsmaschinen dürfen nur auf Wegen fahren.
– Die Lenkung von Wanderern und Bergsteigern durch die Anlage von geeigneten Wegen hilft hydrologisch besonders sensible Bereiche zu schützen.

Mit diesen und weiteren Richtlinien gelingt es dem Stadtforstamt seit langem, gemeinsam mit der MA 31 – Wiener Wasserwerke, die Stadt Wien dauerhaft mit hygienisch einwandfreiem Hochquellenwasser zu versorgen. Hoch motivierte Mitarbeiter, ständige Verfeinerung der Arbeitsmethoden und eine weitere Erforschung der Zusammenhänge zwischen Wald, Boden und Quellschüttung sind Garantie für die konstante Qualität eines der Wahrzeichen Wiens – des Hochquellenwassers!

MA 49 – Forstamt und Landwirtschaftsbetrieb der Stadt Wien
A-1082 Wien, Volksgartenstraße 3, Telefon (0043-1) 40 00-97 9 19
www.magwien.gv.at/wald

Namenslexikon

Bachinger, Emmerich
Ende 19. Jh. Vorsitzender der Alpinen Gesellschaft d'Holzknecht. Nach ihm ist das Bründl bei der Wegkreuzung Holzknechtsteig – Preinerwandsteig benannt.

Baumgartner, Georg
Holzmeister aus Reichenau. 1839 Erbauer der nach ihm benannten ersten Schutzhütte am Schneeberg. Der Nachfolgebau des ÖTK wurde 1981 aus Quellschutzgründen abgerissen.

Berger, Karl
Anfang 19. Jh. Obmann der Alpinen Gesellschaft „Die Reißtaler". 1905 Erstbegeher des nach ihm benannten Karl-Berger-Steigs in der Preinerwand.

Bismarck, Otto, Graf von
Ende 19. Jh. preußischer Reichskanzler. Nach ihm ist der Klettersteig durch die Südabstürze des Predigtstuhls auf der Rax benannt. Warum, ist aus heutiger Sicht nicht nachvollziehbar!

Bürkle, Ferdinand
Schulleiter der 1879 eröffneten Schule in Schneebergdörfl, Leiter der Lokalstelle Schneebergdörfl des 1896 gegründeten Alpinen Rettungsausschusses Wien. 1884 Erstbegeher des Bürklesteigs, 1899 des Stadelwandgrates am Schneeberg. Nach ihm ist auch die Bergrettungshütte bei der Breiten Ries benannt.

Cepl, August
Wiener Kunstschlosser. Erbauer des AV-Steigs, des Haidsteigs und des Königschusswandsteigs auf der Rax. Nach ihm ist die Einstiegswand am AV-Steig benannt.

Damböck, Ludwig
Wiener Fabrikant, finanziell maßgeblich an der Errichtung (1873) des nach ihm benannten Hauses am Hochschneeberg beteiligt.

Deinzer, Hans
Bergsteiger, der 1893 gemeinsam mit Rudolf Lischke auf der Rax am Übergang vom Jakobskogel zur Preinerwand an Erschöpfung gestorben ist. Am Unglücksort steht heute ein nach ihm benanntes Kreuz.

Dirnbacher, Wolfgang
Längjähriger Hüttenwart der AG Holzknecht.

Elisabethkirchlein auf dem Schneeberg.

Elisabeth (Sisi)
1898 am Genfer See ermordete Frau Kaiser Franz Josephs. Zu ihrem Andenken wurde 1901 das Elisabethkirchlein auf dem Luxboden in der Nähe der Bergstation der Zahnradbahn auf den Schneeberg errichtet.

Fischer von Röslerstamm, Eduard
Mitbegründer des ÖTK. 1844 Autor des Führers „Der Wanderer nach dem Schneeberg". Nach ihm ist die Fischerhütte auf dem Kaiserstein (Schneeberg) benannt.

Fleischer, Ferdinand
Erster Obmann der Alpinen Gesellschaft d'Voisthaler. 1903 am Hochschwab in einem Schneesturm verunglückt. Zu seinem Andenken steht am Rande des Kuhschneebergs der Fleischerstein mit der Inschrift: „Zur Erinnerung an die erste Stätte alpinen Wirkens des hochverdienten Alpinisten Ferdinand Fleischer, weiland Obmann der Alpinen Gesellschaft d'Voisthaler". Der Anstieg aus der Vois zum Kuhschneeberg trug einst den Namen Fleischersteig. Am Hochschwab ist das Fleischer-Biwak beim Ausstieg des G'hackten nach ihm benannt.

Göbl, Franz
Anfang 20. Jh. Vorsitzender der Alpinen Gesellschaft d'Holzknecht. Nach ihm ist der direkte Übergang vom Waxriegelhaus zur Seehütte benannt. Siehe auch unter Henry Kühn.

Habsburg
Österreichische Herrscherdynastie. Nach ihnen ist die Hütte auf dem Grieskogel auf der Rax anlässlich des 50-jährigen Regierungsjubiläums von Kaiser Franz Joseph benannt worden.

Hacker, Aemilius
Bezirksrichter in Floridsdorf. Am 25. 03. 1912 gemeinsam mit 9 Gefährten in einer Lawine in der posthum nach ihm benannten Hackermulde am Hochschneeberg verstorben.

Haid von Haidenburg, Hans

Um 1900 Obmann der OeAV-Sektion Reichenau. Nach ihm ist der 1913 vom Kunstschlosser Cepl errichtete gesicherte (Alte) Haidsteig in der Preinerwand benannt.

Haller, Friedrich

In der Zwischenkriegszeit Leiter des Bauausschusses der Ortsgruppe Wien der Naturfreunde. Maßgeblich an der nach ihm benannten Hütte auf der Knofel-eben am Fuße des Krummbachstein beteiligt.

Hoyos, Ernst Graf

Die Grafen von Hoyos waren bedeutende Grundeigentümer in der Schnee-berg-Rax-Region und ihrer alpinen Erschließung gegenüber grundsätzlich wohlwollend eingestellt. Auf sie geht die Benennung eines Klettersteigs im Großen Höllental und des den Schneeberg umrundenden Höhenwegs zurück.

Jahn, Gustav

Alpenmaler. 1901 Erstbegeher der Route des 1911 errichteten Klettersteigs zwischen Gaisloch und AV-Steig und gemeinsam mit seinem Malerkollegen Otto Barth Erstbegeher des Malerstegs in der Preinerwand. Beteiligt an der Errichtung des AV-Stegs und des Haidstegs. 1919 im Gesäuse abgestürzt und auf dem Bergsteigerfriedhof in Johnsbach begraben.

Jahn, Karl

Pächter des Habsburghauses. 1919 unweit der Hütte in einem Schneesturm erfroren. An der Unglücksstelle steht das Jahnkreuz.

Kantner, Karl

ÖTK-Funktionär der Zwischenkriegszeit. Nach ihm ist der 1908 errichtete und Erzherzog-Karl-Franz-Josef-Steig benannte östlichste gesicherte Durch-stieg durch die Raxenmäuer umbenannt worden.

Karl-Ludwig, Erzherzog

Bruder von Kaiser Franz Joseph, Protektor des ÖTK von 1877 bis 1896. Maß-geblich an der Finanzierung des nach ihm benannten Hauses auf der Rax beteiligt. Der Initiative ging eine Übernachtung Erzherzog Karl-Ludwigs aus Bergnot in einer Almhütte voraus.

Kauer, Hermine

Bergsteigende Dame des ausklingenden 19. Jahrhunderts. Ein 1894 von Fer-dinand Bürkle entdeckter Gratanstieg in der Ostseite des Schneebergs wurde nach ihrem Vornamen benannt.

Kögler, Adolf

1. Vorstand der ÖTK-Sektion Ternitz. Nach ihm ist das gleichnamige Haus der ÖTK-Sektion Ternitz im Kaltwassersattel am Schneeberg benannt.

Kontrusz, Karl

Ende 19. Jh. Obmann der Alpinen Gesellschaft „D'Reißtaler". Nach ihm ist der Übergang von der Reißtalerhütte in den Siebenbrunnenkessel benannt.

Krempel, Heinrich

Vizepräsident des ÖAK. 1896 Mitbegründer des Alpinen Rettungsausschusses Wien. Nach ihm ist die Bergrettungshütte auf dem Kuhschneeberg unter dem Wurzengraben benannt.

Kronich, Camillo

Von 1903 bis 1953 legendärer Hüttenwirt im Ottohaus auf der Rax. Nach ihm sind der Steig über die Brandschneide und der kurze Klettersteig am Törlkopf beim Ottohaus benannt. Initiator der Errichtung des AV-Steigs und des Haidsteigs.

Kühn, Henry

Ende 19. Jh. Vorsitzender der Alpinen Gesellschaft d'Holzknecht. Nach ihm ist der direkte Übergang vom Waxriegelhaus zur Seehütte benannt. Siehe auch unter Franz Göbl.

Lammel, Josef

Anfangs 20. Jh. Hüttenwart des Ottohauses. Nach ihm ist ein Bründl am Törlweg benannt.

List, Guido

Wiener Fabrikant. Nach ihm wurde einst der Steig durch das Gaisloch benannt, nachdem er 1870 anlässlich eines Beinaheunfalls das Anbringen von Sicherungen veranlasst hat.

Maria Theresia, Erzherzogin

Nach ihr ist der durch ein einfaches Geländer gesicherte Mariensteig am Eingang der Eng benannt.

Mayr, Ferdinand

Ende 19./Anfang des 20. Jh. Vorsitzender der alpinen Gesellschaft „Die Kienthaler". Nach ihm ist der vom Weichtalhaus zur Kienthaler Hütte führende Steig benannt.

Nemecek, Hans

In der Zwischenkriegszeit verdienter Funktionär im Alpinen Rettungswesen. Seit 1936 Träger der Goldenen Medaille für Verdienste um die Republik Österreich. Nach ihm ist die Bergrettungshütte (Anbau an die Raxgmoahütte) beim Trinksteinsattel auf der Rax benannt.

Otto, Erzherzog

Neffe Kaiser Franz Josephs. Bis 1906 Protektor der nach ihm benannten Hütte beim Jakobskogel auf der Rax.

Paschek, Hans

Nach ihm sind der Anstieg vom Haller-Haus zum Krummbachstein sowie unterwegs ein Rastplatz mit Bankerl benannt.

Rudolf, Kronprinz

Sohn Kaiser Franz Josephs. Nach ihm ist der über den Westkamm des Großen Höllentals angelegte Steig benannt.

Schibl, Josef

Erster und langjähriger Vorsitzender der Alpinen Gesellschaft Alpenfreunde. Nach ihm ist der Steig vom Krummbachsattel zum Krummbachstein benannt.

Schönbrunner

In den 1920er Jahren Wasserleitungsreferent der Gemeinde Wien und als solcher verantwortlich für die Erbauung der Quellschutzanlagen. Nach ihm ist der Steig mit der langen Eisenleiter („Schönbrunnerstiege") in das Große Höllental benannt.

Schröckhenfux, August

Wiener Kaufmann, der 1856 unweit des Standorts der heutigen Seehütte in einem Schneesturm erfroren ist. An der Stelle steht das nach ihm benannte kleine Kreuz.

Staiger, Hans

Um 1900 Vorsitzender der OeAV-Sektion Reichenau. Nach ihm ist das Felsenfenster am Törlkopf unweit des Ottohauses benannt.

Walter, Helmut

Betriebsleiter der Wr. Wasserwerke in Hirschwang. Initiator der Errichtung des Wasserleitungswegs zwischen Hirschwang und Kaiserbrunn. Dort ist unterwegs ein „Bankerl" nach ihm benannt.

Zipperling, Bernhard

Ende 19. Jh. hochverdienter Obmann der Alpinen Gesellschaft „D'Reißtaler". Hat unzählige Wege auf der Rax und am Schneeberg markiert und damit für die Wanderer erschlossen und sicher begehbar gemacht. Nach ihm ist ein heute aus touristischer Sicht belangloser Steig vom Preiner Gscheid zur Reißtaler Hütte benannt.

Infos
zur Tourenplanung

Wetter
Tonband Alpinwetter:
0900/ 91 1566 82
Persönliche Beratung: 0512/291600
(Mo – Sa 13:00 – 18:00)
www.alpenverein.at/wetter

Lawinen
Tel.-Tonband 0316/1588
www.lawine.at

Bergrettung
Notrufnummer 140

Euro-Notruf
Notrufnummer 112

Bahn & Bus
Bahn
Zentrale Zugauskunft: 05/1717
www.oebb.at

Bahnhof Payerbach-Reichenau:
Tel. 02666/ 52204

Bahnhof Puchberg am Schneeberg:
Tel. 02636/22 25

Bus
Postauskunft Wien: 01/71101 (von
7:00 – 19:00)

Verkehrsverbund Ostregion
Hotline: Tel. 0810/22 23 24
www.vor.at

**Verkehrsverbund Niederösterreich-
Burgenland**
Hotline: Tel. 0800/240 280
www.vvnb.at

**Oesterreichischer
Alpenverein**
Landesverband Wien, 1010 Wien,
Walfischgasse 12, Tel. 01/513 85 00
www.alpenverein.at
www.oeav-events.at

Semmering
Tourismusregion Niederösterreich
Süd-Alpin
2680 Semmering, Passhöhe
Tel. 02664/2539
Fax 02664/2335
noesued.rumpler@aon.at
www.tiscover.com/noe-sued

Reichenau/ Rax
Tourismusverband
Semmering-Rax-Schneeberg
Hauptstraße 63
2651 Reichenau/ Rax
Tel. 02666/52865
Fax 02666/54266
info@zauberberge.at
www.zauberberge.at

Mürzzuschlag
Tourismusregionalverband Waldhei-
mat-Mürztal
Wiener Straße 4
8680 Mürzzuschlag
Tel. 03852/4770, Fax 03852/5394
tourismusregionwm@netway.at
www.tiscover.com/waldheimat-
muerztal

Altenberg an der Rax
Tourismusverband
8691 Altenberg an der Rax
Tel. 03857/2202
Fax 03857/2561

Puchberg am Schneeberg
Tourismusbüro
2734 Puchberg am Schneeberg
Tel. 02636/2256
Fax 02636/2256-12
tourismusbuero@puchberg.at
www.puchberg.at

Schwarzau im Gebirge
2662 Gemeindeamt
Tel. 02667/238
Fax 02667/570

Österreichischer Touristenklub
1010 Wien, Bäckerstraße 16,
Tel. 01/513 10 03
www.touristenklub.at

Touristenverein „Die Naturfreunde"
1150 Wien, Viktoriagasse 6,
Tel. 01/892 35 34
www.naturfreunde.at

Tourismusinfo österreichweit
www.tiscover.com

An- und Rückreise

Die Wanderregion Schneeberg und Rax ist verkehrsmäßig weitgehend gut bis sehr gut erschlossen. Mit dem Auto sind alle Ausgangspunkte erreichbar und an den klassischen Startplätzen sind auch ausreichend Parkmöglichkeiten vorhanden. Mit Bahn und Bus kommt man ebenfalls sehr weit und es seien daher bei dieser Gelegenheit alle Leser gebeten, bei ihrer Reiseplanung diese Möglichkeit zu berücksichtigen. Nicht nur wegen der Umwelt, auch wegen des größeren Aktionsradius (keine zwingende Rückkehr zum Ausgangspunkt) und des unbeschwerten Reiseablaufs (kein Rückreisestau).

Mit Pkw, Bahn und Bus am häufigsten angefahrene Ausgangspunkte:

- Schneeberg: Puchberg (Zahnradbahn), Losenheim (Sessellift), Bhf. Payerbach-Reichenau
- Rax: Hirschwang (Rax-Seilbahn), Preiner Gscheid, Höllental/Weichtalhaus, Hinternasswald

Ausgangspunkte, die mit Öffis (öffentlichen Verkehrsmitteln) leider nicht erreichbar sind:

- Schneeberg: Schneebergdörfl, Rohrbach im Graben, Klostertaler Gscheid, Vois
- Rax: hinteres Altenbergertal, Alpengasthof Moassa

Als Ersatz kann – vor allem für Gruppen – ein Taxi-Unternehmen herhalten (siehe Aufstellung).

Anreise mit dem Auto

Anfahrtstipp: Frühstück in einer Autobahn-Raststätte: Großram (A1), Guntramsdorf (A2), Bad Fischau (A2), Schottwien (S6).

Rückfahrtstipp: Beachten sollte man die Stau-Problematik bei der Heimreise, vor allem auf der Südautobahn Richtung Wien. Sonntags ist dieser Stau chronisch und quasi unvermeidbar vor dem Semmering (meist nur im Winter) und zwischen Baden und Wien. Alternativ sei statt dem Semmering das Preiner Gscheid und in weiterer Folge die Nordstrecke durch das Höllental empfohlen. Oder ein gemütlicher gastronomischer Ausklang im Talort und eine spätere Heimreise (ab ca. 20:00).

Anreise mit Bahn & Bus

Bahn- und Busreisende müssen sich an den Fahrplan (und an seine Tücken) halten. Vor allem beim Bus sind je nach Linie wochentags, an Wochenenden oder saisonbedingt leider oft große Abstriche in Kauf zu nehmen.

Von Wr. Neustadt fährt eine Regionalbahn nach Puchberg am Schneeberg, mit Anschluss an die Zahnradbahn und an den Bus nach Losenheim. Vom Bhf. Payerbach-Reichenau fährt ein Bus Richtung Preiner Gscheid und einer Richtung Rohr im Gebirge durch das Höllental mit Abstecher nach Hinternasswald.

Überschreitungen

Basierend auf dem Angebot des öffentlichen Verkehrs ergeben sich unzählige interessante Überschreitungsmöglichkeiten:

- auf der Rax zwischen Preiner Gscheid, Hinternasswald, Höllental und Hirschwang
- am Schneeberg zwischen Bhf. Payerbach-Reichenau, Höllental, Losenheim und Puchberg.

Auch Pkw-Anreisende können diese günstigen Verbindungen nutzen, indem sie morgens das Auto am geplanten Zielort abstellen und mit Bahn oder Bus weiterfahren oder sich abends zurück zum Auto fahren lassen.

Taxiunternehmen

Puchberg am Schneeberg
Hausmann-Fohringer: 02636/2111
Hödl: 02636/2261
Weilguni: 02636/2265

Gloggnitz
Kellnhofer: 0663/920 23 23
Reisenbauer: 02662/43122

Reichenau an der Rax/ Payerbach an der Rax
Flackl: 02666/52291
Pilz: 02666/53220
Scharfegger:
02666/53680, 02666/52450

Prein an der Rax
Scharfegger: 02665/220

Schwarzau im Gebirge
Schiefer: 02667/333

Semmering
Doppelreiter: 02664/8088
Dorninger: 02664/2433
Mayer: 02664/ 2251

Riegler: 02664/2560
Riegler: 02664/8047
Taxiruf: 02664/2238

Mürzzuschlag
Hofer: 03852/2822
Schwarz: 03852/6070
Schwarzenegger: 03852/4377

Neuberg an der Mürz
Trixi: 03857/8544

Tankstellen:

Gutenstein
BP
Hauptstraße 37
Tel. 02634/7268
Mo – Fr 6:00 bis 19:00
Sa So + FT 7:00 bis 19:00

Puchberg am Schneeberg
Aral
Schneebergstraße 29
Tel. 02636/2498
Mo – Sa 6:30 bis 19:00
So + FT 8:00 bis 18:00

Grünbach am Schneeberg
BP
Wiener Neustädter Straße 18
Tel. 02637/2758
Mo – Sa 6:00 bis 20:00
So + FT 7:00 bis 20:00

Gloggnitz
BP
Wiener Straße 35
Tel. 02662/42524
Mo – Fr 5:00 bis 19:00
Sa 7:00 – 19:00
So + FT 8:00 bis 19:00

BP
Wiener Straße 87
Tel. 02662/42624
Mo – Sa 6:00 bis 20:00
So + FT 7:00 bis 20:00

Avanti
Wiener Straße 106
Tel. 02662/42510
Mo – Sa 6:00 bis 21:00
So + FT 7:00 bis 20:00

Reichenau an der Rax
BP
Hauptstraße 92
Tel. 02666/52424
Sommerzeit:
Mo – Sa 6:00 – 20:00
So + FT 7:00 – 20:00
Winterzeit:
Mo – Sa 6:00 – 19:00
So + FT 7:00 – 19:00

Schottwien
Schnellstraße S6 – Raststation
Agip
Tel. 02663/8872
tägl. 0:00 – 24:00

Schnellstraße S6 – Raststation
Rosenberger Raststätte
Tel. 02663/8901-0
tägl. 6:00 – 23:00

Semmering
Avanti
Passhöhe
Tel. 02664/2647
Mo – Sa 6:00 bis 21:00
So + FT 7:00 bis 21:00

BP
Passhöhe
Tel. 02664/2404
Mo – Fr 6:00 bis 21:00
SaSo + FT 7:00 bis 20:00

Spital am Semmering
Agip
Triester Bundesstraße 38
Tel. 03853/257
Mo – Fr 7:00 bis 20:00
SaSo + FT 8:00 bis 20:00

Mürzzuschlag
Nordsteirische
Obere Sackgasse 2a
Tel. 03852/5266
Mo – Fr 8:00 bis 12:00
und 14:00 – 18:00
ansonsten Tankautomat

OMV
Wiener Straße 90b
Tel. 03852/2372
tägl. 6:00 bis 21:00

37

Hirschwang & Höllental

Der schluchtartige tiefe Einschnitt des Höllentals ist geographisch eine markante Trennlinie, verkehrsmäßig aber eine wichtige Straßenverbindung (B27) für Ausgangspunkte und Tourenziele sowohl auf der Rax als auch am Schneeberg.

Wichtigste Ausgangspunkte:

- Hirschwang (Törlweg, Rax-Seilbahn, Wasserleitungsweg, Mittagstein). Großer Parkplatz bei der Rax-Seilbahn, Parkmöglichkeit beim Hirschwanger Hof
- Kaiserbrunn (Wasserleitungsweg, Brandschneide, Wolfstal, Haller-Haus). Großer Parkplatz, WC-Anlage, Gratis-Camping
- Stadelwandgraben. Kleiner Parkplatz
- Weichtalhaus (Touren im und rund um das Große Höllental, Weichtalklamm, Kienthaler Hütte). Mehrere Parkplätze, Achtung bei der Überquerung der Bundesstraße!
- Großer Kesselgraben. Kleiner Parkplatz
- Gasthaus Singerin (Schnellerwagsteig). Großer Parkplatz

Mit dem Auto:

Von Süden:
Über die Semmering-Schnellstraße S6 bis Gloggnitz und auf der B27 über Payerbach, Reichenau und Hirschwang ins Höllental.

Von Norden:
on St. Pölten: B20 nach Traisen – B18 nach Rainfeld – B27 über Kleinzell und die Kalte Kuchl nach Schwarzau im Gebirge und weiter ins Höllental. Von Wien: A1 bis Altlengbach – über die Klammhöhe nach Hainfeld – B18 nach Unter-Rohrbach – B27 über Kleinzell und die Kalte Kuchl nach Schwarzau im Gebirge und weiter ins Höllental.
Anmerkung: Die Nordroute ist landschaftlich reizvoll, recht kurvig und daher nicht gerade schnell. Im Höllental reger Motorrad-Ausflugsverkehr. Außerdem immer wieder Autostopper, die meist nur kurze Gehstrecken vor sich haben und sich natürlich über eine Mitnahme freuen würden…

Von Osten (Piestingtal):
A2 bis Wöllersdorf – B21 über Pernitz nach Gutenstein und weiter über das Klostertaler Gscheid.

Mit Bahn und Bus:

Bahn nach Payerbach-Reichenau, Busverbindung Linie 1746 ins Höllental.

Hinternasswald, 712 m

Die abgelegene Rückseite der Rax ist über eine Stichstraße erreichbar, die beim Gasthaus Singerin abzweigt. Gleich nach Nasswald die kurze eindrucksvolle Saurüsselklamm.

Wichtigste Ausgangspunkte:

- Zwischen Nasswald und Hinternasswald: Schüttersteig
- Hinternasswald: Tourengebiet Scheibwaldmauer – Kahlmäuer – Gamseck – Schneealpe – Sonnleitstein

Mit dem Auto:

Wie beim Höllental zum Gasthaus Singerin und 7 km nach Hinternasswald. Großer Parkplatz, WC-Anlage, an schönen Wochenenden und Feiertagen ziemlich ausgelastet!

Mit Bahn und Bus:

Bahn nach Payerbach-Reichenau, Bus (Linie 1746) durch das Höllental nach Hinternasswald (Kurs nach Rohr im Gebirge). Bus hält bei Wunsch auch für den Schüttersteig.

Edlach – Dörfl – Großau – Kleinau – Prein – Griesleiten

Ausgangspunkte für die Anstiege auf der Sonnseite der Rax (Törlweg bis Waxriegelsteig).

Mit dem Auto:

Anreise siehe Preiner Gscheid.

Stichstraßen:

- von Dörfl über die Kleinau zum Knappenhof (Parkplatz)
- von Dörfl in die Großau (kleine Parkmöglichkeit am Straßenende)
- am Ortsende von Prein nach Griesleiten (gute Parkmöglichkeit am Straßenende)

Mit Bahn und Bus:

Bahn nach Payerbach-Reichenau, Bus (Linie 1748) Richtung Preiner Gscheid. Bushalte an der Hauptstraße. Die Ausgangspunkte Knappenhof, Großau, Kleinau und Griesleiten sind nur durch Fußmarsch erreichbar.

Preiner Gscheid, 1070 m

Wichtiger Ausgangspunkt an der steirisch-niederösterreichischen Grenze für alle Touren am Südwestrand der Rax (Raxenmäuer, Siebenbrunnenkessel). Auf der Passhöhe eine sehenswerte barocke Mariensäule aus 1654, das Gasthaus Edelweißhütte und mehrere große Parkplätze.

Mit dem Auto:

Von Osten:
Über die Semmering-Schnellstraße S6 bis Gloggnitz und auf der B27 über Payerbach nach Reichenau. Kurz vor dem Ortsende links ab Richtung Prein und Preiner Gscheid.

Von Norden:

Siehe Höllental. Kurz nach Hirschwang rechts abzweigen Richtung Prein und Preiner Gscheid.

Von Süden:

Von Mürzzuschlag auf der B23 bis Kapellen. Rechts abzweigen Richtung Altenberg und Preiner Gscheid. Bei der folgenden Gabelung rechts in das Raxental und Auffahrt auf neu asphaltierter und verbreiterter Straße zum Preiner Gscheid. Unterwegs nach links Abzweigung und Auffahrt zum Alpengasthof Moassa.

Mit Bahn und Bus:

Bahn nach Payerbach-Reichenau, Bus (Linie 1748) nach Prein und aufs Preiner Gscheid.

Altenbergtal

Abgelegenes verträumtes Tal zwischen Rax und Schneealpe. Ausgangspunkt für Touren am Südwestabfall der Heukuppe (Gamseck – Raxenmäuer) und auf die Schneealpe. Von Altenberg führt der Kaisersteig zum Alpengasthof Moassa.
Parkleitsystem im gesamten Tal. Pkw-Zufahrt bis in den hintersten Talschluss (ab dem Nassbauer Staubstraße) unter dem Nasskamm, Pkt. 981.

Mit dem Auto:

Von Süden:

Von Mürzzuschlag auf der B23 Richtung Mariazell bis Kapellen. Rechts abzweigen und bei der folgenden Gabelung links ins Altenbergtal.

Von Norden:

Siehe Höllental. Kurz nach Hirschwang rechts abzweigen und über das Preiner Gscheid bis kurz vor Kapellen. Scharf rechts ab ins Altenbergtal.

Mit Bahn und Bus:

Bahn nach Mürzzuschlag, Bus (Linie 6650/195) nach Kapellen. Das Altenbergtal ist leider mit Öffis nicht erreichbar. Alternative: Taxi.

Klostertaler Gscheid – Vois

In eine liebliche Grünlandschaft eingebetteter Übergang aus dem Piestingtal ins Höllental. Westlich der Passhöhe die verstreute Siedlung der Vois.
Geeigneter, aber verhältnismäßig selten angefahrener Ausgangspunkt für Touren auf der Nordseite des Schneebergs: Steinlehngraben/Kuhschneeberg, Zustieg in den Fadensattel (Edelweißhütte, Sparbacherhütte) und zur Mamauwiese (Pkw-Zufahrt). An der Straße einzelne kleine Parkmöglichkeiten.

Mit dem Auto:

Siehe Höllental. Von Norden und Süden kommend jeweils bei der Voismühle Abzweigung nach Osten Richtung Gutenstein.

Mit Bahn und Bus:

Keine Busverbindung über das Klostertaler Gscheid. Mit Öffis daher nicht erreichbar!
Tipp: Wanderstart in Schwarzau im Gebirge oder von dort Taxizufahrt.

Puchberg am Schneeberg – Schneebergdörfl – Losenheim

Die wichtigsten Ausgangspunkte für alle Touren auf der Ostseite des Schneebergs (Fadensattel bis Hoher Hengst) sowie Richtung Mamauwiese und Dürre Wand.

Mit dem Auto:

Von Osten:
A2 bis Wiener Neustadt West. B26 über Willendorf, Höflein und Grünbach nach Puchberg. Weiter nach Losenheim mit Abzweigung Richtung Schneebergdörfl.
Alternative Route aus dem Piestingtal durch das Miesenbachtal und über den Ascher bzw. von Ternitz auf der B26 durch das Sierningbachtal.

Mit Bahn und Bus:

Bahn von Wr. Neustadt nach Puchberg (Linie 522) mit Anschluss an die Zahnradbahn auf den Schneeberg (Linie 523). Bus (Linie 1720) nach Losenheim (Anschluss Sessellift auf den Fadensattel). Kein Bus nach Schneebergdörfl (Gehweg vom Bushalt Sonnleiten oder Knipflitz ca. 1,5 km).

Rohrbachgraben/Rohrbach im Graben

Abgelegene und abgeschiedene Tallandschaft südöstlich des Schneebergs. Ausgangspunkt für die Nordanstiege zur Hochfläche des Gahns und zum Krummbachstein sowie für die von der Zahnradbahn erschlossenen Bereiche des Schneebergs.

Mit dem Auto:

Von Osten:
A2 bis Wiener Neustadt West. B26 über Willendorf, Höflein und Grünbach nach Puchberg. Weiter Richtung Ternitz und beim Ödenhof rechts ab nach Rohrbach im Graben und bis zum Straßenende nach dem Gasthaus Gschaider (Parkmöglichkeit beim Feuerwehrhäuschen).
Alternative Route aus dem Piestingtal durch das Miesenbachtal und über den Ascher bzw. von Ternitz auf der B26 durch das Sierningbachtal.

Mit Bahn und Bus:

Bahn nach Neunkirchen. Bus (Linie 1720) nach Puchberg am Schneeberg bis Hst. Schwarzengründe. Blau markierter Übergang über die Gratzenhöhe nach Rohrbach im Graben.

Talstützpunkte und Einkehrgasthäuser

Puchberg, Schneebergdörfl, Losenheim, Rohrbach im Graben

Hotel Restaurant Forellenhof
2734 Puchberg am Schneeberg, Losenheimer Straße 132
Tel. 02636/3611 oder /3613, Fax 02636/3611-42
forellenhof@nol.at, www.tiscover.com/forellenhof.puchberg
Mo RT, Nov. bis 5. Dez. geschl.
Kommt nach einer Schneeberg-Tour sehr gelegen!

Wasserfallwirt
2734 Puchberg am Schneeberg,
Wasserfallweg 10, Tel. 02636/2494, Fax 02636/2494-4
wasserfallwirt@i-one.at, www.wasserfallwirt.at.tf
DiMi RT, außer Juli/August
Niederösterreichische Wirtshauskultur

Gasthof zum Schneeberg
Fam. Zwinz
Schneebergdörfl, Schneebergstraße 199, 2734 Puchberg am Schneeberg
Tel. 02636/2112
Do RT, letzte Augustwoche geschl.

Gasthof Gschaider
2734 Puchberg am Schneeberg
Rohrbach im Graben, Rohrbacher Straße 18, Tel. 02636/2146
MoDi RT, Jänner, Februar geschl.

Reichenau, Payerbach

Hotel Payerbacher Hof
Hauptstraße 2, 2650 Payerbach, Tel. 02666/52430, Fax 02666/52430-4
payerbacherhof@netway.at, www.tiscover.com/payerbacherhof
Ein Wanderprofi!

Konditorei Alber
2650 Payerbach, Ortsplatz 1, Tel. 02666/52650
Di RT
Klein, aber fein!

Gasthof Flackl
Hinterleiten 12, 2651 Reichenau, Tel. 02666/52291, Fax 02666/53891
gasthof@flackl.reichenau.at, www.reichenau.at/gasthof-flackl
Ganzjährig durchgehend geöffnet

Gasthof Hecher
Grünsting 1, 2651 Reichenau, Tel. 02666/52550, Fax 02666/55189
gasthof@hecher.reichenau.at, www.reichenau.at/gasthof-hecher
Di RT, Jänner geschl.
Bodenständiges, gewürzt mit tollem Schneeberg-Rax-Panorama

Alpenhof Kreuzberg
„Loos-Haus"
Kreuzberg 60, 2650 Payerbach, Tel. 02666/52911, Fax 02666/52911-34
steiner@looshaus.at
Außer Juli und August Mi RT, Nov. geschl.
Spitzenarchitektur und Spitzenküche

Hirschwang

Gasthof Hirschwanger Hof/ Alphons
2652 Hirschwang 40, Tel. + Fax 02666/52491
Mi RT, Ende August/Anfang September geschl.
Kulinarischer Aprés-Treffpunkt der Höllentaler Bergsteigerszene

Café Knusperhäuschen
Hirschwang16, 2651 Reichenau, Tel. 02666/52570, täglich 9:00–21:00
Mo RT (außer Juli/ August)

Prein, Dörfl, Edlach, Preiner Gscheid

Raxalpenhof
Preinrotte 9, 2654 Prein an der Rax
Tel. 02665/ 526, Tel. 02665/ 387, Fax 02665/ 3336
raxalpenhof@raxalpe.reichenau.at

Gasthof Kaiserhof
2654 Prein an der Rax 4, Tel. 02665/ 220, Fax 02665/ 3336
kaiserhof@raxalpe.reichenau.at, www.reichenau.at/raxalpe.kaiserhof

Gasthof Oberer Eggl
Griesleiten 6, 2654 Prein an der Rax, Tel. 02665/ 206, Fax 02665/ 206-6
gasthof@oberer-eggl.reichenau.at, www.reichenau.at/oberer-eggl
Di RT, November geschl.

Kurhotel Knappenhof
Kleinau 34, 2651 Reichenau
Tel. 02666/ 53633, Fax 02666/ 53633-10
knappenhof@netway.at, www.reichenau.at/knappenhof
Bew. Mai bis Oktober
Gehobenes Lokal in gehobener Aussichts-Bestlage

Hotel-Restaurant Peterhof

Edlach 57, 2651 Reichenau
Tel. 02666/53612-0, Fax 02666/53676
hotel@peterhof.reichenau.at, www.reichenau.at/hotelpeterhof
Mo RT, außer Juli, August. Jänner, Februar geschl.

Mostschenke Leo-Hof

2651 Edlach an der Rax 10, Tel. 02666/53648
Öffnungszeiten telefonisch erfragen!

Kräuterwirt

Preinrotte 24, 2654 Prein an der Rax, Tel. + Fax 02665/256
kraeuterwirt@aon.at, www.reichenau.at/kraeuterwirt
Mo RT, November bis April MoDi RT
Niederösterreichische Wirtshauskultur

Gasthaus Edelweißhütte

2654 Prein an der Rax, Preiner Gscheid
Tel. 02665/295
Ganzjährig durchgehend geöffnet

Höllental

Gasthof zum Kaiserbrunnen

Hirschwang 33, 2651 Reichenau, Tel. + Fax 02666/52500
April – Oktober durchgehend bew., Nov., Dez., März nur Do – So.
Jänner, Februar geschl.
Gute Schnitzel und Mehlspeisen

Weichtalhaus.

Weichtalhaus, 547 m

TVN, Landesleitung Wien

2651 Reichenau an der Rax

Hirschwang 109

Pächter: Barbara und Manfred Adams-Rottensteiner

Tel. 02666/53620, Fax 02666/53667

weichtalhaus@betriebe.reichenau.at

www.tiscover.com/weichtalhaus

Geöffnet: Ende März bis Anfang Jänner. MoDi RT (außer FT), Juni, Juli, August kein RT.

Wichtigster traditionsreicher Bergsteiger-Stützpunkt im Höllental, am Eingang in die Weichtalklamm: „Wennst von Rax und Schneeberg obaschaust, steht mitten drin das Weichtalhaus."

Gasthaus zur Singerin

2661 Nasswald, Graben 9

Tel. 02667/7234

Fr RT, Ende November/Anfang Dezember geschl.

Nasswald

Gasthaus Oberhof

2661 Nasswald, Graben 96

Tel. 02667/7314

DiMi RT

Vois

Gasthof Nothnagel/Alpenblick

2662 Schwarzau im Gebirge

Vois 29

Tel. 02667/224

Mo RT, Febr. geschl.

Kapellen, Altenbergtal

Altenbergerhof (Fam. Paier)
8691 Altenberg an der Rax 14, Tel. 03857/2202
Mo RT, im Nov. 14 Tage geschl.

Gasthof Ulm
8691 Kapellen, Stojenstraße 2, Tel. 03857/2224
Sa RT

Gasthaus Stumpf
8691 Kapellen, Kohlbachgraben 2, Tel. 03857/2280
DiMi RT, Ende Juli/Anfang August geschl.

Alpengasthof Moassa
8691 Kapellen/ Mürz, Kohlbachgraben 16
Tel. 03857/2225, Fax 03857/2225-11, moassa@netway.at
Fr RT, Nov. geschl.
Schöne Aussicht und sehr gute Speisen zu moderaten Preisen

Gasthof Poldi
8691 Kapellen an der Mürz, Preiner-Gscheid-Straße 4
Tel. + Fax 03857/2270
MoDi RT, Febr./März geschl.
gasthof.poldi@planetuniqa.at
Das „Alpine Kulinarium" ist die erste Adresse auf der steirischen Seite des Preiner Gscheids.

Auf dem Heimweg:

Gasthof Strassgürtel
8684 Spital am Semmering, Bundesstraße 36
Tel. 03853/201
Mi RT
Kulinarischer Stopp statt Semmering-Stau!

Kirchenwirt
2642 Maria Schutz 2, Tel. 02663/8206
Im Nov. zwei Wochen geschl.
Legendäre Klostersuppe und Klosterkrapfen zu Bettelpreisen

Aufstiegshilfen

Doppelsessellift Losenheim

872 m – 1222 m
Doppelsesselbahn Schneeberg
Losenheimer Straße 103
2734 Puchberg am Schneeberg
Tel. 02636/ 3605, Tel. 02636/ 2256
Betrieb: Sa So FT durchgehend, übrige Zeit nach Bedarf und Wetter.
Mo RT. Infos telefonisch erfragen.
Bergfahrt: Erw. € 5.–, Kinder € 3.–
Berg- und Talfahrt: Erw. € 6.–, Kinder € 4.–
Ermäßigungen: Gruppen ab 20 Pers., Gästepass
Zusätzlich ein Schlepplift vom Forellenhof über die Fadenwiese

Zahnradbahn Schneeberg

577 m – 1792 m
NÖ-Schneebergbahn GmbH
Bahnhofsplatz 1
2734 Puchberg am Schneeberg
Bahnhof Puchberg
Tel. 02636/ 3661-20, Fax 02636/ 3662
schneebergbahn@eunet.at
www.schneebergbahn.at

Ob dieser Lift
jemals fahren wird?

Schneeberg-Zahnrad-
bahn, Nostalgiezug.

Betrieb: Ende April bis Anfang November, bei Bedarf ab 7:40 bis 18:50.
Bergfahrt „Salamander": Erw. € 14.–, Kinder € 7.–
Berg- und Talfahrt: Erw. € 23.–, Kinder € 11.50
Zuschlag für Nostalgiezug: € 5.–/Pers.
Ermäßigungen: Familien, Gruppen ab 20 Pers., Gästepass, ÖBB-Vorteilscard
Erbaut 1897. Höchstgelegener Bahnhof Österreichs.

Rax-Seilbahn

528 m – 1547 m
Raxbahn AG
Hirschwang 86
Tel. 02666/52497, Fax 02666/52497-4
www.raxseilbahn.at
office@raxseilbahn.at
Betrieb: tägl. 8:00 – 17:30
Bergfahrt: : Erw. € 8.50, Kinder unter 4 Jahren gratis, bis 14 € 5.–
Berg- und Talfahrt: Erw. € 15.–, Kinder unter 4 Jahren gratis, bis 14 € 9.–
Ermäßigungen: Gruppen ab 20 Pers., Senioren, Mitglieder alpiner Vereine,
ARBÖ, ÖAMTC, Studenten
Schneeauskunft: 02666/53821
Bei starkem Andrang für die Talfahrt Nummernausgabe.

Preiner Gscheid

1 Schlepplift in unmittelbarer Nähe des Passes
Tel. 02665/295

Alpengasthof Moassa

2 Schlepplifte in unmittelbarer Nähe
Tel. 03857/2225, Fax 03857/2225-11

moassa@netway.at

Museen

Wasserleitungsmuseum Kaiserbrunn

Geschichte, Geologie, Hygiene, Wassererschließung und Verteilung der
Wiener Wasserversorgung.
Geöffnet: 01.05.–26.10. , Sa 14:00 – 16:00, So + FT 10:00 – 12:00, 14:00 – 16:00
Gruppen ab 10 Pers. jederzeit gegen tel. Voranmeldung
Betriebsleitung MA 31, Hirschwang 67, 2651 Reichenau, Tel. 02666/52548

Volkskundliches Handwerksmuseum

Gasthof Hirschwangerhof
2652 Hirschwang 40, Tel. + Fax 02666/52491, geöffnet auf Anfrage

Museumseisenbahn

Höllentalbahn Payersbach-Hirschwang
Juli/ August jeden SO, Juni, September, Oktober: jeden 2. SO
Infos: Tel. 02666/52865

Schneebergmuseum

2734 Puchberg am Schneeberg, Kirchenplatz
Ende Mai bis Mitte Oktober, Do + Sa 15:00 – 17:00, So + Ft 9:00 – 11:30, 15:00
– 17:00, Gruppenvoranmeldung: Tel. 02636/2154

Nasswald

Hubmer-Gedächtnisstätte
Sa 13:00–17:00, So + FT 9:00–17:00 , Infos: Tel. 02667/7242 (abends)

Wintersport- und Heimatmuseum

Wiener Straße 79, 8680 Mürzzuschlag
Tel. 03852/3504, geöffnet: tägl. außer Mo 9:00 – 12:00, 14:00 – 17:00

Wasserleitungsmuseum
in Kaiserbrunn.

Tourenziele
in der Nachbarschaft

Wir wollen die Welt nicht so eng sehen und daher auch die wanderbare nähere Umgebung kurz beleuchten. Diese bietet nämlich neben ihrer eigenständigen Schönheit auch sehr gute Aussichten auf und Einblicke in die unterschiedlichen Landschaften von Schneeberg und Rax.

Dürre Wand

Dem Schneeberg schließt sich nordöstlich die Dürre Wand an, die am besten von Miesenbach aus in ihrer ganzen Länge überschritten wird. Dabei ist der Schneeberg ständig dominierend und mächtig im Bild. Anhaltspunkte unterwegs: Plattenberg, 1154 m (Gauermannhütte), Katharinenschlag, 1222 m, Öhler-Schutzhaus, 1027 m, Öhler, 1189 m, Schober, 1213 m, Gasthaus Mamauwiese, 957 m. Die Dürre Leiten, 1252 m, stellt dann die unmittelbare Verbindung zum Fadensattel und damit zum Schneeberg her.

Kreuzberg

Der Kreuzberg besitzt zahlreiche Zustiege von Gloggnitz, Payerbach, Reichenau und Edlach, kurze Zugänge von Süden (Hst. Klamm-Schottwien und Breitenstein der Semmering-Bergstrecke). Viele Einkehrmöglichkeiten. Tolles Rax- und Schneeberg-Panorama. Dank der geringen Höhe (höchster Punkt: Speckbacher Hütte, 1089 m) ein ideales Wandergebiet von Herbst bis Frühling.

Vom Plattenstein
(Dürre Wand)
Richtung Schneeberg.

Kampalpe und Drahtekogel

Der Höhenzug vom Semmering nach Kapellen kann auf einem herrlichen Höhenweg überschritten werden. Wichtigste Erhebungen: Pinkenkogel, 1292 m (Pinkenkogelhaus), Kampalpe, 1535 m, Drahtekogel, 1565 m, Große Scheibe, 1473 m (Scheibenhütte). Die Verbindung zum Preiner Gscheid stellt der vom Drahtekogel nach Norden ziehende Rücken dar. Vor allem die Umgebung der Kampalpe bietet einen schönen Schneeberg-Blick.

Schneealpe

Westlich der Rax bietet die Schneealpe (höchster Punkt: Windberg, 1903 m) mit dem Schneealpenhaus ein großartiges Wanderziel mit unzähligen lohnenden Tourenmöglichkeiten, die auf der Hochfläche prächtige Ansichten der Heukuppe von den Kahlmäuern bis zu den Raxenmäuern bietet. Die Schneealpe ist über den Nasskamm mit der Rax verbunden und kann daher mit dieser wanderbar kombiniert werden.

Sonnleitstein

Von Hinternasswald lassen sich neben der Rax auch die Schneealpe und der dank seiner vorgeschobenen Lage überaus aussichtsreiche Sonnleitstein, 1639 m, besteigen. Toller Blick in die Kahlmäuern und zum Schneeberg, aber auch vom Toten Gebirge über das Waldviertel bis zum Wienerwald!

Obersberg und Handlesberg

Schöne Rax- und vor allem Schneeberg-Ansichten gibt es vom Obersberg, 1467 m (Waldfreundehütte), und vom Handlesberg, 1370 m. Beide sind von Schwarzau im Gebirge erreichbar (Handlesberg auch aus der Vois).

Weitwanderwege und Rundwanderwege

Europäischer Fernwanderweg E4 alpin

Pyrenäen – Jura – Neusiedler See

Streckenverlauf:
... Drahte Kogel ... Preiner Gscheid – Schlangenweg – Karl-Ludwig-Haus – Heukuppe – Gamsecksteig – Nasskamm ... Schneealpe ...

Nordalpiner Weitwanderweg 01

Neusiedler See – Bodensee
Durchstreift Schneeberg und Rax und trägt in diesem Bereich die Nummer 801 bzw. 801A.

Streckenverlauf:
... Dürre Leiten ... Fadensattel (Edelweißhütte/ Sparbacher Hütte) – Fadensteig – Kaiserstein (Fischerhütte) – Klosterwappen – Kienthaler Hütte – Ferdinand-Mayr-Weg – Höllental (Weichtalhaus) – Wachthüttelkammsteig – Ottohaus – Seeweg – Seehütte – Trinksteinsattel – Karl-Ludwig-Haus – Heukuppe – Gamsecksteig – Nasskamm ... Schneealpe ...

Variante 801A auf der Rax (leichter) :
Trinksteinsattel – Waxriegelsteig – Waxriegelhaus – Preiner Gscheid ... Drahte Kogel ...

Sommerhitze auf dem WWW 01 im Bereich der Seehütte.

Niederösterreichischer Landesrundwanderweg (NÖLRWW)

Streckenverlauf:
Vom Fadensattel bis zum Trinksteinsattel identisch mit 801.
Trinksteinsattel – Habsburghaus – Kaisersteig – Hinternasswald – Nasswald ...
Preintal ... Neue Variante vom Semmering zur Rax.

Gloggnitzer Rundwanderweg 834

Umrundet die Semmering-Landschaft im Nahbereich von Gloggnitz und berührt dabei das Gahns-Plateau.

Streckenverlauf:
... Kreuzberg ... Payerbach – Eng – Haller-Haus – Lackabodenhütte – Bodenwiese – Waldburganger-Hütte – Prigglitz – Gloggnitz ... Raach ...

Gebirgsjäger-Gedächtnisweg

Zum Gedenken an die 9. Gebirgsjägerdivision, die 1945 den Abschnitt Feistritzsattel – Saurüssel verteidigt hat.

Streckenverlauf:
... Kreuzberg ... Payerbach – Schneedörfl – Saurüssel

Semmering-Bahnwanderweg

Führt vom Bhf. Semmering so weit wie möglich die Semmering-Bergstrecke entlang nach Gloggnitz oder Payerbach. Keine einheitliche Markierung, aber gute Beschilderung.

Skitouren, Klettern, Biken usw.

Das Bergerlebnis Schneeberg und Rax besteht neben Wanderungen und Klettersteigen noch aus einer Reihe weiterer Betätigungsmöglichkeiten, die hier aus Platzgründen nur kurz angedacht und charakterisiert werden sollen. Die genauen Informationen entnehmen Sie bitte der angeführten Spezialliteratur.

Skitouren

Das Tourengebiet Schneeberg und Rax ist auch im Winter der erste alpine Anlaufpunkt am östlichen Alpenrand – bei Pulver und Firn gleichermaßen. Die Einschätzung der momentan herrschenden Verhältnisse (Wetter, Schnee, Lawinengefahr) erfordert Erfahrung und das nötige Grund- und Spezialwissen – auch bei den Klassikern wie etwa dem Wurzengraben! Außerdem ist gerade im Winter die „gute Sicht" von großer Bedeutung. Bei Nebel kann's schnell ungemütlich und kritisch werden!

Schneeberg

Der Schneeberg bietet zahlreiche lohnende und klassische Abfahrten unterschiedlicher Schwierigkeit:

- Die Westabdachung ist den kalten und stürmischen West- bis Nordwest-Winden stark ausgesetzt und daher in der Gipfelregion oft abgeweht. Dann können Harscheisen für das Erreichen der Fischerhütte unter Umständen unentbehrlich sein. Einige schneegefüllte Rinnen und Gräben (Wurzengraben, Schneegraben [Schneeberg], Hoyosgraben) erfreuen sich aber dank ihrer günstigen Neigung großer Beliebtheit. Die Abfahrten enden entweder in Losenheim oder am Klostertaler Gscheid.
- In der steilen Ostseite gibt es eine ganze Reihe anspruchsvoller Steilabfahrten durch Rinnen und über Flanken. Diese ausgesprochenen Frühjahrs-Firntouren sind nur bei sicheren Schneeverhältnissen und bei Firn möglich und dem auch im Steilgelände (über 35°) versierten Skifahrer vorbehalten. Zu nennen sind: Lahning-Ries, Breite Ries, Krumme Ries, Schneidergraben, Festenkogel-Westflanke, Rote-Schütt-Flanke und zahlreiche weitere extreme Einfahrten, die nach Losenheim oder Schneebergdörfl führen.
- Die längsten Abfahrten (1500 Hm) führen an der Südwestseite ins Höllental hinunter. Sie sind nur bei ausreichender Schneelage bis ins Tal machbar. Aufgrund der momentan eher „schlechten" Winter haben durchgehende Befahrungen Seltenheitswert: Frohnbachgraben, Lahngraben (mit Abseilstelle), Kombination Bockgrube – Stadelwandgraben.
- Eine weitere interessante und lange Abfahrt führt nach Südosten: Hackermulde – Damböckhaus – Kuhplagge – Rohrbach im Graben.

Aufstieg: Der klassische und gebräuchlichste Aufstieg folgt von Losenheim aus dem Fadenweg, wobei der Fadensattel meist mit Sessellift-Hilfe erreicht wird. Von der Heinrich-Krempel-Hütte erfolgt der weitere Aufstieg zur Fischerhütte entweder durch den Wurzengraben oder über den lawinensicheren Schauerstein-Rücken. Als Alternative kommt bei günstigen Verhältnissen auch der Fadensteig in Betracht, wobei die Skier oft vom Fadensattel bis zum Gipfel getragen werden können – oder müssen. Steigeisen nicht vergessen! Für die Abfahrten ins Höllental und nach Rohrbach im Graben steigt man entweder die Abfahrt entlang auf oder kümmert sich um eine automobile Rückkehr zum Ausgangspunkt.

Rax

Die Hochflächen eignen sich ideal für genussreiche Skiwanderungen, die meist stark felsdurchsetzten Plateauabbrüche sind hingegen nur an einigen wenigen Stellen skitouristisch von Interesse.

- Auf der Südseite bildet die Abfahrt vom immer bewirtschafteten Karl-Ludwig-Haus durch den Karlgraben den Rax-Klassiker schlechthin. Sie ist recht schnee-, aber nicht lawinensicher. Kombinationsmöglichkeit mit einer Abfahrt von der Heukuppe durch den Schneegraben (Rax). Im späten Frühjahr ist der Firnstreifen des Langermanngrabens ein beliebtes Firngleiterziel (Abfahrtsende beim Göbl-Kühn-Steig).
- Anspruchsvolle Abfahrten führen nach Hinternasswald: Gamseckgraben, Großes Gries, Kaisersteig. Letzterer kann noch am ehesten dem „Normalverbraucher" empfohlen werden.
- Diesem sei auf alle Fälle die 7,5 km lange Superabfahrt vom Klobentörl durch den Großen Kesselgraben ans Herz gelegt. Wenn die Schneedecke bis ins Höllental hinab reicht, dann ist diese Tour landschaftlich und skifahrerisch einmalig! Das I-Tüpfelchen ist dabei die Kombination mit der Einfahrt von der Weißen Wand durch den Steinigen Graben.
- Im Einzugsgebiet der Rax-Seilbahn gibt es einige Steilabfahrten. Abgesehen von der Standardpiste („Schöllerabfahrt", selten guter Schnee bis ins Tal) bleiben alle übrigen Abfahrten dem Spezialisten vorbehalten (Lahngraben, Seilbahngraben, Wolfstal, Staudengraben).

Traumabfahrt durch die Breite Ries.

Aufstieg: meist entlang der Abfahrt. Für die Touren im Einzugsgebiet der Rax-Seilbahn und die Abfahrt durch den Großen Kesselgraben (Rückkehr nach Hirschwang bedenken!) ist auch die Auffahrt mit der Seilbahn günstig.

Buchtipp:
Kurt Schall: Skitourenatlas Österreich Ost

Klettern

Wer gerne klettert, egal ob als Alpin-, Genuss- oder Sportkletterer, liegt in der Region Schneeberg-Rax richtig. Das absolute Top-Gebiet ist dabei eindeutig das Höllental. Die Schneebergseite von Hirschwang bis zum Weichtalhaus bietet eine faszinierende Vielzahl bestens abgesicherter Kletterrouten. Der Großofen und die gesamte Stadelwand seien hier speziell herausgestrichen. Auf der Raxseite liegt der Schwerpunkt im **Großen Höllental**, vor allem im Bereich des Wachthüttelturms, der Blechmauer und der Vorderen Loswand. Mit einem bedeutend längeren Zustieg verbunden sind die **Rax-Touren** in der Preinerwand (Preinerwandplatte), in den Raxenmäuern und in den Lechner-mauern. Die Kahlmäuer, in der Anfangszeit des Kletterns ein erstrangiges berühmtes Anlaufziel, haben heute kaum noch Bedeutung und verdienen wegen ihrer schlechten Felsqualität eher das Prädikat „berüchtigt".

Der **Schneeberg** ist abgesehen von den dem Höllental zugewandten Gebieten klettermäßig wenig ergiebig. Auf seiner Ostseite sind neben den im Hauptteil des Buches vorgestellten Gratanstiegen lediglich der Bürklesteig und der Gamsgartelgrat eine – allerdings nachdrückliche – Erwähnung wert.

Leichtere Klassiker:
Rax: Wildes Gamseck, Akademikersteig, Kombination Zimmersteig – Katzen-kopfkamine, Preinerwandplatte-Westweg, Malersteig
Schneeberg: Stadelwandgrat, Bürklesteig, Gamsgartelgrat

Buchtipp:
Thomas Behm: Höllental-Kletterführer
Ralf Brunner/Harald Pomberger: Klettergebiet Rax-Südwestseite
Kurt Schall: Genusskletteratlas Österreich Ost

Genussklettern im Höllental.

Schneeschuhwandern

Wandern im Winter auf einer geschlossenen Schneedecke mit Schneeschuhen an den Füßen hat sich auch am Alpenrand in den letzten Jahren zu einem echten Wintertrend entwickelt. Was liegt also näher, als auch Schneeberg und Rax für diese Outdoor-Aktivität zu entdecken und vorzustellen. Da sich das ideale Schneeschuhwander-Gelände vom Skitourengelände unterscheidet, sind auch die Tourentipps abweichend:

Am Schneeberg sind primär die vorgelagerten Hochflächen zu nennen. Der Kuhschneeberg (erreichbar vom Klostertaler Gscheid bzw. von Losenheim) und das Plateau der Gahns mit der Bodenwiese (erreichbar von Rohrbach im Graben bzw. von Payerbach) sind da die besten Ziele. Auch eine Besteigung des Hochschneebergs erscheint natürlich reizvoll. Aber: Die Westabdachung ist für Schneeschuhe nicht ideal (steil und oft abgeblasen), ein Aufstieg z. B. von Rohrbach im Graben als Tagestour sehr lang und daher nur für „Konditionsbolzen" realistisch.

Die Rax hat da schon mehr zu bieten, zumal die weiten aussichtsreichen Hochflächen verlockende Ziele darstellen. Aber wie hinaufkommen? Natürlich mit der Seilbahn. Alle anderen möglichen Zugänge sind entweder mühsam und steil (Schlangenweg) oder sehr lang (Kesselgraben). Und darüber hinaus in beiden Fällen auch als Skitour gebräuchlich und daher oft zerfahren. Auf den Hochflächen kann sich der Schneeschuhwanderer so richtig austoben und nach Herzenslust seine Runde zusammenstellen. Mit Übernachtung im Karl-Ludwig-Haus ist sogar eine ausgedehnte Zweitagetour möglich.

Abschließend einige allgemeine Hinweise:

- ■ Die Beurteilung der Schnee- und Lawinensituation gehört auch beim Schneeschuhwandern zum Einmaleins der Tourenplanung und -durchführung.
- ■ Schlechte Sicht, Nebel, Schneefall, verschneite und unsichtbare Markierungen erfordern vom Schneeschuhwanderer einen ausgeprägten Orientierungssinn und gutes Orientierungs-Know-How (Umgang mit Karte, Kompass, Höhenmesser, evtl. GPS).

Buchtipp:

Csaba Szépfalusi: Winterwandern & Schneeschuhwandern – Die schönsten Touren in den Wiener Hausbergen

Biken & Rad fahren

Sosehr das **Mountainbiken** – oder kurz das Biken – im Langzeittrend liegen mag, so sehr stößt es auf großen Widerstand seitens der Förster und Jäger. Das weit verzweigte Forststraßennetz wird unter Wanderern mit Argwohn be- oder besser verachtet, weil die Straßen – und teilweise die Brutalität, mit der sie in die Landschaft gezogen werden – das optische Erlebnis Berg stark beeinträchtigen. Unter Bikern sind diese Straßen aber gefragt, da sie eine Auffahrt auf den Berg ermöglichen. Leider sind sie meist nicht freigegeben. Über die Ursachen ist seit Jahren eine heftige und komplizierte Diskussion im Gang. Es bleibt zu hoffen, dass auch in der Region Schneeberg und Rax die Zeit die Fronten weiter aufweichen und somit Bikern zumindest die Befahrung weiterer Forststraßen ermöglicht wird.

Die Straßen und Pässe rund um Schneeberg und Rax werden auch von **Renn-radfahrern** und „Radwanderern" stark frequentiert. Die Palette der Touren reicht von lauschigen Flachstrecken entlang der Schwarza und dem Sierning-bach bis zu anspruchsvollen Rundstrecken. Der Schneeberg lässt sich unmittelbar (samt Dürrer Wand) umrunden; wer die Rax umkreisen will, muss weiter ausholen und Schneealpe, Göller, Gippel und Obersberg mit einbeziehen.

Buchtipp:

Wolfgang Neumüller, Kurt Schall: Mountainbike-Atlas Wienerwald und Wiener Hausberge

Ski fahren

Der Skilauf hat in der Region große Tradition und bekam hier auch einige wesentliche Impulse verliehen, die seine Entwicklung entscheidend mitbestimmt haben. 1895 gelang Toni Schruf die erste Skibefahrung des Schneebergs, 1904 fand in der Breiten Ries einer der ersten Wettkampftorläufe der Skigeschichte statt. Allerdings war Mathias Zdarsky der einzige Teilnehmer! Heute ist es vergleichsweise ruhig geworden. Am Schneeberg beschränkt sich das Pistenvergnügen auf einen Schlepplift und den Doppelsessellift, der von **Losenheim** zum Fadensattel führt. Die Abfahrt ist durchaus ansprechend mit einem steileren oberen und einem flacheren unteren Teil. Auf der **Rax** steht bei der Seilbahn-Bergstation ein Schlepplift zur Verfügung, der eher die Anfänger anspricht. Am **Preiner Gscheid** werden zwei Schlepper betrieben, ebenso beim **Alpengasthof Moassa**. Beide Gebiete sind eher von lokaler Bedeutung und haben nur geringe touristische Anziehungskraft.

Langlaufen

Einige gespurte Loipen gibt es bei ausreichender Schneelage zwischen Reichenau und Hirschwang. Auch beim Alpengasthof Moassa wird eine Forststraße bei guten Verhältnissen adaptiert. Von der Bergstation der Rax-Seilbahn führt eine Skiwanderloipe über das Ottohaus zur Seehütte und zurück. Auch das Puchberger Becken hat eine Loipe zu bieten.

Rodeln

Vom Waxriegelhaus und vom Preiner Gscheid lässt es sich talwärts rodeln. Im Waxriegelhaus Rodelverleih.

Wasserfallklettern

Im Großen Höllental hat das Gaisloch im Winter große Tradition. Interessant ist auch der Wasserfall im hinteren Altenbergertal, nördlich vom Grabnergupf.

Wildwasserpaddeln

Die das wildromantische Höllental entwässernde Schwarza ist ein beliebtes Wildwasserrevier für Anfänger.

Bergrettungswesen

Die große Zeit der alpinen Erschließung von Schneeberg und Rax war leider auch mit zahlreichen schlechten Bergerfahrungen und Unfällen verbunden. Aus diesen Ereignissen und Fehlern zu lernen bedeutete oft, tödliche Unfälle zu analysieren und daraus Schlüsse für die Zukunft zu ziehen.

Einer dieser Unfälle war ausschlaggebend für die Gründung der weltweit ersten alpinen Organisation, die sich mit der Bergrettung beschäftigt: Am 8. März 1896 kamen im Rahmen einer Winterbegehung des Reißtalersteigs in den Raxenmäuern drei Bergsteiger in einer Lawine ums Leben. Die großen Schwierigkeiten, die bei der eingeleiteten Hilfsaktion aufgetreten sind, haben noch im selben Jahr zur Gründung des „Alpinen Rettungs-Ausschusses Wien" (ARAW) unter Beteiligung der alpinen Vereine geführt. Es wurden Lokal-stellen in Niederösterreich und in der Steiermark einge-richtet, die stark an die Arbeitsgebiete der alpinen Vereine gekoppelt waren. Nach diesem Vorbild ent-standen auch zahlreiche wei-tere Bergrettungs-Organisa-tionen. Nach dem Zweiten Weltkrieg wurden diese im Österreichischen Bergret-tungsdienst (ÖBRD) zusam-mengefasst. Die Bergrettung ist heute österreichweit unter der Notrufnummer 140 er-reichbar.

Das Schröckhenfux-Kreuz bei der Seehütte auf der Rax.

Zum Gebrauch dieses Buches

Erklärungen

Alle Richtungsangaben gelten im Sinne der Gehrichtung.
Jede Tour besteht aus einer Einstimmung, einem Infoblock, der Routenbeschreibung sowie einzelnen Tipps.
Der Infoblock bietet eine Zusammenfassung der wichtigsten technischen Daten zur Tour.

Betreuung: Gibt über den wegerhaltenden bzw. -markierenden alpinen Verein (bzw. die Sektion oder Ortsgruppe) Auskunft.

Start und Ziel: Zur genauen Anreise siehe dazu den allgemeine Teil auf Seite 35.

Zeit: Es handelt sich um eine geschätzte, durchschnittliche reine Gehzeit, die weder zu schnell noch zu langsam angesetzt ist. Im Abstieg können die Gehzeiten natürlich reduziert werden, allerdings sollte man auf anspruchsvolleren Steigen und Klettersteigen nicht zu viel abziehen.

Höhenunterschied: Die Summe aller im Laufe des Tourentags zu bewältigenden Aufstiegsmeter. Der Autor war mit einer entsprechenden Höhenmesseruhr unterwegs, was für die Genauigkeit der Angaben bürgt.

Anforderungen: Eine Beurteilung der technischen Anforderungen unter normalen (guten) Verhältnissen. Siehe dazu auch den Beitrag „Begriffsklärungen" auf Seite 65.

Klettersteig-Schwierigkeit: Als Grundlage dient die gebräuchliche fünfteilige Skala von A (leicht) bis E (extrem schwer).

Kletter-Schwierigkeit: Als Grundlage dient die gebräuchliche nach oben offene UIAA-Skala von I (leicht) aufwärts.

Sicherungen: Art der Sicherungen auf Klettersteigen.

Ausrüstung: Empfohlene Ausrüstung bei normalen (guten) Verhältnissen und unter der Voraussetzung, dass der Begeher den Anforderungen gewachsen ist.

Kinder und Hunde: Siehe dazu den Beitrag auf Seite 66.

Aussicht: Die Aufzählung bezieht sich auf den beschriebenen Anstieg. Für die jeweilige Gipfelaussicht siehe die entsprechenden Abschnitte über die Gipfel. Um nicht den Rahmen zu sprengen, wurden nur die markanten Gipfel einzeln erwähnt, ansonsten die Gebirgsgruppen allgemein angeführt.

Orientierung: Eine Beurteilung der Anforderungen an den Orientierungssinn, verbunden mit besonders zu beachtenden Eigenschaften der Route. Anmerkung: Der richtige Umgang mit der Karte ist eine Grundvoraussetzung für jede erfolgreiche Wanderung!

Einkehr: Einkehrmöglichkeiten auf der Strecke oder in ihrem Nahbereich. Zu den Öffnungszeiten siehe Seite 63.

Eignung für den Abstieg: Diese Beurteilung fällt bewusst subjektiv aus und ist lediglich als Empfehlung zu verstehen.

Abkürzungen

A	Autobahn
AG	Alpine Gesellschaft
B	Bundesstraße
BEV	Bundesamt für Eich- und Vermessungswesen
Bhf.	Bahnhof
Di	Dienstag
Do	Donnerstag
Fr	Freitag
FT	Feiertag
geschl.	geschlossen
Hm	Höhenmeter im Aufstieg
Hst.	Haltestelle (Bahn)
HU	Höhenunterschied
m	Meter
Mi	Mittwoch
Mo	Montag
NÖLRWW	Niederösterreichischer Landesrundwanderweg
OeAV	Oesterreichischer Alpenverein
ÖAK	Österreichischer Alpenklub
ÖK	Österreich-Karte 1:50 000 des BEV
ÖTK	Österreichischer Touristenklub
Pkt.	Punkt (bezieht sich auf eine Höhenkote in der Karte)
RT	Ruhetag
Sa	Samstag
So	Sonntag
TVN	Touristenverein „Die Naturfreunde"
WE	Wochenende
WWW	Weitwanderweg

Anmerkungen zu den Hütten

Wer auf Schneeberg und Rax unterwegs ist, kommt an ihren Hütten nicht vorbei. Praktisch jede Tour hat mit ihnen einen oder oft sogar mehrere Berührungspunkte. Für viele stellen die Hütten sogar das Ziel der Tour dar, vor allem auf der Rax. Denn dort befinden sich die Hütten „oben". Meist wurden sie am Rand der Hochfläche in aussichtsreicher Lage errichtet (Ottohaus, Seehütte, Karl-Ludwig-Haus, Habsburghaus). Der Schneeberg besitzt in der Fischerhütte eine echte Gipfelhütte, zeichnet sich aber insgesamt durch eine gegenüber der Rax weit größere Zahl an Hütten aus, die aber mehr in der Etappe liegen, gewissermaßen auf halber Höhe oder sogar darunter. Viele davon profitieren von ihrer Nähe zur Zahnradbahn.

Die Zahl der Hütten hat sich im 20. Jahrhundert in einer Art Flurbereinigungsprozess deutlich reduziert. Einige sind dem Wasserschutz zum Opfer gefallen (Alte Speckbacherhütte 1927, Alte Seehütte 1946, Binder-Wirtshaus 1972, Baumgartnerhaus 1981), andere haben ihre Bedeutung im Laufe der Zeit verloren und wurden daher aufgelassen.

Schneeberg- und Rax-Hütten sind in erster Linie Anlaufpunkte von Tagesgästen. Übernachtungsgäste sind wegen der Nähe zum Wohnort weit seltener. Und das ist eigentlich schade. Denn aufgrund der schönen Standorte lassen sich in vielen Hütten herrliche Sonnenunter- und Sonnenaufgänge erleben. Und am zweiten Tag erspart man sich einen längeren Aufstieg und kann gleich unbeschwert in die Natur eintauchen. Der Erholungsgehalt ist bei einer Zweitagetour sicher viel größer als bei einer Tagestour, wo An-, Rückreise und Tour in einem Zug stattfinden. Probieren Sie es selber aus!

Öffnungszeiten und Bewirtschaftung sind bei den Hütten sehr unterschiedlich. Kleinere Hütten haben oft nur an Wochenenden und Feiertagen geöffnet, werden unter Umständen auch nicht von einem fixen Pächter, sondern von einem wechselnden Hüttendienst betreut. Größere Hütten haben auch während der Woche offen, unterliegen aber saisonalen Schwankungen. Am Schneeberg richten sich viele Hütten nach den Betriebszeiten der Zahnradbahn. Nur ganz wenige Hütten haben ganzjährig geöffnet, und zwar auf der Rax: Raxalpen-Berggasthof, Karl-Ludwig-Haus und Waxriegelhaus, am Schneeberg: Edelweißhütte und Sparbacher Hütte.

Genaue Angaben zu den Hütten siehe auf den Seiten 72–99 (Schneeberg) und 158–172 (Rax).

Ausrüstung

Es ist in den vergangenen Jahrzehnten viel über die zweckmäßige Ausrüstung am Berg geredet und geschrieben worden, und vieles davon wurde von den Bergwanderern auch umgesetzt. Das Kapitel „Halbschuhtourist" scheint jedenfalls weitgehend – wenn auch leider noch nicht gänzlich – abgehakt! Ein Thema ist es aber meist noch auf „Hausbergen", die mit Aufstiegshilfen erschlossen sind, also auch am Schneeberg und auf der Rax. Deshalb sei jeder Besucher nachdrücklich darauf hingewiesen, dass er bereits wenige Schritte nach Verlassen der Zahnrad- oder der Gondelbahn (Wetter-)Verhältnissen gegenüberstehen kann, die eine angepasste Ausrüstung erfordern. Wer unten mit T-Shirt einsteigt, braucht oben oft sofort den Anorak!

Alpine Grundausrüstung

Diese sollte immer mitgeführt werden, egal wie lang die Tour ist und wohin sie führt. Sie besteht aus: Biwaksack, Erste-Hilfe-Paket, Handy (Bergrettung Notruf 140), Wetterschutz (Funktionsanorak, Überhose), Fleecepulli/-jacke, Reservewäsche, Handschuhen, Mütze, Sonnenbrille, Karte, Proviant, Getränk.

Klettersteig-Selbstsicherung

Brustgurt, Hüftgurt, Helm, Klettersteigset (Seilstück mit Bremsplatte und zwei Klettersteig-Karabinern, Y-Methode), Klettersteig-Handschuhe. Für eine zusätzliche Gefährtensicherung: Bergseil, HMS-Karabiner, Bandschlingen.

Der Bergschuh

Der Bergschuh sollte eine erhöhte Festigkeit aufweisen. Eine Gummiprofilsohle und vor allem eine höhere Verwindungssteifigkeit der Sohle sind für die Begehung steiler Rasenflächen und Waldböden, von Geröllhalden und -rinnen sowie von Schrofen und Altschneefeldern, wie sie auf Schneeberg und Rax immer wieder vorkommen, vorteilhaft. Reine so genannte Leichtwander- und Trekkingschuhe eignen sich in diesem Gelände weniger, auch wenn sie sich wegen ihres etwas besseren Tragekomforts großer Beliebtheit erfreuen.

Begriffsklärungen

Da in der gesamten Wanderliteratur bei der Beschreibung von technischen Schwierigkeiten eines Wegabschnitts gewisse Begriffe besonders häufig vorkommen, erscheint es angebracht, diese einmal genauer zu erklären.

Gehgelände

Als Gehgelände werden – immer im Vergleich zu Kletter- und gesicherten Klettersteigpassagen – diejenigen Wegabschnitte bezeichnet, die zu Fuß und „aufrechten Gangs" bewältigt werden können. Der Begriff sagt aber nichts Näheres über die Art des Geländes aus. Gehgelände kann einfach, kann aber auch anspruchsvoll sein und Trittsicherheit erfordern. Gerade auf Schneeberg und Rax kommt es sogar nicht selten vor, dass Gehgelände unangenehmer zu begehen ist als ein z. B. mit einem Stahlseil gesicherter Abschnitt. Auch auf Gehgelände kann nach einem Ausrutscher Absturzgefahr bestehen!

Alpin

Darunter sind allgemein Verhältnisse zu verstehen, die höhere Anforderungen an den Begeher stellen. Es sind dies z. B. Geröll, Schrofen, brüchiger Fels, ausgesetzte Stellen, undeutlicher Wegverlauf, schlechte Markierungen, schadhafte oder weniger grifffreundliche Sicherungen. Die Tour ist kaum noch als reine Wanderung, sondern eher als Bergwanderung zu verstehen, die ein gewisses Maß an Erfahrung und Trittsicherheit voraussetzt.

Trittsicherheit

Vielleicht das beliebteste Wort überhaupt unter den Alpinautoren! Trittsicherheit braucht man im Grunde bereits, wenn man vom Gehsteig auf die Straße tritt! Gemeint ist im alpinen Kontext natürlich die Fähigkeit, seine Beine immer unter Kontrolle zu haben und die Füße daher Schritt für Schritt kontrolliert dorthin setzen zu können, wo man es vorhat, also dorthin, wo sie nicht ungewollt wegrutschen. Trittsicherheit setzt die Fähigkeit voraus, das Gelände, den Boden richtig einzuschätzen. Trittsicherheit ist die wichtigste Eigenschaft überhaupt, die ein Bergsteiger mitbringen sollte. Die Folge eines Fehltritts kann von Verletzungs- bis Absturzgefahr reichen. Oft ist Trittsicherheit auch eine Funktion von Kondition und Konzentration. Ein müder Körper steigt eben schlampiger als ein frischer!

Schwindelfreiheit

Zunächst sei festgestellt, dass Schwindelfreiheit kein Erbgut ist, sondern erarbeitet werden kann! Schwindelfreiheit wird überall dort benötigt, wo auf der Strecke ein mehr oder weniger senkrechter Tiefblick vorkommt, z. B. an einer ausgesetzten Wandstelle oder auf einem Grat.

Kinder und Hunde

Wandern und Bergsteigen als Freizeitbeschäftigung wird zunehmend auch für Familien mit Kindern und für Hundebesitzer ein Reizthema. Der vorliegende Führer versucht diesem Trend nachzukommen und gibt im Info-Kasten in aller Kürze Auskunft über die Kinderfreundlichkeit und Hundetauglichkeit der vorgestellten Routen.

Bei den **Kindern** bezieht sich die Altersangabe auf einen geschätzten Wert, der sich aus der Dauer der Tour und aus ihren technischen Schwierigkeiten zusammensetzt. Er gilt immer unter der Annahme, dass sich die Kinder und Jugendlichen in Begleitung erfahrener Erwachsener befinden, die empfohlene Ausrüstung (z. B. auf Klettersteigen) mitführen und auch anwenden. Weiters muss vor allem beim Kriterium „Trittsicherheit" ihre Bedeutung in Bezug auf Kinder klar sein (siehe Seite 65). Zusätzlich empfiehlt sich die Mitnahme eines kurzen Sicherungsseils samt Zusatzausrüstung (Gurt, 20 m Bergseil, keine Reepschnur!), um an heiklen Stellen eine echte Sicherung gewährleisten zu können.

Bei den **Hunden** wurde nur darauf geachtet, ob das Gelände für Hunde begehbar ist oder nicht. Ein „nein" wurde dann vergeben, wenn z. B. auf Klettersteigen Leitern, Klammern, Tritteisen oder glatte steile Wandpassagen vorkommen. Kleine Hunde können unter Umständen an solchen Stellen im Rucksack getragen werden. Generell ist es auf alle Fälle von Vorteil, wenn der Hundeführer fragliche Routen bereits kennt und nicht mit dem Hund auf Entdeckungswanderung geht.

In der Weichtalklamm.

Karten

Karte 1:25 000 Schneeberg und Rax des BEV

Für den Raum Schneeberg-Rax steht diese topographische Karte als Sonderblatt des BEV (Bundesamt für Eich- und Vermessungswesen) im Idealmaßstab 1:25 000 zur Verfügung. Sie ist an Detailreichtum unübertroffen und daher für den Geländegeher das empfehlenswerte Blatt. Genaue Nachvollziehbarkeit der Wegverläufe, der Gelände- und Vegetationsformen, Höhenlinienabstand von 20 m, GPS-Koordinaten, Darstellungen von Schneisen, Stromleitungen, Karrenwegen, Pfaden etc. heben diese Karten hervor. Alle Haupt- und Weitwanderwege sind mit ihren Nummern berücksichtigt. Wer auch abseits der markierten Wege oder überhaupt im weglosen Gelände unterwegs ist, sollte dies mit dieser Karte (oder mit der ÖK 50 oder ÖK 25 V) tun. Kleiner Nachteil: Die Wegmarkierungen sind einheitlich rot, berücksichtigen also nicht die Originalfarbe. Alle Angaben in diesem Buch, die dargestellten Karten und Panoramen basieren auf dem digitalisierten Datenmaterial, das dieser Karte als Grundlage dient.

ÖK 50 bzw. ÖK 25 V des BEV

Die klassische topographische Karte für ganz Österreich hat gegenüber der oben genannten Karte den Vorteil des kleineren Umfangs, aber den Nachteil des ungünstigen Blattschnitts. Am Hochschneeberg tritt sogar der worst case ein: es müssen vier Blätter herhalten! Die Vergrößerungsversion 25 V ist weniger interessant, da ja eine echte 25.000er-Karte vorliegt.

Folgende Blätter werden je nach Tourenziel benötigt: Schneeberg: 74, 75, 104, 105; Rax: 74, 104.

freytag & berndt Wanderkarte 1:50 000 Semmering – Rax – Schneeberg (WK 022)

Vorteile: farbgetreue Darstellung der Wegmarkierungen, Berücksichtigung des Wegverlaufes der diversen überregionalen und lokalen (Weit-)Wanderwege samt ihrer Wegnummer, ausführlicher Infoteil in einem Beiheft (Hütten, Gasthäuser, Kultur, Ortsverzeichnis, Weitwanderwege, Wandertipps, GPS-Koordinaten).

Aufgrund des Höhenlinienabstands von 50 m und der vereinfachten Geländedarstellung (Fels, Vegetation) ist diese Karte für das Gehen abseits der markierten Wege nicht geeignet.

freytag & berndt Wanderatlas 1:50 000 „Wiener Hausberge"

Die Karten dieses in Buchform mit umfassendem Textteil produzierten Werks entsprechen vollinhaltlich den Wanderkarten aus demselben Verlag.

Anmerkung:

Jeder Kartenbenutzer muss sich darüber im Klaren sein, dass jede Karte, so neu sie auch sein mag, nicht 100 % aktuell sein kann. Seit der Drucklegung kann sich in der Landschaft einiges verändert haben. Gerade aus diesem Grund ist es besonders wichtig, sich immer mit dem neuesten Kartenmaterial auszustatten, um die Unstimmigkeit zwischen Karte und Realität zu minimieren.

Markierungswesen

Auch Wegweiser bekommen Altersfalten!

Das Markieren, Betreuen und Erhalten der Wege und Steiganlagen wird zum überwiegenden Teil von den alpinen Vereinen wahrgenommen. In der Regel sind die Regionen in Arbeitsgebiete aufgeteilt. Aber die Nähe der Großstadt und das große touristische Interesse, das alle alpinen Vereine der Schneeberg-Rax-Region widmeten, haben zur Folge, dass sich kein geschlossenes Arbeitsgebiet ausbilden konnte. So teilen sich heute OeAV, ÖTK, TVN bzw. ihre Sektionen und Ortsgruppen sowie die AG Reißtaler das Gebiet auf und betreuen dort „ihre" Wege und Steige.

Die große Anzahl und Dichte dieser Anlagen lässt es bis heute zweckmäßig erscheinen, nicht nur in der Standardfarbe Rot, sondern auch in Gelb, Grün und Blau zu markieren. Solcherart tut sich der Begeher bei der Orientierung ganz einfach leichter.

Zusätzlich zu den gemalten Markierungsbalken werden auch Stangen (z. B. oberer Fadensteig, wichtige Hüttenübergänge und Gipfelwege) und Pflöcke eingesetzt. Diesen kommt vor allem bei Nebel und im Winter große Bedeutung zu. Es mag verwundern, dass die Markierungspflöcke oft recht kurz sind. Keine Sorge, sie sind lang genug! Denn auf den Hochflächen kann sich wegen der starken Windeinwirkung und der Schneeverwehungen sowieso keine hohe Schneedecke ausbilden.

Nicht alle Steige oberhalb der Baumgrenze sind mit Markierungsstangen versehen. Wer auf solchen Steigen unterwegs ist, muss seine Augen sehr scharf stellen, um bei schlechter Sicht auf den zwischen den Graspölstern hervortretenden Steinen Markierungen entdecken zu können. Jeder Wanderer sei gewarnt: Auf Schneeberg und Rax kann man sich sogar auf markierten Wegen verlaufen! Im Zweifelsfall, oder wenn die Ortskenntnis fehlt, ist ein Rückzug auf alle Fälle vernünftiger als das Einlassen auf ein Abenteuer mit ungewissem Ausgang.

Die Kartographie und ihre Vielfalt

Erstmalig werden in dieser Publikation neue Wege und Methoden in der kartographischen Aufbereitung großmaßstabiger Sachverhalte beschritten. Durch die Anwendung innovativer digitaler Darstellungstechniken wie dem Einsatz der computergestützten, perspektivischen 3D-Visualisierung ist es möglich, einen einmaligen gesamtheitlichen Einblick in die topographische Vielfalt der Gebirgsregion Schneeberg & Rax zu gewinnen. Unterstützt durch „klassische" Übersichtskarten, wo die wichtigsten Toureninformationen integriert sind, erhält der Benutzer einen umfassenden thematischen wie auch räumlichen Eindruck.

Kartographische Ausdrucksformen, wie sie hier im Buch neben den Karten präsentiert werden, haben eine lange Tradition in der Kartographie. Sie haben vor allem die Aufgabe, dem Betrachter eine vertraute Sichtweise der Natur zu vermitteln und die räumliche Vorstellung zu unterstützen. Im Konkreten werden hier so genannte kartenrealistische Vogelschauperspektiven dargestellt – der Einfachheit halber Panoramen genannt. Diese wurden mithilfe der modernen Technologie aus dem Bereich der Computergraphik und durch den Einsatz von geographischen Informationssystemen (GIS) zur Aufbereitung der digitalen Grundlagen, die aus qualitativen, hochwertigen, topographischen Karten stammen, konstruiert und anschließend kartographisch bearbeitet. Kombiniert mit einem digitalen Geländemodell sind sie dann zu dreidimensionalen, perspektivischen Ansichten verarbeitet worden. Mit solchen virtuellen Landschaftsmodellen ist es nun möglich, jede nur erdenkliche perspektivische Positionierung im Raum umzusetzen. Jeder noch so versteckte Winkel ist dadurch einsehbar bzw. darstellbar. Obwohl man nur selten solche Einblicke in der Natur genießen kann (außer aus einem Flugzeug), ist diese Darstellungsperspektive oft weitaus vertrauter als eine exakte – von oben betrachtete – Kartendarstellung. Sie gibt dem Betrachter ein neues perspektivisches Raumgefühl und ermöglicht den idealen Zugang Landschaften sowohl virtuell wie auch reell zu erforschen.

Seite 70/71:
Blick vom Sonnleitstein zum Schneeberg.

Schneeberg

Fischerhütte

2049 m

Kartenansicht Seite 126, 127, 147 (unten)

Knapp südlich des Kaiserstein-Gipfels. Einmalige ungehinderte Aussicht in alle Richtungen. Einkehrziel bei allen Touren in die Gipfelregion des Hochschneebergs. Bei Schönwetter ein gern besuchter, bei Schlechtwetter wegen der absolut exponierten Lage ein sehr willkommener und wichtiger Stützpunkt. Errichtet 1885, Wiederaufbau nach Brand 1953.

ÖTK, Sektion Neunkirchen
Hochschneeberg 9, 2734 Puchberg am Schneeberg, Tel. 02636/2313
Pächterin: Renate Berndorfer

Geöffnet
Ende April bis Anfang November (Betriebszeit der Zahnradbahn),
übrige Zeit: kleiner Aufenthaltsraum stets offen.
50 Übernachtungsplätze (Lager und Zimmer)

Zugänge
Fischerweg: Von der Bergstation der Zahnradbahn auf grün markiertem Fahrweg den Markierungsstangen entlang in einem Rechtsbogen um den Waxriegel herum zum Damböckhaus. Links haltend durch das Almgelände weiter, vorbei an der Abzweigung Richtung Klosterwappen und aus dem Ochsenboden nach kurzem Höhenverlust deutlicher ansteigend am Rand der Hackermulde, zuletzt in Kehren zur Hütte. Im obersten Abschnitt bis in den Frühsommer Verwehungen (Stangenmarkierung beachten!). 1 Std.

Die Wirtsleut'…

... der Fischerhütte.

Weitere Zugänge: Fadensteig (Seite 138), Schauerstein (Seite 130), Wurzengraben (Seite 130), alle weiteren Anstiege, die auf den Hochschneeberg (Kaiserstein, Seite 104, Klosterwappen, Seite 102) führen.

Übergänge
Damböckhaus $^1/_2$ Std.
Berghaus Hochschneeberg/ Bergstation Zahnradbahn $^1/_2$ Std.
Edelweißhütte/ Sparbacherhütte $1^1/_2$ Std.
Kienthaler Hütte $1^1/_2$ Std.
Friedrich-Haller-Haus $2^1/_2$ Std.

Gipfel
Kaiserstein, 2061 m, 2 Min. (Seite 104), Klosterwappen, 2076 m, 10 Min.
(Seite 102)

Die Fischerhütte
im Winter.

Damböckhaus

1810 m

Kartenansicht Seite 112, 113, 126, 127, 147

Auf einer Almrasenfläche nordwestlich des Waxriegels. Beliebtes Einkehrziel am Übergang von der Bergstation der Zahnradbahn Richtung Hochschneeberg. Erster Stützpunkt bei Anstiegen durch die Nordostabstürze des Schneebergs zwischen Krummer Ries und Herminensteig. Errichtet 1873.

ÖTK, Zentrale Wien
Hochschneeberg 8, 2734 Puchberg am Schneeberg
Tel. 02636/ 2259, Tel. Tal: 02636/ 3315
Pächter: Wilhelm Zottl

Geöffnet
Ende April bis Anfang November (Betriebszeit der Zahnradbahn)
60 Übernachtungsplätze (Lager und Zimmer)

Zugänge
Fischerweg: Von der Bergstation der Zahnradbahn auf grün markiertem einfachen Fahrweg den Markierungsstangen entlang in einem Rechtsbogen um den Waxriegel herum zum Damböckhaus. $^1/_2$ Std.

Emmysteig: Seit dem Schleifen des Baumgartnerhauses in Vergessenheit geratener Anstieg aus dem Krummbachsattel zum Hochschneeberg. Vom Krummbachsattel in nördlicher Richtung (rote Markierung) in Kehren durch ein Waldstück auf eine Wiesenfläche (Standort des ehem. Baumgartnerhauses,

Die Wirtsleut'…

Fundamentreste). Den gelben Farben des Emmysteigs folgend kurz durch ein Nadelwäldchen, dann durch mühsam-steile, zum Teil felsdurchsetzte Latschenfelder zum Übergang von der Zahnradbahn zum Damböckhaus. Links den Stangen nach über eine Kuppe und leicht fallend zur nahen Hütte. 1½ Std.

Weitere Zugänge: Schneidergraben (Seite 148), Herminensteig (Seite 144), Novembergrat (Seite 146), Krumme Ries (Seite 142)

Übergänge

Fischerhütte ½ Std.
Berghaus Hochschneeberg/Bergstation Zahnradbahn ½ Std.
Edelweißhütte/Sparbacher Hütte 2½ Std.
Kienthaler Hütte 2½ Std.
Friedrich-Haller-Haus 1½ Std.

Gipfel

Kaiserstein, 2061 m, ½ Std. (Seite 104); Klosterwappen, 2076 m, ½ Std. (Seite 102); Waxriegel, 1888 m, 5 Min. (Seite 105)

Berghaus Hochschneeberg

③

1795 m

Kartenansicht Seite 112, 113, 126, 127, 147 (unten)

Knapp nördlich der Bergstation der Zahnradbahn, direkt an der Geländekante. Herrlicher Tiefblick in das Puchberger Becken. Erstes Einkehrziel bei einer Auffahrt mit der Zahnradbahn. Der große Bau wurde in den letzten Jahren mit viel Liebe und Geschmack in Schuss gebracht. Sehenswert sind neben dem historischen Speiseaal auch zahlreiche weitere Aufenthalts- und Nebenräume. Auch die Gästezimmer sind „nostalgisch" eingerichtet. Errichtet 1898 von den Wiener Theaterarchitekten Helmer und Fellner.

Jaroslav Stastny
Hochschneeberg, 2734 Puchberg am Schneeberg, Tel. 02636/ 2257

Geöffnet
Ende April bis Anfang November (Betriebszeit der Zahnradbahn)
55 Übernachtungsplätze (Zimmer)

Zugänge
Von der Station Baumgartner:
An der ansteigenden Trasse der Zahnradbahn links entlang zur Abzweigung des Südlichen Grafensteigs. Gerade weiter, über die Bahn und nach einer kurzen Felszone zur Abzweigung des Nördlichen Grafensteigs. Nun den gelben Markierungen folgend über einen Waldrücken höher, dann eine trostlose Latschenbrandzone querend zu einem Tunneleingang der Zahnradbahn (Ein-

Die Wirtsleut'…

mündung des Fischersteigs). Durch eine Latschengasse in gemütlicher Steigung über einen zweiten Tunnel hinweg (Aussicht) und am Elisabethkirchlein links vorbei zur Bergstation und zum Berghaus. 1 Std.

Fischersteig:

Ein Steig, der das gleiche Schicksal erlitten hat wie der Emmysteig (siehe Seite 74). Vom Krummbachsattel wie beim Emmysteig zum Standort des ehem. Baumgartnerhauses. Über die Wiese kurz aufwärts, rechts den grünen Markierungen des Fischersteigs folgend kurz im Wald, dann über einen Latschenrücken zur Zahnradbahn. Diese kreuzen und etwas nach rechts abdriftend weiter zur Einmündung in den gelb markierten Anstieg von der Station Baumgartner. Auf diesem weiter zum Berghaus. $1^1/_2$ Std.

… vom Berghaus
Hochschneeberg.

Weitere Zugänge: Herminensteig
(Seite 144), Schneidergraben (Seite 148)

Übergänge

Damböckhaus $^1/_2$ Std.
Fischerhütte 1 Std.
Edelweißhütte/ Sparbacher Hütte $2^1/_2$ Std.
Kienthaler Hütte $2^1/_2$ Std.
Friedrich-Haller-Haus $1^1/_2$ Std.

Gipfel

Kaiserstein, 2061 m, 1 Std. (Seite 104)
Klosterwappen, 2076 m, 1 Std.
(Seite 102); Waxriegel, 1888 m, 10 Min.
(Seite 105)

Edelweißhütte

1235 m

Kartenansicht Seite 137, 147 (unten)

Auf einer Anhöhe am südlichen Rand des Fadensattels, am Beginn des Fadensteigs. Aussicht von der Terrasse in das Puchberger Becken und in die Schneeberg-Ostseite. Beliebte erste Einkehrstation nach einer Auffahrt mit dem Sessellift oder dem Aufstieg zu Fuß von Losenheim. Oder letzte „Bergstation" nach einer Schneeberg-Tour. Erworben 1960.

OeAV, Sektion *EDELWEISS*
Losenheimer Straße 11
2734 Puchberg am Schneeberg
Tel. + Fax 02636/3616
Pächter: Hannes Egretzberger

Geöffnet

Ganzjährig außer November, Mo RT
30 Übernachtungsplätze (Lager und Zimmer)

Zugänge

Von Losenheim:

- Auffahrt mit dem Sessellift
- Aufstieg der linken Piste entlang, zunächst sanft, dann steiler ansteigend. 1 Std.
- Vom Straßenende guter gelb markierter Weg über Wiesen, durch schönen Laubwald und über Stock und Stein in den Fadensattel. Dort links an einem Zaun entlang zur Hütte. 1½ Std.

Die Wirtsleut'…

... von der Edelweißhütte.

Aus der Vois:

Beim Wegscheidhof (Parkmöglichkeit) roten Markierungen folgend auf einer Forststraße, dann auf einem Forstweg, schließlich auf einem Steig zu einer felsigen Engstelle, Pkt. 900, nördlich der Tränkwiese. Über den Bach und weiter auf einem Forstweg um einen Graben herum zur Putzkapelle. Über den Nesselgraben hinweg auf einer Forststraße, zuletzt mit geringem Höhenverlust zu einem Bachlauf. Kurz danach rechts ab und über eine gerodete, zunehmend verwachsene Fläche (rutschig, Wegverlauf schlecht erkennbar, Achtung auf Verknöcheln!) und zu einer weiteren Forststraße. Den Waldhang auf steinigem Steig steil empor, zurück nach links in den Graben und in allgemein südlicher Richtung das stimmungsvolle Tal hinauf. Zuletzt am Wiesenrand in den Fadensattel und mit wenigen Schritten zur Hütte. 1^1/$_2$ Std.

Aus dem Klostertal:

Auf der Zufahrt zur Mamauwiese im Klausgraben talein auf dem rot markierten Weitwanderweg Nr. 231. An bezeichneter Stelle rechts ab und im Wald ansteigend zu einem Rücken. Über diesen hinweg, eben hinüber zur Einmündung in den Anstieg aus der Vois und auf diesem weiter zur Hütte. 1^1/$_2$ Std.

Übergänge

Fischerhütte 2^1/$_2$ Std.
Damböckhaus 2^1/$_2$ Std.
Berghaus Hochschneeberg/Bergstation Zahnradbahn 3 Std.
Sparbacher Hütte 1 Min.
Kienthaler Hütte 2 Std.
Gasthaus Mamauwiese ^{1}/$_2$ Std.

Gipfel

Kaiserstein, 2061 m, 2^1/$_2$ Std. (Seite 104); Dürre Leiten, 1252 m, ^{1}/$_2$ Std.

79

Panorama Schneeberg Gahns – Blick nach Norden

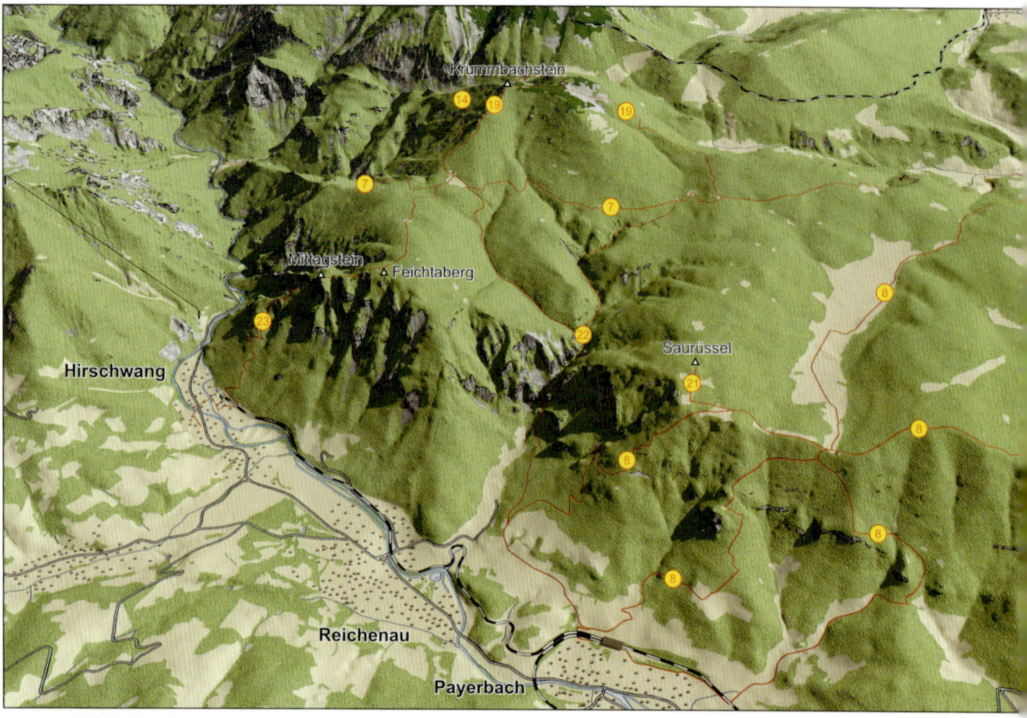

Karte Schneeberg Gahns

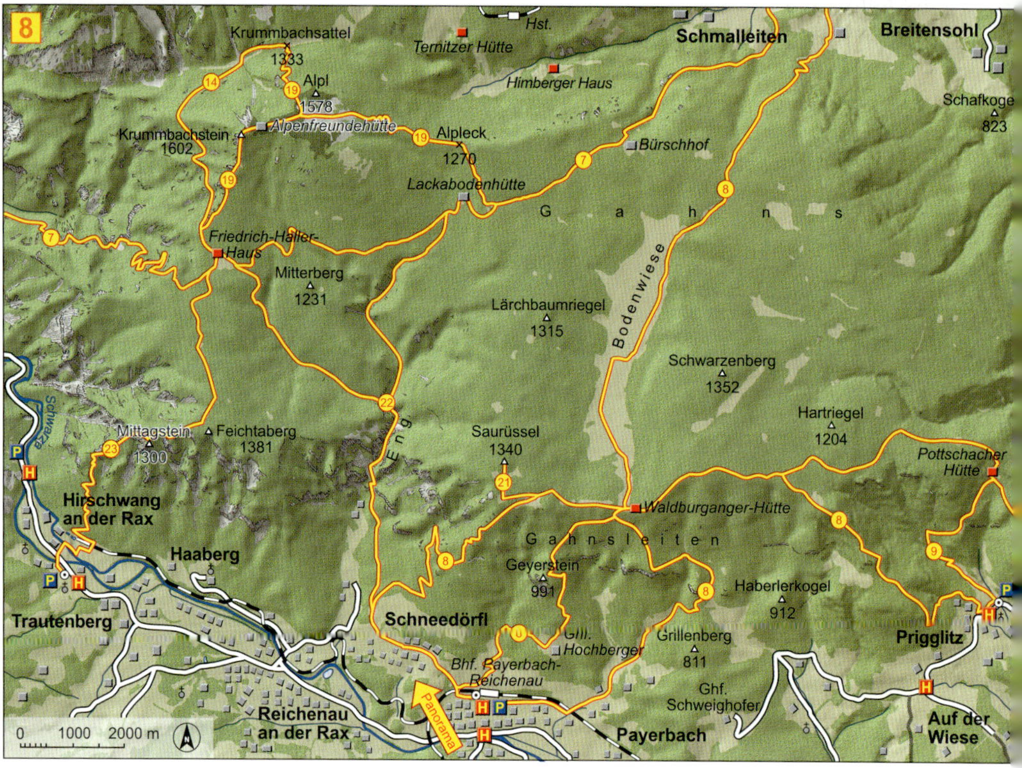

Sparbacher Hütte
1248 m

Kartenansicht Seite 137

Direkt oberhalb der Edelweißhütte am südlichen Rand des Fadensattels, am Beginn des Fadensteigs. Aussicht in das Puchberger Becken. Errichtet 1896.

AG Sparbacher
Klostertal 53
2770 Gutenstein
Tel. 02636/ 3612
Pächter: Michael Gerszi

Geöffnet
ganzjährig
80 Übernachtungsplätze
(Lager und Zimmer)

Anmerkungen, Zugänge, Übergänge, Gipfel
Siehe Edelweißhütte, Seite 78.

Die Wirtsleut' von der Sparbacher Hütte.

Kienthaler Hütte
1380 m

Kartenansicht Seite 127, 137

Am oberen Ausläufer des Weichtals, in einem Sattel am Fuße des Turmsteins. Benannt nach dem Kienthal in der Hinterbrühl bei Wien (Zugang zum Gasthaus „Krauste Linde"), wo die Gründungsmitglieder der AG Kienthaler häufig gewandert sind. Stützpunkt an der Schnittstelle zwischen Kuhschneeberg, Hochschneeberg, Südlichem Grafensteig und Weichtal. Errichtet 1896.

ÖTK, Sektion AG Kienthaler, Neunkirchen
Vorstand: Franz Bele
Auzeile 24
2620 Neunkirchen
Tel. 02635/ 62265
bele.gmbh@aon.at

Die Hüttencrew …

... und die Kienthaler Hütte.

Geöffnet

Ostern bis Allerheiligen von Sa 16:00 bis So 16:00 und an Feiertagen
30 Übernachtungsplätze (Lager und Zimmer)

Zugänge

Ferdinand-Mayr-Weg (Seite 128), Weichtalklamm (Seite 124), Fadenweg
(Seite 152), Grafensteig (Seite 152, 154)

Übergänge

Damböckhaus $2^1/_2$ Std.
Fischerhütte 2 Std.
Berghaus Hochschneeberg/ Bergstation Zahnradbahn $2^1/_2$ Std.
Edelweißhütte/ Sparbacher Hütte $1^1/_2$ Std.
Station Baumgartner $3^1/_2$ Std.

Gipfel

Turmstein, 1416 m, 5 Min. (Seite 124); Kaiserstein, 2061 m, 2 Std. (Seite 104);
Klosterwappen, 2076 m, $1^1/_2$ Std., (Seite 102)

Friedrich-Haller-Haus
1250 m

Kartenansicht Seite 80, 112, 113, 126, 127

Der „Josey"…

Auf dem Wiesensattel der Knofeleben, südlich des Krummbachsteins. Wichtiger Stützpunkt am Übergang zwischen Hochschneeberg und Gahns. Mit Öffis sehr gut erreichbar und daher als Etappenziel für zahlreiche Überschreitungen geeignet. Lustige Sprüche in und vor der Hütte! Kurzbezeichnung: Haller-Haus. Errichtet 1926.

TVN, Landesleitung Wien
Knofeleben, Hirschwang 108
2651 Reichenau an der Rax, Tel. 0663/ 014473
Pächter: Wilfried („Josey") Krenn

Geöffnet
1. April – 8. Jänner, Mo Di RT außer FT
100 Übernachtungsplätze (Lager und Zimmer)

Zugänge
Von Kaiserbrunn: Vorbei am Gasthaus, dann am Forsthaus der Stadt Wien und am Wasserleitungsmuseum. Auf dem Forstweg eben talein (erste rote Markierung) und bald rechts ab auf einem Steiglein (Schild). Einigen Kehren folgt eine ebene Querung (Blick zum Wasserofen, Krummbachstein, Schneeberg) in einem ursprünglichen Wald, vorbei an einzelnen Felsformationen. Über eine Geröllrinne (gesicherter Übergang), dann weiter zu einem felsigeren Bereich mit gesicherter Stelle (Stahlseil, Holzstufen, schöne Ausblicke).

… und das Haller-Haus.

Ansteigend weiter, dann in einer schönen Querung zu einem engeren felsigen
Bereich. Aus diesem heraus ein steiler, mühsamer gesicherter Geröllanstieg,
dann im Jungwald hinauf zu einer Forststraße. 1^1/$_2$ Std.

Auf dieser in Kehren weiter, dann über einen Abschneider an den Rand der
Hochfläche und auf der Forststraße eben hinüber auf die Knofeleben und zur
Hütte. ^{1}/$_2$ Std.

Zeit: 2^1/$_2$ Std.
HU 700 m
Markierung: rot

Von Rohrbach im Graben: Vom Parkplatz am Straßenende auf dem rot markierten Aufstieg zum Himberger Haus auf Asphalt talein bis zu einer Baum-
gruppe mit der Abzweigung Richtung Waldburganger-Hütte. Links ab auf dem
blau markierten Feldweg und am Wiesenrand in einem seichten Graben aufwärts. Dann durch eine kurze Aufforstung auf verwachsenem Steig zu einem
Forstweg. Kurz rechts und gleich links über eine Böschung in den Hochwald.
Steilerer Anstieg zu einem Absatz mit Hochstand. Bald darauf eine Wasserstelle und nach einer Aussicht wieder in den Wald. Zunächst ansteigend, dann
in einer waagrechten Querung über eine Lichtung (im Sommer blühende
Hagebuttensträucher, erster Hochschneeberg-Blick) zu einem abgesetzten
Felsgrat (lohnender kurzer Abstecher). Weitere zunächst leicht fallende Querung auf stimmungsvollem Waldsteig in den Sperringgraben. Immer am linken Rand bleibend zunächst durch einen dichten Fichtenforst, dann über drei
Lichtungen steil aufwärts. Vorbei an der dürftigen Sperring-Quelle (Wanne)
und bald darauf aus dem Graben links hinausqueren zur Almfläche mit dem
Bürschhof (heute Forsthütte der Stadt Wien, unweit eine Kapelle; Blick Richtung Hohe Wand und Hochschneeberg). 1^1/$_2$ Std.

Sommer auf der Knofeleben.

Auf einer rot markierten Forststraße in westlicher Richtung in den Wald. Großteils ebener Übergang und zuletzt kurzer Abstieg – ab hier wieder mit blau – zur Lackabodenhütte. Querung zum Pkt. 1166 und, zwei Gräben ausgehend, sanft ansteigend zur Knofeleben und zur Hütte. $1^1/_2$ Std.

Zeit: $2^1/_2$ Std.
HU 750 m.
Markierung: blau, rot, dann wieder blau

Weitere Zugänge: durch die Eng (Seite 114)

Übergänge
Fischerhütte $3^1/_2$ Std.
Berghaus Hochschneeberg/Bergstation Zahnradbahn $2^1/_2$ Std.
Damböckhaus $2^1/_2$ Std.
Station Baumgartner $1^1/_2$ Std.
Ternitzer Hütte 2 Std.
Himberger Haus $2^1/_2$ Std.
Hengsthütte $2^1/_2$ Std.
Waldburganger-Hütte 2 Std.
Pottschacher Hütte $2^1/_2$ Std.

Gipfel
Krummbachstein, 1602 m, 1 Std. (Seite 108); Mittagstein, 1300 m, $1^1/_2$ Std. (Seite 116)

Waldburganger-Hütte
1182 m

⑧

Kartenansicht Seite 80, 112, 113

An der Geländekante am Südrand der Gahns, knapp oberhalb der Bodenwiese. Freier Blick zu Rax, Kreuzberg, Kampalpe, Sonnwendstein, Wechsel und Stuhleck. Unweit der Hütte im Wald die Schöberl-Warte mit weitreichender Aussicht: Bucklige Welt, Wechsel, Sonnwendstein, Semmering, Stuhleck, Kampalpe, Rax, Hochschneeberg, Eisenerzer Alpen (Gösseck!). Errichtet 1929.

Der Wirt ...

Hüttenerhaltungsverein „Die Waldburganger"
Bürg 10, 2630 Ternitz
Tel. 02630/ 36328
Pächter: Familie Zottl

Geöffnet
1. Mai bis 26. Oktober an WE und FT
25 Übernachtungsplätze (Lager und Zimmer)

Zugänge
Von Payerbach:
Am Bahnhof Payerbach-Reichenau dem Bahnhofsgelände entlang nach Westen, unter der Bahn durch. Den blauen Markierungen folgend auf Asphalt am Geyerhof vorbei, dann auf einem Waldweg zur Jausenstation Hochberger. Links zum Waldrand und auf zunehmend steilem Anstieg durch einen stimmungsvollen Wald in einen Sattel hinter dem Geyerstein (lohnender Abstecher zur Jubiläumsaussicht, rot markiert). 1 1/2 Std.
Kurz auf einer Forststraße an einem Felsen rechts entlang, dann in einer Querung durch den steilen stimmungsvollen Waldhang der Gahnsleiten, an einem Kreuz und einer Andacht vorbei zu einer Forststraße. Auf dieser zu einer nahen Abzweigung. Links hinauf zur Geländekante und in Kürze zur Hütte. 1/2 Std.

Zeit: 2 Std.
HU 700 m
Markierung: blau

Alternative, geringfügig längere Anstiege ab Bahnhof Payerbach-Reichenau:
■ Über das Schneedörfl und den im oberen Teil steilen Südwestrücken des Saurüssels. Gelb markiert. Von der so genannten Schedwiese an der Geländekante Möglichkeit zu einem Abstecher auf den Saurüssel.

■ Über den Ortsteil Werning und die Schedkapelle. Rot, dann gelb markiert.

Von Rohrbach im Graben:

Kurz vor dem Straßenende (Parkmöglichkeit) links und auf einer blau markierten Zufahrt über biedermeierlich-romantische Weiden zum Gahnsbauer. Weiter auf einem Steig in den Wald und zunächst etwas verwinkelt höher. Dann auf dem Heuweg (über ihn wurde einst das Heu von der Bodenwiese zu Tal gebracht), mehrmals Forststraßen kreuzend, zur Abzweigung zur Sierningtaler Hütte (lohnender Abstecher). Weiter zielstrebig-geradlinig in mittlerer Steigung über den rasenbewachsenen breiten Steig zu einem Gatter und kurz darauf zur zweiten Abzweigung zur Sierningtaler Hütte (Schranken). Bald darauf hinaus auf eine große Lichtung und auf der Forststraße zu einer Wegkreuzung, Rohrbacher Lacken, Pkt. 1184. 1½ Std.

In südlicher Richtung weiter, nach einem Rechtsknick zu einer Lichtung und hinab zur Bodenwiese. Geduldig die endlos lang gestreckte Almfläche in südlicher Richtung entlang, zuletzt mit kurzem Anstieg zur Hütte. 1 Std.

Zeit: 2½ Std.
HU 600 m
Markierung: blau, dann grün, zuletzt blau und rot

Lohnende Alternative:
Anstieg über den Bürschhof und weiter zur Bodenwiese.

Von Prigglitz:

In einer markanten Kurve (Volksschule, kleiner Parkplatz) am Kirchenwirt vorbei, dann rechts steil zum Ortsrand (Reservoir, Kreuz). Auf einem Steig, dann

… und die Waldburg-anger-Hütte.

Frühwinter auf der Bodenwiese.

auf Forststraße Querung zu einem Föhrenwaldrücken. Wieder auf einem teils steinigen Steig zu einer Forststraße (Wegweiser). Diese kreuzen und in allgemein nordwestlicher Richtung zu einer kleinen Felskanzel (Aussicht, ca. 960 m). Links des nun ausgeprägten Rückens zur Tobelwiese und neben einem Wildzaun, dann im Wald sanft ansteigend zur Einmündung des Anstiegs von der Pottschacher Hütte. $1^1/_2$ Std.

In westlicher Richtung an der Geländekante (Aussicht!) über ein bewaldete Kuppe und in sanftem Abstieg, zuletzt an der Schöberl-Warte vorbei, zur Hütte. $^1/_2$ Std.

Zeit: 2 Std.
HU 650 m
Markierung: blau

Übergänge

Friedrich-Haller-Haus 2 Std.
Berghaus Hochschneeberg/ Bergstation Zahnradbahn, 3 Std.
Damböckhaus $3^1/_2$ Std.
Fischerhütte $4^1/_2$ Std.
Station Baumgartner 2 Std.
Ternitzer Hütte 2 Std.
Himberger Haus $2^1/_2$ Std.
Hengsthütte $2^1/_2$ Std.
Pottschacher Hütte $1^1/_2$ Std.

Gipfel

Saurüssel, 1340 m, $^1/_2$ Std. (Seite 112)

Pottschacher Hütte
919 m

Kartenansicht Seite 80

Die Wirtsleut'…

Nordwestlich von Gasteil, auf einem vom Hartriegel auslaufenden Wald-rücken. Errichtet 1962.

TVN, Ortsgruppe Pottschach
2633 Pottschach, Tel. Hütte: 02630/37273, Tal: 02620/2825

Geöffnet
Ostern bis 31. 10. Sa 15:00 bis So 17:00 und an FT 8:00 bis 17:00
einfach bewirtschaftet.
40 Übernachtungsplätze (Lager)

Zugänge
Von Gasteil in $^1/_2$ Std. (200 Hm) bzw. von Prigglitz in $^1/_2$ Std. (280 Hm) auf rot markierten Wegen einfach erreichbar.

Übergänge
Friedrich-Haller-Haus 2$^1/_2$ Std.
Berghaus Hochschneeberg/ Bergstation Zahnradbahn 3$^1/_2$ Std.
Damböckhaus 3$^1/_2$ Std.
Fischerhütte 4$^1/_2$ Std.
Station Baumgartner 2$^1/_2$ Std.
Ternitzer Hütte 2$^1/_2$ Std.
Himberger Haus 3 Std.
Waldburganger-Hütte 1$^1/_2$ Std.

… von der Pottschacher Hütte.

Himberger Haus
985 m

Kartenansicht Seite 112, 113

Auf einer Lichtung südlich über dem Rohrbachgraben.
Errichtet 1978.

TVN, Ortsgruppe Himberg
Tel. Hütte: 0663/9109184
Tel. Tal: 02235/84885

Eine Hüttencrew ...

Geöffnet
1. Mai bis 31. Oktober an WE
einfach bewirtschaftet.
50 Übernachtungsplätze (Lager und Zimmer)

Zugang
Von Rohrbach im Graben: Vom Parkplatz am Straßenende auf Asphalt talein (rote Markierung). Am Bacherl entlang zum abgeschiedenen Schmalleiten-Hof. Bald danach vom Talboden links ab und ansteigend über eine Wiese in den Wald. Kurz auf einer Forststraße, dann wieder auf dem Waldweg weiter und über Lichtungen (Blick zu den Felsformationen auf der gegenüber liegenden Talseite) zur Hütte.

Zeit: 1 Std.
HU 340 m
Markierung: rot

... vom Himberger Haus.

Übergänge
Friedrich-Haller-Haus 2$^1/_2$ Std.
Berghaus Hochschneeberg/
Bergstation Zahnradbahn
2$^1/_2$ Std.
Damböckhaus 2$^1/_2$ Std.
Fischerhütte 3$^1/_2$ Std.
Station Baumgartner 1$^1/_2$ Std.
Ternitzer Hütte $^1/_2$ Std.
Pottschacher Hütte 2$^1/_2$ Std.
Waldburganger-Hütte 2$^1/_2$ Std.

Ternitzer Hütte
1199 m

Kartenansicht Seite 112, 113

Auf einer kleinen Kuppe am unteren Rand der vom Kaltwassersattel herab ziehenden Kaltwasserwiese. Auch Grassinger Hütte genannt. Errichtet 1929.

TVN, Ortsgruppe Ternitz
Hochschneeberg 2, 2734 Puchberg am Schneeberg
Tel. Hütte: 02636/ 2071, Tal: 02630/ 30644

Geöffnet
einfach bewirtschaftet an WE von Ende April – 1. November. Juli und August
durchgehend.
45 Übernachtungsplätze (Zimmer)

Zugänge
Von der Zahnradbahn: Von der Haltestelle Ternitzer Hütte auf Waldsteig
zunächst eben, dann leicht abwärts zur Hütte. $^1/_2$ Std.

Von Schneebergdörfl: Durch das Mieseltal in den Kaltwassersattel, siehe Station Baumgartner (Seite 96). Von dort am linken Wiesenrand Abstieg auf blau
markiertem Steig zur Hütte.

Zeit: $2^1/_2$ Std.
HU 630 m
Markierung: gelb, dann blau

Die Wirtsleut'…

... der Ternitzer Hütte

Von Rohrbach im Graben: Vom Straßenende beim Feuerwehrhäuschen (Parkmöglichkeit) den blauen Markierungen nach rechts Richtung Ternitzer Hütte und Hengsthütte folgen. Bald links ab, zwischen zwei Häusern durch und am Waldrand aufwärts. Unter einem Wandl links zu einer Felsenge und damit zum Beginn der Rohrbachklamm. Durch die Klamm (glatt geschliffener Fels, „minimales" Klammerlebnis) und weiter über den verblockten Steig zu einer Forststraße. Auf dieser im schattigen Graben, eine Kehre abkürzend, zu einer große Weide mit vielen Steinen und einer Scheune, bald darauf die Abzweigung zur Hengsthütte. Immer die Richtung beibehaltend zur Abzweigung zum Himberger Haus (Schottergrube) und nach deutlicherem Anstieg zur Hütte.

Zeit: $1^{1}/_{2}$ Std.
HU 580 m
Markierung: blau

Übergänge

Friedrich-Haller-Haus 2 Std.
Berghaus Hochschneeberg/Bergstation Zahnradbahn $1^{1}/_{2}$ Std.
Damböckhaus $1^{1}/_{2}$ Std.
Fischerhütte $2^{1}/_{2}$ Std.
Station Baumgartner $^{1}/_{2}$ Std.
Himberger Haus $^{1}/_{2}$ Std.
Hengsthütte $^{1}/_{2}$ Std.
Pottschacher Hütte 2 Std.
Waldburganger-Hütte 2 Std.

Gipfel

Hoher Hengst, 1450 m, $^{1}/_{2}$ Std. (Seite 110); Krummbachstein, 1602 m, $1^{1}/_{2}$ Std. (Seite 108)

Hengsthütte
1012 m

Kartenansicht Seite 112

Auf einer kleinen Lichtung an der Trasse der Zahnradbahn.
Errichtet 1926.

Andrea Postl
Hochschneeberg 1
2734 Puchberg am Schneeberg
Tel. Hütte: 02636/ 2103

Geöffnet
April bis Oktober durchgehend (Mo RT), November bis März an WE
16 Übernachtungsplätze (Lager)

Zugänge
Von Puchberg durch das Hengsttal: Vom Bahnhof in der Bahnstraße rechts, dann in der Schneebergstraße rechts und links ab durch die Muthenhofer Straße zum Ortsrand. Bei der Gabelung links und mit den blauen Markierungen durch das Hengsttal zum Straßenende. Weiter auf einem Feldweg über die stillen Weiden, dann im Wald ansteigend in den Hauslitzsattel. Der Zahnradbahn entlang weiterer Anstieg zur Hütte.

Zeit: $1^1/_2$ Std.
HU 450 m
Markierung: blau

Die Wirtin …

... der Hengsthütte.

Von Rohrbach im Graben: Wie beim Zugang zur Ternitzer Hütte (Seite 92) bis zur Abzweigung zur Hengsthütte. Scharf rechts und auf der Forststraße zur Hütte.

Zeit: 1 Std.
HU 400 m.
Markierung: blau, dann rot

Übergänge

Friedrich-Haller-Haus $2^1/_2$ Std.
Berghaus Hochschneeberg/Bergstation Zahnradbahn $2^1/_2$ Std.
Damböckhaus $2^1/_2$ Std.
Fischerhütte $3^1/_2$ Std.
Station Baumgartner $1^1/_2$ Std.
Ternitzer Hütte $^1/_2$ Std.
Himberger Haus $^1/_2$ Std.
Pottschacher Hütte $2^1/_2$ Std.
Waldburganger-Hütte $2^1/_2$ Std.

Gipfel

Hoher Hengst, 1450 m, 1 $^1/_2$ Std. (Seite 110)

Station Baumgartner
1396 m

Kartenansicht Seite 112, 113, 147

Die Wirtsleut'…

An der Zahnradbahn, westlich auf einer Anhöhe oberhalb des Kaltwassersattels, mit Blick zur Rax. Beliebter kulinarisch-versüßter Zwischenstopp jeder Auffahrt mit der Zahnradbahn: warme Riesenbuchteln als Stärkung für den weiteren Aufenthalt in der dünnen Schneeberg-Höhenluft! Errichtet 1897.

Anton Zwinz
Hochschneeberg 5
2734 Puchberg am Schneeberg
Tel. 02636/ 2107

Geöffnet
Ende April bis Anfang November (Betriebszeit der Zahnradbahn)
20 Übernachtungsplätze (Lager und Zimmer)

Zugänge
Von Schneebergdörfl: Vom Feuerwehrhaus bei der Straßengabelung Pkt. 719 links auf dem gelb und rot markierten Feldweg (schöner Schneebergblick) im Mieseltal talein. Sanft ansteigend zunächst zwischen Weiden, dann im Wald

… und die Buchtlfans …

… der Station Baumgartner.

zu einer Gabelung. Links auf dem gelb markierten Forstweg talein, dann auf einem steilen Steig am Waldhang höher und in den Kaltwassersattel mit dem privaten Adolf-Kögler-Haus. Der Zahnradbahntrasse entlang sanfterer Anstieg zur nahen Station Baumgartner. 2 Std.

Weitere Zugänge:
Von Puchberg die Zahnradbahn entlang (mit Variante durch das Hengsttal), Nördlicher und Südlicher Grafensteig (Seiten 152, 154), Unterer Herminen-steig/Grafensteig (Seite 144/152)

Übergänge
Fischerhütte 2 Std.
Berghaus Hochschneeberg/Bergstation Zahnradbahn 1 Std.
Damböckhaus $1^1/_2$ Std.
Edelweißhütte/ Sparbacher Hütte $3^1/_2$ Std.
Kienthaler Hütte $3^1/_2$ Std.
Friedrich-Haller-Haus $1^1/_2$ Std.
Ternitzer Hütte $^1/_2$ Std.
Himberger Haus 1 Std.
Hengsthütte $^1/_2$ Std.
Waldburganger Hütte 2 Std.
Pottschacher Hütte $2^1/_2$ Std.

Gipfel
Waxriegel, 1888 m, $1^1/_2$ Std. (Seite 105), Hoher Hengst, 1450 m, $^1/_2$ Std. (Seite 110)

Weitere Hütten

Adolf-Kögler-Haus, 1322 m

Private Hütte der ÖTK-Sektion Ternitz. Liegt im Kaltwassersattel an der Zahnradbahn. Zustieg siehe Seite 96.

Almreserlhaus, 1222 m

Der Bergstation des Doppelsessellifts von Losenheim in den Fadensattel angebaut.
Ganzjährig geöffnet, Do RT
Zugänge, Übergänge, Gipfel: siehe Edelweißhütte (Seite 78).
Tel. 0699/10442168

Alpenfreundehütte, 1568 m

Private Hütte der Alpinen Gesellschaft „Alpenfreunde" neben dem Krummbachstein. Zustieg siehe Seite 108.

Bürschhof, 1186 m

Private Forsthütte der Stadt Wien. Prächtige Aussicht. 1805 und 1807 Ausgangspunkt für die Besteigung des Kaisersteins (damals noch „Am Kreuz" genannt) durch Kaiser Franz I. Zustieg siehe Seite 85.

Ferdinand-Bürkle-Hütte, 1320 m

Bergrettungshütte mit stets offenem Unterstandsraum am Nördlichen Grafensteig bei der Breiten Ries. Kurzbezeichnung: „Bürkle-Hütte". Zustieg siehe Seite 140.

Ein Betreuerteam der Krempel-Hütte.

Die Rieshütte
am Beginn
des Nandlgrats.

Heinrich-Krempel-Hütte, 1561 m

Bergrettungshütte am Rand des Kuhschneebergs, am Ausläufer des Wurzen-grabens. Im Winter an WE + FT beaufsichtigt. Kurzbezeichnung: „Krempel-Hütte". Zustieg siehe Seite 152.

Rieshütte, 1360 m

Private Hütte der OeAV-Sektion Burgenland am Beginn des Nandlgrats
(Seite 140).

Sierningtaler Hütte, 1179 m

Private Hütte. Lohnender Abstecher (Aussicht) beim Aufstieg von Rohrbach im Graben über den Heuweg zur Bodenwiese (Seite 88).

Wimpassinger Hütte, 1200 m

TVN, Ortsgruppe Wimpassing. Am Übergang von der Station Ternitzer Hütte der Zahnradbahn zur Kaltwasserwiese.
Einfach bew. an WE von Mai bis Oktober

Berghaus Mamauwiese, 957 m

Private Hütte am Rand einer feuchten Wiesenfläche zwischen Dürre Leiten und Schober. Gehört eigentlich nicht mehr zum Schneeberg, sondern zur Dürren Wand. Mi RT, Tel 02634/7455, 0664/1242027.

Station Baumgartner – Krummbachsattel – Wassersteig – Haller-Haus

Kartenansicht Seite 80, 113, 126, 127

Aussichtsreicher und landschaftlich hervorragender Übergang, der den Krummbachstein westlich umrundet und durch steiles, zum Teil felsdurchsetztes Waldgelände zur Knofeleben führt. Einige Stellen verlangen Trittsicherheit und sind bei Nässe mit großer Vorsicht zu begehen. Vor einer Begehung bei Schneelage wird auf den Wegweisern ausdrücklich gewarnt!

Route

Von der Haltestelle kurz der Zahnradbahn entlang aufwärts, dann links ab auf gelb markiertem Steig und mit etwas Höhenverlust über eine Wiese, dann auf einer Forststraße zu einer weiten Kehre in einem Graben. Durch diesen auf einem unmarkierten Steiglein kurzer Wiesenanstieg in den Krummbachsattel (Wegkreuzung). Die Richtung beibehaltend auf dem rot markierten Wassersteig absteigend zunächst durch ein finsteres Waldstück zu einer Lichtung im oberen Krummbachgraben (Raxblick, Wasserstelle). Wieder durch Wald (rutschiger Fels) auf eine zweite lang gestreckte Lichtung. Auf ca. 1200 m links hinüber zum jenseitigen Waldrand und im stimmungsvollen Nadelwald sanft ansteigend auf dem stockig-steinigen Steig dahin. Unterwegs ober- und unter-

halb des Steigs viele Felsformationen und einzelne Ausblicke zum Hochschneeberg und in den Saugraben. Zuletzt deutlicher Anstieg zu einem markanten Eck, das vom Westrücken des Krummbachsteins gebildet wird. Um diesen herum und auf einer angenehmen Strecke (weicher Waldboden) zu einem wieder felsigen Abschnitt (eine kurze Stelle mit Stahlseil gesichert). Jenseits des Erlwiesgrabens verhilft ein Holzsteg mit Seilgeländer über eine steile Wandzone. Dann abwechslungsreich weiter zu einem aussichtsreichen Geröllfeld, welches mit Höhenverlust gequert wird. Bald darauf knapp rechts vom Steig eine Aussicht mit Bankerl. Weiter zur Abzweigung zum Krummbachstein und in Kürze zum Haller-Haus.

Zeit: $1^1/_2$ Std.
HU: 180 m
Markierung: gelb, kurz unmarkiert, dann rot

Klosterwappen

2076 m

Kartenansicht Seite 126, 127, 137, 147 (unten)

Höchster Punkt des Schneebergmassivs. Prächtige Rundschau vom allerdings durch eine 1970 errichtete militärische Radaranlage beeinträchtigten Gipfel. Durch die exponierte Lage am östlichen Alpenrand extremen Winden ausgesetzt. Die absolute Höhe von „nur" 2000 Meter darf da nicht darüber hinweg täuschen, dass der Berg schon viele das Fürchten gelehrt hat und dann wahrlich umwerfend war!

Gemeinsam mit dem Kaiserstein beliebtes Gipfelziel – erstens natürlich für „Zahnradbahn-Emporkömmlinge", zweitens generell für alle, die den Hochschneeberg über einen der zahlreichen Aufstiege betreten. Vormals „Hoher Schneeberg" oder „Alpengipfel" genannt. Einst Grenze der Herrschaften Gutenstein, Stixenstein und Reichenau. Das Wappen der geistlichen Herrschaft Reichenau, das Zeichen des Zisterzienserklosters Neuberg an der Mürz, war im Gipfelfelsen eingeschlagen. Dieser Umstand war für den Gipfel namengebend.

Aussicht

Neusiedler See, Leithagebirge, Pannonische Tiefebene, Bucklige Welt, Wechsel, Masenberg, Schöckel, Stuhleck, Fischbacher Alpen, Grazer Bergland, Hochlantsch, Karawanken, Steiner Alpen, Packalpe, Zirbitzkogel, Seckauer Alpen, Eisenerzer Alpen, Höllental, Rax, Schneealpe, Veitsch, Hochschwab, Gesäuse, Totes Gebirge, Dachstein, Dürrenstein, Ötscher, Göller, Mürzsteger Alpen, Türnitzer Alpen, Gutensteiner Alpen, Mühlviertel, Waldviertel.

Vom Klosterwappen
zu Fischerhütte
und Kaiserstein.

Aufstiege

Vom Damböckhaus: Mit den grünen Markierungen des Fischerwegs über den Ochsenboden zu einer Gabelung. Links ab und den gelb markierten, von Steinmännern umfassten langen Stangen entlang sanft ansteigend in einen Sattel und über den Rücken steiler zum höchsten Punkt.
Zeit: $^1/_2$ Std., HU: 180 m, Markierung: grün, dann gelb

Von der Fischerhütte: Auf dem kaum ansteigenden Verbindungskamm (Stangen) vom Kaiserstein zum Klosterwappen in allgemein südwestlicher Richtung zum Gipfel. Bei gutem Wetter harmlos, bei Sturm kein Honiglecken!
Zeit: 10 Min., HU: 50 m, Markierung: gelb

Von der Kienthaler Hütte: siehe Seite 130
Von der Krempel-Hütte: siehe Seite 130

"Ausgezeichnete Fernsicht" nach Westen.

Fischerweg und Klosterwappen.

Kaiserstein
2061 m

Kartenansicht Seite 136, 137

Nahezu gleich hoch wie sein unmittelbarer Nachbar, das Klosterwappen, aber dank der knapp neben dem Gipfel errichteten Fischerhütte weitaus öfter besucht. Dies liegt auch daran, dass der Kaiserstein bei der überwiegenden Zahl der Schneeberg-Anstiege eher „am Weg liegt". Auf dem Gipfel stand einst der namengebende Kaiserstein, ein Monument, das an die Besteigungen von Kaiser Franz I. 1805 und 1807 erinnerte. Heute befindet sich dort eine kleinere Version mit Gedenktafel. Ursprünglicher Name: Am Kreuz. Der Kaiserstein ist selbst aus dem Wiener Raum und aus der Pannonischen Tiefebene ein markanter Blickfang. Bei Nebel und Sturm genauso ungemütlich wie das Klosterwappen, dank der Fischerhütte aber weitaus erträglicher.

Aussicht
Atemberaubender Tiefblick in die Breite Ries und das Puchberger Becken – wie aus der Vogelperspektive. Dahinter der dünne Streifen des Neusiedler Sees. Weiters: Wienerwald, Gutensteiner Alpen, Türnitzer Alpen, Ybbstaler Alpen, Mürzsteger Alpen, Rax, Schneealpe, Veitsch, Hochschwab, Gesäuse, Totes Gebirge, Dachstein, Niedere Tauern, Karawanken, Steiner Alpen, Fischbacher Alpen, Stuhleck, Wechsel, Bucklige Welt, Leithagebirge, Ungarische Tiefebene, Karpaten, Hainburger Berge. Bei klarer Sicht auch die Silhouette Wiens, nachts als eindrucksvoll leuchtendes Lichtermeer!

Aufstiege
Von der Krempel-Hütte: Seite 130
Von der Edelweißhütte bzw. Sparbacher Hütte: Seite 138
Vom Damböckhaus: Seite 72

Puchberg und
am Horizont
der Neusiedler See.

Waxriegel

1888 m

Kartenansicht Seite 201, 233

Unscheinbare Kuppe, die ein kleines Kuriosum darstellt: Rundum wichtige wandertouristische Anlaufpunkte, rundherum ein rot und grün markierter Wanderweg-Ring und in der Mitte ein kleiner leicht erreichbarer Hügel, auf den kein markierter Steig führt! Ein Gipfelkreuz (aufgestellt von der Jungarbeiterbewegung) steht aber sehr wohl auf dem höchsten Punkt, und ein Kurzbesuch ist wegen der umfassenden Aussicht durchaus lohnend.

Aussicht

Neusiedler See, Wienerwald, Gutensteiner Alpen, Ybbstaler Alpen, Mürzsteger Alpen, Rax, Schneealpe, Hochschwab, Gesäuse, Totes Gebirge, Karawanken, Steiner Alpen, Fischbacher Alpen, Stuhleck, Wechsel, Bucklige Welt, Leithagebirge, Ungarische Tiefebene, Karpaten, Hainburger Berge.

Aufstiege

Vom Damböckhaus, von der Zahnradbahn-Bergstation bzw. vom Berghaus Hochschneeberg jeweils in ca. 10 Min. auf die rasen- und steinbedeckte Gipfelkuppe. Unterwegs kleine Latschenfelder. Sicherster Abstieg bei Nebel nach West bis Süd zum breiten grün markierten Fahrweg (Fischerweg, Stangen) von der Zahnradbahn-Bergstation zum Damböckhaus.

Blick vom Klosterwappen auf Damböckhaus und Waxriegel (ganz rechts oben).

Kuhschneeberg
1550 m

Kartenansicht Seite 137

Die nordwestlich dem Gipfelstock des Schneebergs vorgelagerte und halbkreisförmig von Felsabbrüchen umfasste Plateaulandschaft gehört zu den verborgenen Schönheiten des Schneebergs.

Von der doch recht großen Zahl ausgewiesener Gipfel haben nur ganz wenige eine geringe touristische Bedeutung. Es ist quasi bezeichnend, dass auf guten Karten der höchste Punkt (eine bewaldete Kuppe, ca. 1550 m, südöstlich vom Saukogel) unbenannt ist. Und auch die beste Aussicht gewährt nicht ein Gipfel, sondern der Rand einer Lichtung. Der Kuhschneeberg ist von drei Seiten erreichbar: aus der Vois über den ehem. Ferdinand-Fleischer-Steig durch den Steinlehngraben (Seite 134), aus dem Höllental von der Singerin über den Schnellerwagsteig (Seite 132) und vom Fadensattel über den Fadenweg (Seite 152). Die markierten Wege führen auf der Hochfläche durch eine größtenteils unbelastete Naturlandschaft, in der vor allem die Abfolge von Wäldern und Lichtungen fasziniert. Tiefblicke etwa vom Kaiserstein und vom Klosterwappen zeigen aber, dass der Kuhschneeberg forstlich ordentlich durchgearbeitet ist und zahlreiche große gerodete Flächen aufweist.

Aussicht

Türnitzer Höger, Eisenstein, Tirolerkogel, Obersberg, Ötscher, Gippel, Göller, Schneealpe, Rax, Stuhleck, Schneeberg.

Schneeschuhparadies
Kuhschneeberg.

Beste Aussichtsplätze:

- Lichtung südöstlich vom Saukogel, ca. 1540 m
- Ochsenboden, 1522 m (Seite 153)

Gipfel

Saukogel, 1545 m

Bewaldete Kuppe, an der der grün markierte Wanderweg zu Recht vorbei-, aber nicht hinaufführt. Oben Gipfelehren, aber keine Aussicht.

Schwarzkogel, 1521 m

Vom Fadenweg (Seite 152) leicht erreichbarer Gipfel mit netter Aussicht zu den Fadenwänden, zur NW-Abdachung des Kaisersteins und in die Gutensteiner Alpen.

Zugang: In der Kehre, wo der gelb markierte Fadenweg die Forststraße verlässt und nach Süden Richtung Kienthaler Hütte weiterführt, auf der Forststraße (grüne Markierung) nach Norden zur folgenden Kehre. Rechts hinaus auf eine Lichtung mit Jagdhütten. Nördlich der Hütten über einen Waldrücken weglos zum nahen Gipfel am Rand eines Felsabbruchs.

Höchster Punkt ca. 1550 m

Bedeutungslose unbenannte bewaldete Kuppe, an der der grün markierte Wanderweg nördlich vorbei-, aber nicht hinaufführt. Keine Aussicht.

Krummbachstein
1602 m

Kartenansicht Seite 80, 112, 113, 126, 127

Gehört der Krummbachstein noch zum Schneeberg, oder ist er eine eigenständige Erhebung? Die Frage ist nicht ohne Weiteres zu beantworten. Da aber allgemein sogar das weitläufige Waldplateau der Gahns dem Schneeberg zugeschlagen wird, muss auch der Krummbachstein als Schneeberg-Trabant gelten. Seiner Sonderstellung tut dies keinen Abbruch. Und kaum jemand wird, wenn er ihn besucht, von sich behaupten, dass er eine Schneeberg-Tour unternimmt. Zu eindeutig schafft der Krummbachsattel eine räumliche Trennung, die außerdem bewirkt, dass der Krummbachstein ein hervorragender Aussichtsplatz ist. Nicht nur, um zum Schneeberg rüber und ins Höllental rein zu schauen, sondern auch, um die gesamte Südumrahmung samt Rax und Semmering-Umgebung ins Auge zu fassen und zu bewundern. Vom eigentlichen Gahnsplateau mit der Bodenwiese ist der Krummbachstein durch den Lackabodengraben getrennt und lediglich über das Alpleck verbunden.

Aussicht

Rax, Höllental, Obersberg, Sonnleitstein, Wildalpe, Waxeneck, Preineckkogel, Gippel, Göller, Ötscher, Dürrenstein, Donnerkogel, Hochschneeberg, Schneeberg-Zahnradbahn, Hohe Wand, Dürre Wand, Hoher Lindkogel, Bucklige Welt, Wechsel, Sonnwendstein, Semmering, Kreuzberg, Stuhleck, Kampalpe, Rennfeld, Hochlantsch, Seckauer Alpen.

Aufstiege

Vom Haller-Haus: Auf dem rot markieren Wassersteig Richtung Krummbachsattel zu einer nahen Abzweigung. Rechts ab auf dem grün markierten

Im Aufstieg vom Haller-Haus auf den Krummbachstein.

Auf dem
Krummbachstein.

Hans-Paschek-Steig zum Krummbachstein. Dem Waldrücken entlang mit zunehmend besseren Fernblicken und beeindruckenden Tiefblicken ins Höllental. Nördlich vom Pkt. 1496 (Paschek-Rast) kurz in einen Sattel absteigen (dort Abzweigung eines direkten Übergangs zur Alpenfreundehütte), dann über leichte Schrofen zum Gipfelaufbau und zum kleinen Gipfelkreuz.

Zeit: 1 Std.
HU: 380 m
Markierung: rot, dann grün

Vom Krummbachsattel: In südlicher Richtung auf dem so genannten Schiblsteig steiler Anstieg in Kehren zu einer Lichtung. Weiter im Wald, dann durch Latschen in den Sattel zwischen Krummbachstein und Alpl. Bei einem Zaun Einmündung des gelb markierten Anstiegs vom Alpleck. Links haltend praktisch ebener aussichtsreicher Übergang in Latschengassen zur Alpenfreundehütte und nach kurzem Aufstieg zum Gipfel.

Zeit: ³/₄ Std.
HU: 270 m
Markierung: grün

Vom Alpleck: Auf dem rot markierten Übergang zum Krummbachstattel über einen Waldrücken zu einer Gabelung. Nun auf dem linken, gelb markierten Ast in Kehren durch den Wald, dann auf eine Almweide (unterwegs eine kleine Halterhütte) und durch eine seichte Grabenmulde in den Sattel zwischen Alpl und Krummbachstein. Nun den grünen Markierungen folgend praktisch ebener aussichtsreicher Übergang in Latschengassen zur Alpenfreundehütte und nach kurzem Anstieg zum Gipfel.

Zeit: 1 Std.
HU: 330 m
Markierung: rot, dann gelb, zuletzt grün

Hoher Hengst
1450 m

Kartenansicht Seite 113, 126, 127, 147 (unten)

Die liebliche Weiden- und Wiesenlandschaft zwischen Puchberg und den Schneeberg-Ostabstürzen wird von zwei mächtigen Bergrücken umfasst, die wie die Greifarme eines Krebses die Tallandschaft abschließen. Der eine Rücken zieht nördlich über die Dürre Leiten und den Größenberg, der zweite über den Hengst herab.

Der Hohe Hengst ist dort die höchste Erhebung. Er ist eine einsame, kaum beachtete und noch weniger besuchte Randfigur in der Schneeberger Wanderwelt. Es führt kein markierter Weg hinauf, und je nach Ausgangspunkt gibt es sogar weglose Abschnitte, die gutes Orientierungsvermögen verlangen. Wer mit diesen Tatsachen gut zurechtkommt, dem hat der Hohe Hengst einiges zu bieten. Neben der garantierten Ruhe und Abgeschiedenheit auch eine schöne Aussicht zur Rax, zum Hochschneeberg und zu seiner Ostseite, in die Gutensteiner Alpen und in die Semmering-Region. Im Gipfelbereich Almgelände.

Aussicht

Wienerwald, Hohe Wand, Dürre Wand, Unterberg, Reisalpe, Schneeberg, Rax, Stuhleck, Wechsel, Krummbachstein, Bucklige Welt.

Im Aufstieg von Puchberg auf den Hohen Hengst: Blick in die Schneeberg-Ostseite.

Aufstiege

Vom Kaltwassersattel: Hinter dem Adolf-Kögler-Haus setzt ein Steiglein an, das in Kehren durch einen kleinen Graben einen steilen Waldhang überwindet und zu einigen Felsen führt. Direkt unter einer Wandzone nach rechts und links steil hinauf auf einen Absatz. Leicht rechts haltend auf den Kamm und im zum Teil recht verwachsenen Gelände zur Kehre einer Forststraße. Kurz auf dieser, dann wieder über den Rücken in östlicher Richtung zum höchsten Punkt.

Zeit: $^1/_2$ Std.
HU: 120 m
Markierung: keine

Von Nordosten: Es bieten sich mehrere Möglichkeiten an, um von Nordosten aus den Hohen Hengst zu erreichen. Großteils handelt es sich dabei um weniger attraktive Forststraßen, die knapp an den Gipfel bzw. in den Großen Sattel heranführen. Reizvoller und abenteuerlicher ist sicher eine Überschreitung vom Kleinen Sattel über den Niederen Hengst in den Großen Sattel und weiter zum Hohen Hengst. Dieser Anstieg vermittelt auch wiederholt ungewohnte Einblicke in die Ostseite des Schneebergs und ins Puchberger Becken. Er erfordert aber ein hohes Maß an Orientierungssinn.

Zeit: ca. 3 Std.
HU: 900 m
Markierung: keine

Puchberg am Schneeberg: Blick zum Schneeberg. In der Bildmitte die Breite Ries.

Saurüssel
1340 m

Kartenansicht Seite 80, 112

Aus der dicht bewaldeten Hochfläche des Gahnsplateaus ragen einige eher unauffällige Kuppen hervor, die allesamt unter Wanderern kaum auf Aufmerksamkeit stoßen. Sie sind auch zugegebenermaßen nicht attraktiv. Mit einer Ausnahme – dem so genannten Saurüssel. Fragen Sie mich nicht, woher der Name kommt!
Jedenfalls befindet er sich westlich der Waldburganger-Hütte, bietet einen freien Blick zum Schneeberg und von der nahen Geländekante eine romantische Aussicht zwischen Föhren hindurch auf Rax und Kreuzberg. Da er auch leicht erreichbar ist, spricht im Grunde alles für einen Besuch im Rahmen der nächsten Wanderung von Payerbach zur Waldburganger-Hütte!

Aussicht

Sonnwendstein, Bucklige Welt, Wechsel, Stuhleck, Semmering, Kampalpe, Rax, Gippel, Hochschneeberg, Krummbachstein, Dürre Wand, Hohe Wand.

Panorama Schneeberg Südost – Blick nach Westen

Aufstieg

Von der Waldburganger-Hütte: Auf dem gelb markierten Abstieg nach Payerbach in genau westlicher Richtung über den lichten Waldrücken in eine kleine Einsattelung. In einem ansteigenden Linksbogen um die nächste Kuppe und auf der so genannten Schedwiese bis an ihren jenseitigen Rand, wo der Steig links in den steilen Wald hineinsticht. Weglos weiter über den Rücken nach Westen zu einer weiteren Lichtung, die an ihrem linken Rand die Aussicht Richtung Rax freigibt. Weiter nach Norden und in Kürze auf die abgeholzte Kuppe des Saurüssels.

Zeit: $^1/_2$ Std.

HU: 180 m

Markierung: gelb, dann unmarkiert und weglos

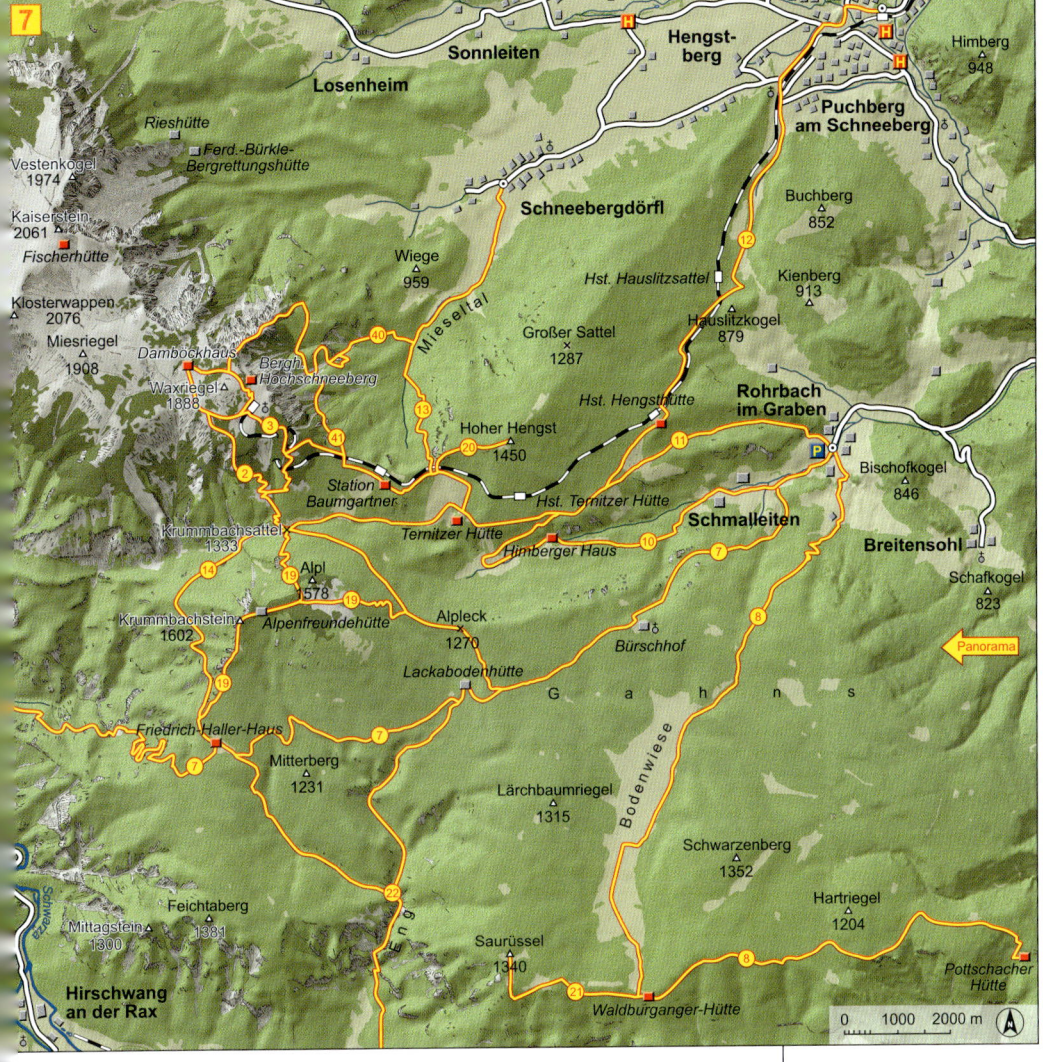

Karte Schneeberg Südost

Eng

㉒

Payerbach – Eng – Promiskagraben – Friedrich-Haller-Haus

Kartenansicht Seite 80, 112, 126

Abstieg durch die Eng.

Keine Angst – jeder kommt durch! Gar zu eng wird es nicht!
Die schluchtartige Felswildnis der Eng gehört zu den eindrucksvollsten Land-
schaftsbildern der Schneeberg-Südseite. Genau genommen gehört sie zu der ihr
südöstlich vorgelagerten Hochfläche der Gahns, aber dieser Name kommt
„gaanz" schlecht über die Lippen. Jedenfalls ergeben sich durch den günstig gele-
genen Ausgangspunkt Bahnhof Payerbach-Reichenau unterschiedliche Rund-
und Streckenwanderungen, die je nach Gusto gestaltet werden können. Die Eng
wird dabei immer einen der absoluten Höhepunkte bilden, das Haller-Haus das
bevorzugte Einkehrziel, der Krummbachstein das beste Gipfelziel.

Route

Dem Bahnhofsgelände entlang nach Westen, unter der Bahn durch und bald
links auf einem Gehweg steil zu einer Straße. Im Schneedörfl den roten Markierungen folgend vorbei an einigen historischen Villenbauten, bei einer
Gabelung rechts und zu einem alten Jagdhaus (Waldhütte, schöner Rax-
Blick). Auf dem Weg weiter, dann auf einem Steig in Richtung der eindrucksvollen Felswände. Auf dem Mariensteig über eine kurze, mit Stahlseil gesicherte künstlich angelegte Rampe (fast wie in der Brenta!). Dann im gewundenen Schluchtgrund unter den steilen zergliederten Wänden, vorbei an

Tour auf einen Blick

Errichtet: 1878 (Abschnitt durch die Eng)
Betreuung: ÖTK-Sektion Raxgmoa
Start: Bhf. Payerbach-Reichenau, 500 m, Bushalt, Parkplatz
Zeit: 2^1/$_2$ Std.
Höhenunterschied: 750 m
Anforderungen: Einfacher Anstieg mit einer leichten gesicherten Passage
(Mariensteig)
Ausrüstung: Alpine Grundausrüstung
Kinder: ab 8 Jahre
Hunde: ja
Aussicht: Im Aufstieg stark eingeschränkt, Durchblicke Richtung Kreuzberg
und Wechsel
Orientierung: einfach. *Markierung:* rot, dann gelb
Einkehr: Haller-Haus, 1250 m
Eignung für den Abstieg: ja

Höhlen und über kreuz und quer herumliegende Baumleichen hinweg zu einem nachgebauten Abschnitt der 7 km langen Holzriese, durch die bis 1957 das Holz zu Tal gefördert worden ist (Unterstand). Weiter zu einer Grabenteilung, Pkt. 890. 1^1/$_2$ Std.

Nun links in den gelb markierten schattigen Promiskagraben (oder Mitterberggraben) Richtung Friedrich-Haller-Haus. Allmählich treten die Felsen zurück, die moosbewachsenen alten Bäume und Steine sorgen aber weiterhin für eine fast märchenhaft düstere Waldstimmung. Auf ca. 1100 m vom Graben nach links und durch einen dunklen Fichtenforst steil zu einer Forststraße. Auf dieser kurz rechts (Aussicht), dann wieder links auf die Wiese der Knofeleben (Lichtschalter nicht ernst nehmen!) und in Kürze hinüber zum Friedrich-Haller-Haus. 1 Std.

Von der Eng Richtung Payerbach.
Dahinter Kreuzberg und Sonnwendstein.

Tipps

✗ Weggabelung in der Eng: der rot markierte Weiterweg nach Norden durch den Lackabodengraben bildet einen reizvollen Übergang zur privaten Lackabodenhütte und zum Alpleck. Auch als Abstieg im Rahmen einer Krummbachstein-Rundtour empfehlenswert.

✗ Schöner Abstieg nach Kaiserbrunn (Bushalt).

✗ Interessante Rundtour über die Bodenwiese zur Waldburganger-Hütte mit Abstieg nach Payerbach.

✗ Übergang zur Zahnradbahn und zum Hochschneeberg (lange Tour).

✗ Infos zum Haller-Haus Seite 84.

✗ Infos zum Krummbachstein Seite 108.

Mittagstein, 1300 m

Hirschwang – Mittagstein – Feuchter – Friedrich-Haller-Haus

Kartenansicht Seite 80, 126, 127

Das ist so eine merkwürdige Sache mit den publizierten Geheimtipps. Wenn man auf unbekannte lohnende Touren aufmerksam macht, ist es nämlich vorbei mit der Geheimnistuerei. Die Begehungen häufen sich, Insider wundern sich über den Andrang. Da muss wohl jemand etwas darüber geschrieben haben! Auch dem Autor ist es so ergangen. Er hat den Geheimtipp „gesteckt" bekommen (der „Verräter" möchte anonym bleiben!) und den Mittagstein erstiegen. Einheimische haben dahinter eine Publikation vermutet, dabei erfolgt sie erst in diesem Buch. Warum auch nicht. Die Tour ist wirklich lohnend, ausreichend gut – wenn auch inoffiziell – markiert und aus Naturschutzsicht unbedenklich. Also eine echte Bereicherung.

Route

Nach wenigen Schritten über die Schwarza und von der Straße alsbald rechts ab Richtung Museumseisenbahn. Um das Gelände der Papierfabrik herum, dann links zum altersschwachen Bahnhof (Konditorei Alber nicht mehr in Betrieb!). Über die Gleise zu einem Gebäude der Wiener Wasserwerke. Auf der Forststraße links und leicht ansteigend zu einem einmündenden rasenbedeckten Forstweg. In diesen scharf rechts einbiegen und steiler ansteigend bis kurz vor seinem Ende. Links ab auf ein Steiglein. Durch einen schönen Mischwald in gemütlich angelegten Serpentinen zu einem felsigen Gratrücken auf ca. 750 m. Beim Stein Nr. 814 rechts und zunehmend steil zu

Aufstieg auf den Mittagstein.

Von der Stojerhöhe Richtung Mittagstein.

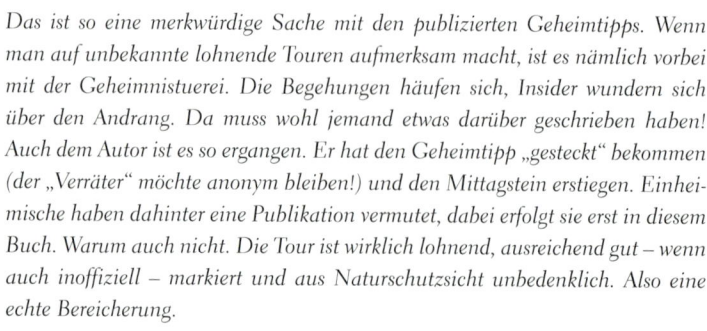

Vom Hirschwanger Hof
Richtung Mittagstein.

einer Gabelung (Steinmanderl). Links weiter (Beginn der roten Punkte) zu einem Absatz (erste gute Aussicht). Der Steig folgt immer etwas rechts versetzt dem Verlauf des Felsrückens. Über einen steilen Waldhang geht es wieder hinaus auf den Rücken selbst (rechts eine markante Felswand) auf ca. 970 m (guter Aussichts- und Rastplatz). 1¹/₂ Std.

Tour auf einen Blick

Betreuung: *geheimnisvoll*
Start: *Hirschwang, Hirschwanger Hof, 500 m, Parkplatz, Bushalt in der Nähe*
Zeit: *2¹/₂ Std. bis zum Mittagstein, 3¹/₂ Std. bis zum Haller-Haus*
Höhenunterschied: *800 m zum Mittagstein, 950 m zum Haller-Haus*
Anforderungen: *Steiler, teils etwas mühsamer Anstieg, der an einigen Stellen Trittsicherheit erfordert.*
Ausrüstung: *Alpine Grundausrüstung*
Kinder: *ab 12 Jahre*
Hunde: *ja*
Aussicht vom Mittagstein: *Bucklige Welt, Reichenauer Becken, Semmering, Kreuzberg, Wechsel, Sonnwendstein, Kampalpe, Stuhleck, Rax, Höllental, Türnitzer Höger, Obersberg, Preineckkogel, Gippel, Hochschneeberg*
Orientierung: *guter Orientierungssinn erforderlich*
Markierung: *zum Mittagstein zunächst unmarkiert, dann rot (u.a. Richtungspfeile), Übergang zum Haller-Haus unmarkiert*
Einkehr: *Haller-Haus, 1250 m*
Eignung für den Abstieg: *ja, aber bei Nässe unangenehm*

Rechts vom Grat in einen kleinen Felskessel und aus diesem (roter Pfeil) auf einen Gratvorsprung (Aussicht!). Über eine Felsstufe mit künstlich geschlagenen Tritten hinweg, dann durch steiles Gelände zügig höher (Blick zu Gipfelwand und -kreuz). Hinaus auf den Grat, dann in einer ansteigenden Rechtsquerung weiter und wieder zurück zum Grat (Gabelung, Steinmanderl, ca. 1150 m). Rechts weiter zu einem baumfreien Schrofenhang und über diesen abermals zur Gratschneide. Durch eine kurze Felsrinne, dann auf dem steilen Waldrücken höher, zuletzt etwas links und im dichten Wald hinaus zum baumfreien Gipfel mit seiner herrlichen Aussicht. $1^{1}/_{2}$ Std. Nach der Gipfelpause einige Schritte den Aufstieg zurück, dann rechts ab auf einem Steiglein in den Wald und runter in einen Sattel (Windbruch-Schäden). Jenseits auf gutem Steig ansteigende Waldquerung, dann über eine flache dicht bewaldete Kuppe, vorbei an einem kleinen eingezäunten Bereich zu einem Linksknick. Dort scharf rechts nicht lohnender kurzer Abstecher zum höchsten Punkt des Feuchters. Weiter in einen lichten Sattel (Schild Haller-Haus) und zu einer Forststraße.

Alternativen für den weiteren Übergang zum Haller-Haus:

- Auf der Forststraße in nordwestlicher Richtung zum Pkt. 1259 und rechts weiter zum Haller-Haus.
- Lohnender: Auf der Forststraße rechts und vor einem Schranken links zu einer nahen Forsthütte. Die Gehrichtung beibehaltend auf einem Pfad (Grenzsteine) über den weiten sanft abfallenden Rücken mit Blickrichtung Schneeberg. Auf einer Lichtung vorbei an der privaten Franzlhütte (Forsthütte der Stadt Wien) und auf der Zufahrt zur Einmündung in eine Forststraße. Jenseits leicht links auf einem Waldweg weiter, und mit deutlichem Höhenverlust den Windungen folgend in einen Sattel (links geschlägerte Schneise). Bei der Gabelung links, in Kürze auf die rot markierte Forststraße (Anstieg von Kaiserbrunn) und zum nahen Haller-Haus. 1 Std.

Tipps

Abstiege:

✗ nach Kaiserbrunn (Bushalt)
✗ Über den Wassersteig in den Krummbachsattel und Abstieg über die Hengsthütte und durch das Hengsttal nach Puchberg (Bhf.)
✗ durch die Eng nach Payerbach (Bhf.)
✗ Kombination mit einer Begehung des Wasserleitungswegs (Seite 119)
✗ Infos zum Haller-Haus Seite 84.
✗ Gipfeltour Krummbachstein (Seite 108)

Wasserleitungsweg

Hirschwang – Kaiserbrunn

Kartenansicht Seite 126, 127

Seit 1873 trinken die Wiener Wasser aus der Ersten Wiener Hochquellenwasserleitung, die primär aus der Kaiserbrunn-Quelle gespeist wird. Die Trasse der „Pipeline" ist auf guten Wanderkarten eingezeichnet und in natura vielerorts sichtbar. Auf Initiative der Wr. Wasserwerke wurde gemeinsam mit den Naturfreunden 1998 anlässlich des 125-jährigen Bestandsjubiläums das Projekt eines Wanderwegs entlang der Wasserleitung realisiert. Kernstück dieses landschaftlich und kulturhistorisch interessanten Weges ist zweifellos der erste Abschnitt von Kaiserbrunn nach Hirschwang. Der besondere Reiz des Höllentales, der auf der Bundesstraßen-Durchfahrt nur teilweise und flüchtig aufgenommen werden kann, wird im Rahmen einer Wanderung auf dem Wasserleitungsweg viel intensiver erlebbar. Die je nach Wasserstand friedlich dahinplätschernde bis ganz schön reißende Schwarza, die immer faszinierenden Felsgrate und Wandformationen, eingelagerten Geröllfelder und steilen typischen Föhrenwaldhänge und die Sonnen-Lichtspiele, die aus dem Ganzen von früh bis spät neue Landschaftsbilder schaffen – das sind die Attraktionen dieser zwar kurzen, aber nachhaltig schönen Wanderung.

Fußgängerbrücke auf dem Wasserleitungsweg.

Route

Tour auf einen Blick

Errichtet: 1998
Betreuung: TVN
Start: Hirschwang, Seilbahn-Talstation, 500 m, Bushalt, Parkplätze
Zeit: 1 Std.
Höhenunterschied: ca. 150 m
Anforderungen: Gemütliche Wanderung mit einigen kurzen An- und Abstiegen
Ausrüstung: Einfache Wanderausrüstung
Kinder: ab 6 Jahre
Hunde: ja
Aussicht: romantische Höllental-Impressionen
Orientierung: einfach. **Markierung**: gut beschildert, keine Farbmarkierung
Einkehr: Hirschwanger Hof, Hirschwang, 500 m; Gasthaus „Zum Kaiserbrunnen", Kaiserbrunn, 526 m

Höllental-
Impression.

Von den Seilbahn-Parkplätzen an der Bundesstraße kurz flussab Richtung Hirschwang und auf der Brücke über die Schwarza. Gleich danach links, über den Werkskanal und flussaufwärts den Wasserleitungsweg entlang. Bald zu einer Felsstelle, die mittels Steg und Seilgeländer entschärft und einfach begehbar gemacht ist. Dann neben der Schwarza eben dahin zu einem Begrenzungsrücken des Fuchslochgrabens. Kurzer Anstieg zum Walter-Bankerl und etwas steiler (bei Nässe rutschig) wieder zum Wasserniveau. Nach einer Fluss-Schlinge über die Bundesstraße (Rechenbrücke), kurz darauf auf einer schönen neuen Holzbrücke über die Schwarza. Am Ufer flach weiter, dann ansteigend auf einen Rücken und wieder hinunter zur Abbrennbrücke. Jenseits der Straße am Waldhang auf halber Höhe dahin, bei der Spannbrücke wieder auf die Bundesstraße und links der Leitplanken in Kürze nach Kaiserbrunn. 1 Std.

Tipps

✘ Rundtour: Hirschwang – Wasserleitungsweg – Kaiserbrunn – Brandschneide – Gsolhirnsteig (oder Seilbahn-Abfahrt) – Hirschwang

✘ Streckenwanderung: Hirschwang – Wasserleitungsweg – Kaiserbrunn – Haller-Haus – Eng – Payerbach

Stadelwandgraben & Stadelwandleiten

Höllental – Stadelwandgraben – Märchenwiese – Stadelwandleiten – Klosterwappen

Kartenansicht Seite 126, 127, 136, 137

Auf gute 4 km Luftlinie 1550 Meter Höhenunterschied. Das muss ganz schön steil sein, und Verschnaufgelände kann da auch nicht viel vorkommen! Stimmt. Wer vom Höllental auf den Schneeberg ganz nach oben will, der muss sehr gut zu Fuß sein. Der sollte vorher trainieren und auch bedenken, dass die Tour oben nicht aus ist. Oberschenkel und Knie müssen auch talwärts noch arbeiten! Diese Kombination ist wahrlich eine Schneeberg-Direttissima, und zwar eine, die gespickt ist mit landschaftlichen Höhepunkten. Bis zum Gipfel können mehrere Vegetationsstufen durchwandert werden, vom Urwald bis zum einzigartigen Aussichtspunkt – ganz wie bei den Trekkingzielen weltweit. Der untere Teil durch den Stadelwandgraben ist nicht markiert, aber stark frequentiert, weil er den Zustieg zu den unzähligen beliebten Kletterrouten aller Schwierigkeitsgrade in der Stadelwand vermittelt. Wohl der am häufigsten begangene unmarkierte Steig am Schneeberg! Der obere Abschnitt ab der Märchenwiese führt dann praktisch in einer Linie zum höchsten, lange Zeit unnahbar hoch und fern erscheinenden kleinen Gipfel.

Route

Unmittelbar beim Parkplatz auf einem zunächst etwas gerölligen Steig gemütlich ansteigend in den schattigen Graben. Im wildromantischen Graben-

Geröllabstieg durch den Stadelwandgraben.

Von Hirschwang
Richtung Schneeberg:
Links im Profil die
Stadelwandleiten.

grund über kleine Geländestufen höher. Linker Hand sind bald die kletter-
freundlichen Felswände der unteren Stadelwand zwischen den Bäumen
sichtbar. Bald nach einer kleinen Quelle (die ehem. so genannte Sexquelle)
öffnet sich der Graben und gibt den Blick frei auf die Felswildnis der oberen
Stadelwand. Der Graben ist ab hier mit einem Geröllfeld ausgefüllt, weshalb

Tour auf einen Blick

Betreuung: Stadelwandleiten: ÖTK-Sektion Kienthaler, Neunkirchen
Start: Höllental-Bundesstraße, Parkplatz am Ausgang des Stadelwand-
grabens, ca. 1 km talauswärts vom Weichtalhaus, ca. 540 m
Zeit: 4 Std.
Höhenunterschied: 1550 m
Anforderungen: einfacher, meist steiler Anstieg mit großem Höhenunterschied.
Ausrüstung: Alpine Grundausrüstung
Kinder: ab 14 Jahre
Hunde: ja
Aussicht: Stadelwand, Rax, Türnitzer Alpen, Gutensteiner Alpen, Mürzsteger
Alpen.
Orientierung: Orientierungssinn erforderlich. Auf Wegverlauf achten.
Markierung: Vom Höllental bis zum Grafensteig unmarkiert, Stadelwand-
leiten grün
Einkehr: Weichtalhaus, 547 m, Fischerhütte, 2049 m
Eignung für den Abstieg: ja – wenn die Knie mitmachen. Im Stadelwand-
graben für Geübte genussvoller Geröllhalden-Run!

der Steig rechts in den Waldhang ausweicht, dort in Kehren an Höhe gewinnt und auf den weiten bewaldeten Stadelwandsattel auf ca. 1130 m führt. 1^1/$_2$ Std.

Vom Sattel waagrechter Übergang in ONO-Richtung, dann, mehr links haltend, kurze Schrofenstufen passierend, am steilen Waldhang in Kehren zur so genannten Märchenwiese nahe der Stadelwand, 1407 m (versperrte Forsthütte der Stadt Wien). ^{1}/$_2$ Std.

In allgemein nördlicher Richtung auf einem schwach ausgeprägten Steig im stimmungsvollen Wald höher zur Kreuzung mit dem südlichen Grafensteig, Pkt. 1505. Nun den grünen Markierungen folgend im Zickzack im Wald zu einer idyllischen Lichtung. Dann durch eine breite Latschengasse zu einem schrofigen aussichtsreichen Abschnitt (Markierungen beachten!). Auf Geröll, dann über Rasenflächen über den Rücken höher zu einer Abflachung (Schöneben) der Stadelwandleiten, wo erstmals das Klosterwappen auftaucht. Geduldig – wie auf einer Himmelsleiter – höher an den Rand der Bockgrube (Pottschacher Kreuz) und zum höchsten Punkt. 1^1/$_2$ Std.

Im unteren Stadel-
wandgraben.

Tipps

✗ Im Abstieg können Geübte aus dem Stadelwandsattel gleich rechts (nördlich) hinab zur Geröllhalde (schöner Blick in die Wände der oberen Stadelwand) und auf dieser genussvoll bergab laufen!

✗ Vom Stadelwandsattel lohnender Abstecher auf den südlich gelegenen Hochgang, 1217 m, mit Blick ins Höllental und in die Wandflucht der Stadelwand.

✗ Abstiege vom Hochschneeberg:
  – Zurück ins Höllental über die Kienthaler Hütte und weiter über den Ferdinand-Mayr-Weg (Seite 128) oder durch die Weichtalklamm (Seite 124) zum Weichtalhaus (Bushalt).
  – Über den Fadensteig (Seite 138) nach Losenheim (Bushalt)
  – Mit der Zahnradbahn nach Puchberg (Bhf.).

Weichtalklamm & Turmstein

Weichtalhaus – Weichtalklamm – Kienthaler Hütte/Turmstein

Kartenansicht Seite 126, 127, 136, 137

Die Weichtalklamm ist einer der absoluten landschaftlichen Höhepunkte und eine der Hauptattraktionen des Höllentales und erfreut sich zu Recht großer Beliebtheit und Berühmtheit weit über die Grenzen Niederösterreichs hinaus. Sie stellt ganz einfach ein Muss für jeden Bergwanderer am östlichen Alpenrand dar. Eine Abfolge von mehreren Klammpassagen mit teils kaum einige Meter breiten gewundenen Engstellen, glatt polierte und senkrechte, mitunter mehrere Dutzend Meter hohe Kalkwände, im mit Laub bedeckten Grabengrund Felstrümmer und Baumleichen. Mittendrin der Bergwanderer, klein, nur ein wenig gefordert und schwer begeistert. Die Weichtalklamm ist einmalig und wunderschön!

Route

Aus lauschigen, urwaldähnlichen Wäldern in lichte Höhen steigen und dabei zahlreiche Vegetationsstufen durchschreiten. Wir sind nicht in Afrika, sondern am Schneeberg unterwegs und werden Gleiches erleben wie zahlungskräftige Fernreisende! Direkt beim Weichtalhaus beginnt das Abenteuer: Rote Markierungen führen nach einer ersten kurzen gesicherten Stelle in den zunächst schwach ansteigenden Waldgraben. Der Steig ist nicht immer gut ausgeprägt, die Markierungen sind spärlich, aber gut sichtbar angebracht. Bei einer ersten Grabenteilung dem linken Ast folgen zum Beginn der faszinierenden Abfolge wildromantischer Felsengen. Mithilfe von Leitern, Klammern, künstlich gehauenen Tritten und Stahlseilen lassen sich die kurzen steilen Felsstufen überwinden, dazwischen gibt es immer wieder sanftere Abschnitte mit schönen Laubwald-

In der Weichtalklamm.

Eine der kurzen gesicherten Stellen in der Weichtalklamm.

Tour auf einen Blick

Erstbegehung: *touristisch 1880 durch W. Fickeis, T. u A. Mayer, von Jägern schon früher*

Betreuung: *ÖTK-Sektion Kienthaler, Neunkirchen*

Start: *Höllental, Weichtalhaus, 547 m, Bushalt, Parkplatz*

Zeit: *2¹/₂ Std. zur Kienthaler Hütte, 1380 m*

Höhenunterschied: *650 m bis zum Ausstieg aus der Klamm (Forststraße), 850 m bis zur Kienthaler Hütte*

Anforderungen: *Die Felsstufen sind gut gesichert, erfordern Trittsicherheit und etwas Schwindelfreiheit. Die Weichtalklamm kann nicht als Klettersteig im üblichen Sinn bezeichnet werden, die Klettersteig-Bewertung würde A-B betragen. Vorsicht bei Nässe und Laub in der Klamm*

Ausrüstung: *Alpine Grundausrüstung. Für den Turmstein Klettersteig-Selbstsicherung*

Kinder: *ab 6 Jahre bei Unterstützung durch Begleitperson*

Hunde: *nein*

Aussicht: *in der Klamm stark eingeschränkt, einige Durchblicke Richtung Rax. Bei der Kienthaler Hütte ebenfalls eingeschränkt, auf dem Turmstein ungehindert und sehr lohnend Richtung Rax, Schneealpe, Mürzsteger und Türnitzer Alpen*

Orientierung: *einfach.* **Markierung**: *rot*

Einkehr: *Weichtalhaus, 547 m; Kienthaler Hütte, 1380 m*

Eignung für den Abstieg: *ja, Achtung bei Nässe und auf den laubbedeckten Boden*

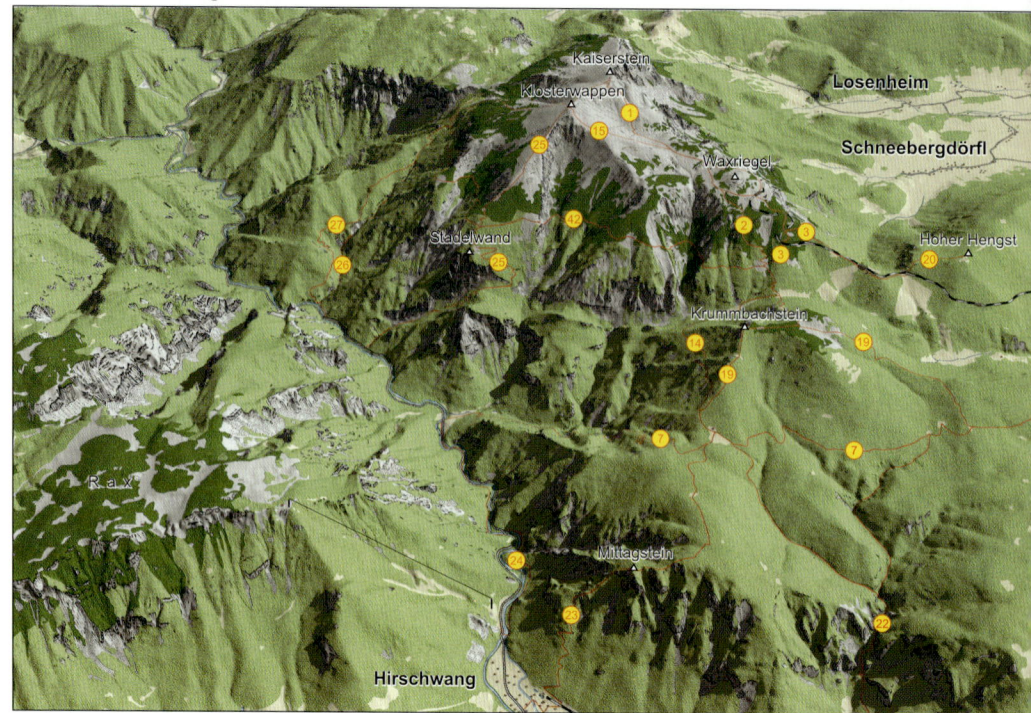

beständen. Schließlich weitet sich der Graben, und der Steig erreicht eine Forststraße (auf dieser ginge es links zum Ferdinand-Mayr-Weg). 2 Std.

Im Graben weiter aufwärts, vorbei an der Jakobsquelle und nach einem stimmungsvollen Anstieg durch herrlichen Hochwald zur Kienthaler Hütte am
Fuße des Turmsteins. ¹/₂ Std.

Der Hüttenstandort ist „aussichtslos", der Turmstein-Gipfel aussichtsreich und
über einen kurzen, teils recht ausgesetzten und mittelschweren gesicherten
Klettersteig erreichbar (Klettersteig-Schwierigkeit B-C, Klettersteig-Selbstsicherung erforderlich).

Tipps

✗ Von der Kienthaler Hütte über den Südlichen Grafensteig in Kürze
zur Krempel-Hütte und weiter Richtung Klosterwappen/Fischerhütte
(Seite 130) oder über den Fadensteig (Seite 138) zur Edelweißhütte
oder Sparbacherhütte und nach Losenheim

✗ Von der Kienthaler Hütte über den Südlichen Grafensteig zum Pkt.
1505, rechts ab zur Märchenwiese an der Stadelwand und durch den
Stadelwandgraben (Seite 121) zurück ins Höllental

✗ Von der Kienthaler Hütte über den Südlichen Grafensteig Richtung
Hst. Baumgartner (Seite 154), dann über den Krummbachsattel und
den Wassersteig zum Haller-Haus (Seite 100) und Abstieg nach
Kaiserbrunn (Seite 84) oder durch die Eng (Seite 114) zum Bhf.
Payerbach-Reichenau

✗ Über den Ferdinand-Mayr-Weg (Seite 128) zurück zum Weichtalhaus

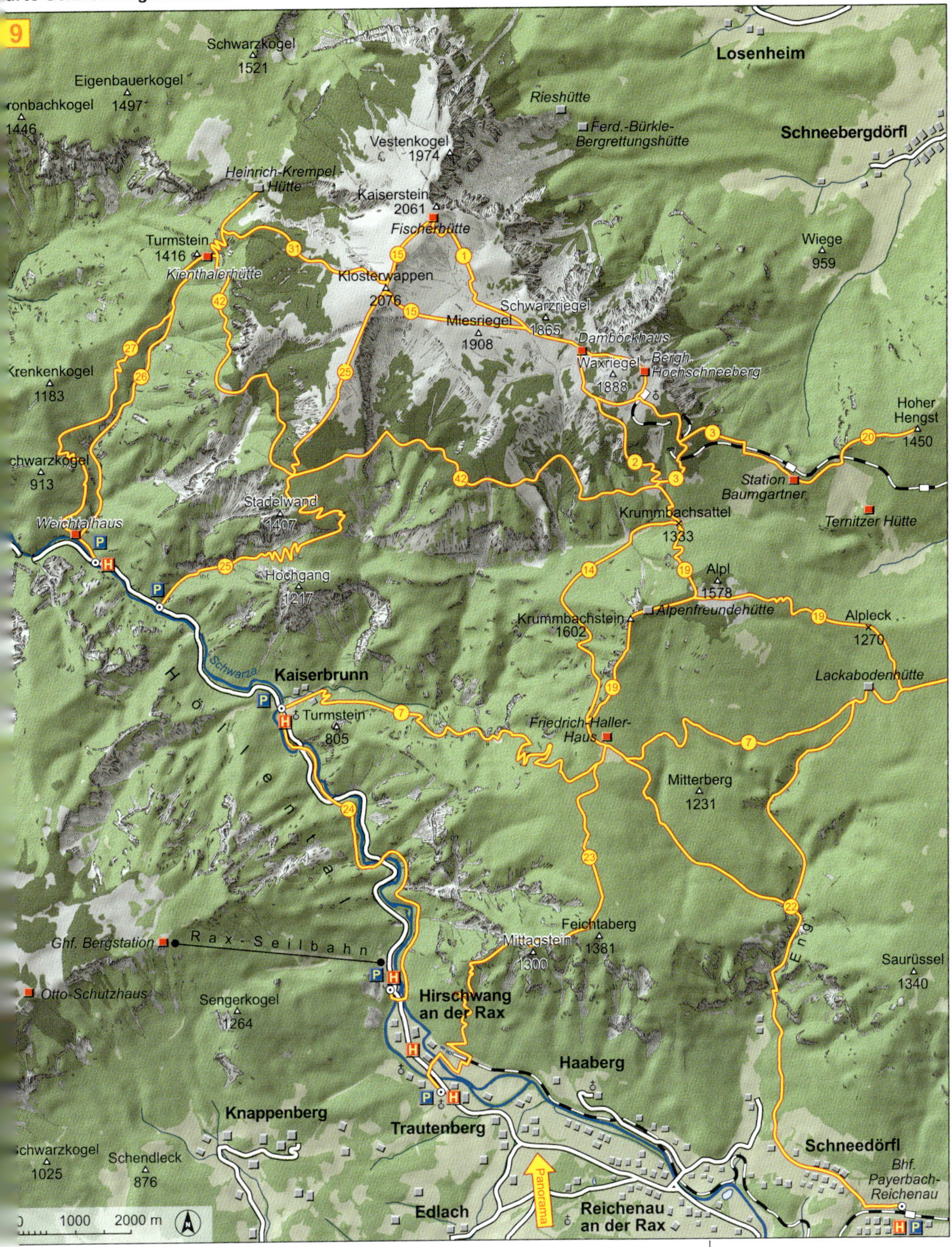

9

Losenheim

Schwarzkogel
1521

Eigenbauerkogel
1497

ronbachkogel
1446

Rieshütte

Schneebergdörfl

Vestenkogel
1974

Ferd.-Bürkle-
Bergrettungshütte

Heinrich-Krempel-
Hütte

Kaiserstein
2061

Fischerhütte

Wiege
959

Turmstein
1416

Kienthalerhütte

Klosterwappen
2076

Schwarzriegel
1865

Miesriegel
1908

Damböckhaus

Hoher
Hengst
1450

Krenkenkogel
1183

Waxriegel
1888

Berghotel
Hochschneeberg

Station
Baumgartner

Ternitzer Hütte

chwarzkogel
913

Stadelwand
1407

Krummbachsattel
1333

Weichtalhaus

Hochgang
1217

Alpl
1578

Alpleck
1270

Alpenfreundehütte

Krummbachstein
1602

Lackabodenhütte

Kaiserbrunn

Turmstein
805

Friedrich-Haller-
Haus

Mitterberg
1231

Ghf. Bergstation

Rax-Seilbahn

Otto-Schutzhaus

Sengerkogel
1264

Feichtaberg
1381

Saurüssel
1340

Mittagstein
1300

Hirschwang
an der Rax

Haaberg

Schneedörfl

Knappenberg

Trautenberg

Bhf.
Payerbach-
Reichenau

chwarzkogel
1025

Schendleck
876

Edlach

Reichenau
an der Rax

1000   2000 m

Ferdinand-Mayr-Weg

Weichtalhaus – Ferdinand-Mayr-Weg – Kienthaler Hütte/ Turmstein

Kartenansicht Seite 126, 127, 136, 137

Die letzten Schritte zur Kienthaler Hütte.

Natürlich ist die Weichtalklamm eine übermächtige Kon-kurrenz. So übermächtig, dass ein Buhlen um die Gunst des Bergwanderers für den Ferdinand-Mayr-Weg aussichtslos erscheint. Er bleibt ganz einfach Zweiter! Aber als leichtere (Abstiegs-)Variante oder als Alternative bei widrigen Ver-hältnissen (Nässe, Eis) hat er durchaus seine Berechtigung. Selbst wenn er, abgesehen von der großen Waldherrlichkeit, mit keinem einzigen echten Highlight aufwarten kann.

Route

Vom Weichtalhaus vorbei an einem ausrangierten Dop-pelsessel und mit wenigen Schritten zur Abzweigung des gelb markierten Ferdinand-Mayr-Wegs. Im Wald in Keh-ren aufwärts (bei Nässe rutschig) und in einer Querung an einer Quelle vorbei zu einem Kreuz (Innthaler). Nach Norden einschwenkend eine weitere ansteigende Hang-querung, dann in Kehren unter dem so genannten Ver-lorenen Turm zum Sattel nördlich des Schwarzkogels,

Tour auf einen Blick

Betreuung: *ÖTK-Sektion Kienthaler, Neunkirchen*
Start: *Höllental, Weichtalhaus, 547 m, Bushalt, Parkplatz*
Zeit: *$2^1/_2$ Std.*
Höhenunterschied: *850 m*
Anforderungen: *Einfacher Anstieg. Bei Nässe abschnittsweise unangenehm rutschig*
Ausrüstung: *Alpine Grundausrüstung*
Kinder: *ab 8 Jahre*
Hunde: *ja*
Aussicht: *Im Aufstieg stark eingeschränkt, einige Durchblicke Richtung Rax. Bei der Kienthaler Hütte ebenfalls eingeschränkt, auf dem Turmstein ungehindert Richtung Rax, Schneealpe, Mürzsteger und Türnitzer Alpen*
Orientierung: *einfach.* **Markierung**: *gelb, dann rot*
Einkehr: *Weichtalhaus, 547 m; Kienthaler Hütte, 1380 m*
Eignung für den Abstieg: *ja*

Tiefblick vom
Turmstein zur
Kienthaler Hütte.

der nicht ganz betreten wird. Wiederum in einer diesmal nahezu waagrechten Querung zu einem Eck (Kreuz, Blick in die Weichtalklamm). Durch bald lichten Wald hinauf zu einer Forststraße. Auf ihr rechts hinüber zur Einmündung in den Weichtalgraben. Dort links, an der Jakobsquelle vorbei und nach einem stimmungsvollen Anstieg durch herrlichen Hochwald, zuletzt über eine Treppenanlage, zur Kienthaler Hütte am Fuße des Turmsteins. $2^1/_2$ Std.

Auf dem
Turmstein.

Tipps

✗ Turmstein-Besteigung: siehe Seite 126.

✗ Von der Kienthaler Hütte zur Krempel-Hütte und weiter Richtung Klosterwappen/ Fischerhütte (weiter zur Zahnradbahn) oder zur Edelweißhütte und nach Losenheim (Bus).

✗ Von der Kienthaler Hütte zur Krempel-Hütte und Rundtour am Kuhschneeberg.

✗ Von der Kienthaler Hütte über den Südlichen Grafensteig zum Pkt. 1505, rechts zur Märchenwiese an der Stadelwand und durch den Stadelwandgraben zurück ins Höllental.

✗ Von der Kienthaler Hütte über den Südlichen Grafensteig Richtung Station Baumgartner, über den Wassersteig zum Haller-Haus und Abstieg nach Kaiserbrunn oder durch die Eng zum Bhf. Payerbach-Reichenau.

Wurzengraben
Schauerstein-Rücken
Schneegraben
Klosterwappen West

28
29
30
31

Kartenansicht Seite 127, 136, 137

Im Wurzengraben:
Blick nach Westen.

Der Wurzengraben ist im Winter die klassische Aufstiegs- und in noch größeren Ausmaß Abfahrts- route am Schneeberg! Im Sommer ist er hingegen als Tourenziel weit weniger gefragt. Gleiches gilt auch für den parallel über den Schauerstein- Rücken verlaufenden Anstieg für die Variante durch den Schneegraben und für den Westanstieg auf das Klosterwappen. Alle diese Routen haben ihre besonderen Reize, alle sind vor allem wegen der nach Westen weit in die Nördlichen Kalkalpen hinein reichenden Aussicht mehr als lohnend, alle sind unschwer begehbar, aber auch etwas abgele- tere Wege zum Hochschneeberg, sodass sich die Gruppe der Begeher aus Berg- wanderern bildet, die dort meist nicht einfach rauf und wieder runter wollen, son- dern sich aus der Vielzahl der Möglichkeiten ihre eigene Routen-Kombination zusammensetzen und dabei auch diese Anstiege einbeziehen. Fehler ist das sicher keiner!

Routen

Schauerstein: Vom Fleischer-Gedenkstein in östlicher Richtung durch ein Tälchen zur nahen Weggabelung Schauerstein – Wurzengraben. Mit grün links hinaus auf einen Rücken und durch Latschengassen nahe der Gelände- kante höher (Felsabstürze in den Wurzengra- ben). Nach der Latschenzone etwas weniger steil weiter, an einer großen Doline rechts vorbei und den einfachen Zaun entlang zu den Stangen des Fadensteigs (Wegweiser). Rechts haltend in Kürze zur Fischerhütte. $1^1/_2$ Std.

Im unteren Abschnitt des Wurzengrabens.

Wurzengraben: Vom Fleischer-Gedenkstein in östlicher Richtung durch ein Tälchen zur nahen Weggabelung Schauerstein – Wurzengraben. Im Tälchen weiter auf eine Lichtung (rechts die kleine Krempel-Hütte) mit erstem schönen Blick in den Wurzengraben und in den rechts davon herab- ziehenden Schneegraben. Weiter talein durch eine reizvolle hügelige Lat- schenlandschaft. Bei der Gabelung Wurzengraben – Schneegraben auf dem linken Ast weiter und bald hinein in die felsige Grabenszenerie. Der Steig folgt Stufen und Windungen und berührt dabei auch einige Felsschrofen. Weiter

Touren auf einen Blick

Betreuung: ÖTK-Sektion Kienthaler, Neunkirchen

Start: Fleischer-Gedenkstein, 1528 m, bzw. Heinrich-Krempel-Hütte, 1561 m

Zeit: jeweils $1^1/_2$ bis $1^1/_2$ Std.

Höhenunterschied: 550 bis 700 m, je nach Route und Ausgangspunkt

Anforderungen: einfache Anstiege. Im Wurzengraben einige kurze schrofige Abschnitte

Ausrüstung: Alpine Grundausrüstung

Kinder: ab 12 Jahre

Hunde: ja

Aussicht: Nördliche Kalkalpen, Gutensteiner Alpen, Mürzsteger Alpen

Orientierung: einfach

Markierung: Schauerstein und Wurzengraben grün. Schneegraben grün, dann rot, zuletzt blau. Klosterwappen West blau und rot

Einkehr: Edelweißhütte, 1237 m; Sparbacher Hütte, 1248 m; Kienthaler Hütte, 1380 m; Fischerhütte, 2049 m

Eignung für den Abstieg: ja. Der Wurzengraben ist im Abstieg eher unangenehm

oben treten die Felsen zurück, der Graben öffnet sich, und Stangenmarkierungen (bei Nebel und vor allem im Winter sehr nützlich!) führen zur Fischerhütte. $1^1/_2$ Std.

Schneegraben: Vom Fleischer-Gedenkstein wie beim Wurzengraben zur Gabelung Wurzengraben – Schneegraben. Auf dem rot markierten rechten Ast am Rand eines Latschenfelds in den Grabengrund. Bald schräg rechts auf den Begrenzungsrücken (schlecht markiert) und weiter zur Einmündung in den Klosterwappen-Westanstieg. Diesem entlang in Kehren zum Gipfel. $1^1/_2$ Std.

Klosterwappen-West: Von der Kienthaler Hütte mit wenigen Schritten zum Beginn des Südlichen Grafensteigs und links den kunterbunten Markierungen folgend in Kehren steil hinauf zum Witzanikreuz (Wegweiser). Rechts abzweigend auf blau und rot markiertem Steig zunächst durch Wald, dann durch Latschengassen links von einem Graben auf einem Rücken höher (Blick zum Schauerstein). Das Gelände wird etwas unübersichtlich und flacht ab. Stangenmarkierungen weisen den Weg. Zum Gipfel hin steilt sich der stumpfe Rücken wieder auf, und in engen Kehren geht es hinauf zum höchsten Punkt. $1^1/_2$ Std.

Tipps

Für diese Anstiege ist zunächst immer ein Zustieg erforderlich. Günstigste Ausgangspunkte sind:

✘ Losenheim: Aufstieg oder Sessellift-Auffahrt zum Fadensattel (Edelweißhütte, Sparbacher Hütte) und weiter über den Fadenweg (Seite 152).

✘ Weichtalhaus. Aufstieg durch die Weichtalklamm (Seite 124) oder den Ferdinand-Mayr-Weg (Seite 128) zur Kienthaler Hütte.

Schnellerwagsteig

Gasthaus Singerin – Schnellerwagsteig – Stadelboden – Kuhschneeberg – Fadenweg

Kartenansicht Seite 136, 137

Der Schnellerwagsteig ist nicht jedermanns Sache, und das wird auch so bleiben. In der heutigen Zeit, wo Genuss und Wohlfühlen (oder international „plaisir" und „wellness") hoch im Kurs stehen, werden kernige Anstiege wie dieser nur ein Randpublikum ansprechen können. Denn dieser Steig ist steil und sonst nix! Während andernorts steile Waldhänge in bequem angelegten Serpentinen überwunden werden, verschmäht der Schnellerwagsteig praktisch jede Richtungsänderung. Die Devise lautet klipp und klar: direttissima bergauf! Nachteil: Schnaufen und Schwitzen. Vorteil: man ist schneller oben! Wo? Auf dem Kuhschneeberg, wo sich die Füchse gute Nacht sagen. Und wo sich daher der Genusswanderer garantiert wohl fühlt – wär' da nicht der Aufstieg...

Route

Beim Gasthaus über die Bundesstraße, auf einer Brücke über die Schwarza und gleich rechts mit der blauen Markierung auf einen Forstweg. An einigen Häusern entlang und bald links ab (Wegweiser) und steil zur Sache! Zunächst durch Hochwald, dann durch gelichtete Bestände über einen Rücken zu einer Forststraße (Verschnaufstelle!). Weiter den teils verblassten Markierungen folgen und durch zunehmend schrofiges und felsdurchsetztes Gelände (Trittsicherheit erforderlich!) in einem stimmungsvollen Nadelwald zum Ausstieg bei einer verfallenen Holzhütte auf ca. 1280 m. 1¹/₂ Std.

Tour auf einen Blick

Betreuung: ÖTK-Zentrale, Wien
Start: Höllental, Gasthaus Singerin, 578 m, Bushalt, Parkplatz
Zeit: 1¹/₂ Std. bis zur Hochfläche, 3 Std. bis zum Fadenweg
Höhenunterschied: 700 m bis zur Hochfläche, 1000 m bis zum Fadenweg
Anforderungen: Sehr steiler und mühsamer Anstieg, Trittsicherheit erforderlich. Bei Nässe nicht empfehlenswert
Ausrüstung: Alpine Grundausrüstung
Kinder: ab 12 Jahre
Hunde: ja
Aussicht: Nasswald, Sonnleitstein, Mürzsteger und Türnitzer Alpen
Orientierung: Wegverlauf genau beachten
Markierung: blau (teils verblasst), dann grün
Einkehr: Gasthaus Singerin, 578 m; Kienthaler Hütte, 1380 m
Eignung für den Abstieg: ja – wenn die Knie mitmachen und der Boden nicht nass ist!

Blumenparadies
Kuhschneeberg.

Auf einem Weg zu einer Forststraße, diese kreuzen und nach links einschwenkend durch einen sich allmählich ausbildenden seichten, teils felsigen Graben zu einer Forststraßengabelung. Im Graben noch ein Stück weiter, dann auf der Forststraße allmählich nach Osten. Im Bereich eines weiten Rechtsbogens links ab und in nördlicher Richtung mit geringem Höhenverlust über Lichtungen zur schlecht bezeichneten Einmündung in den grün markierten Anstieg aus der Vois (Steinlehngraben/Ferdinand-Fleischer-Steig). $^{1}/_{2}$ Std. Weiter zum Fadenweg siehe Seite 135 unten.

Tipps

✘ Vom Pkt. 570 im Höllental (Bushalt „Singerin/Forsthaus") führt ein Jagdsteig über den westlichen Begrenzungsrücken des Fischkaltergrabens zum Stadelboden. Dieser Steig ist bedeutend besser angelegt als der Schnellerwagsteig und daher sowohl im Auf- als auch besonders im Abstieg eine empfehlenswerte Alternative.

✘ Bei der Einmündung in den Fadenweg lohnender Gipfelabstecher auf den nahen Schwarzkogel, 1521 m.

✘ Vom Fadenweg zur Kienthaler Hütte und Abstieg über den Ferdinand-Mayr-Weg (Seite 128) oder durch die Weichtalklamm (Seite 124) ins Höllental (Weichtalhaus, Bushalt).

✘ Über den Fadenweg zur Edelweißhütte und Sparbacher Hütte und weiter nach Losenheim (Bushalt).

✘ Vom Fadenweg zur Krempel-Hütte und auf den Hochschneeberg (lange Tour, Seite 130). Abstieg nach Losenheim oder zur Zahnradbahn und weiter nach Puchberg (Bhf.).

✘ Abstieg vom Kuhschneeberg über den Steinlehngraben (Seite 134) in die Vois und weiter auf dem WWW 06 nach Schwarzau im Gebirge (Bushalt).

133

Steinlehngraben/ Ferdinand-Fleischer-Steig/Fadenweg

Vois – Steinlehngraben – Kuhschneeberg – Fadenweg

Kartenansicht Seite 136, 137

Ois wissen, aber die Vois nix kennen? Kein Wunder. Die Vois liegt tief unten hinterm Schneeberg an der Straße vom Höllental zum Klostertaler Gscheid. Das Gebiet verfügt über ein durchwegs interessantes und gut gepflegtes Wanderwegenetz. Trotzdem führt es ein chronisches Mauerblümchendasein. Es fehlen ganz einfach die echten Knüller. Auch der Anstieg zum Kuhschneeberg-Plateau durch den Steinlehngraben, einst auch „Ferdinand-Fleischer-Steig" genannt, ist – obwohl sehr schön und sehr empfehlenswert – keine Berühmtheit. Aber das macht nichts. Einsamkeits-Wanderer wissen, was sie am Kuhschneeberg haben, und sie sind sicher froh, wenn dieser Zustand erhalten bleibt. Also bitte nix weiter erzählen und weiter im Stillen genießen!

Route

Vom Höchbauer auf der Straße kurz Richtung Klostertaler Gscheid zur Abzweigung des grün markierten Anstiegs. Sogleich an einer Kapelle vorbei und zunächst auf einem Forstweg, dann auf Steigspuren (eine große Wiese bleibt links) in einem schwach ausgeprägten Graben (ordentliche Forstarbeits-spuren) sanft aufwärts. Aus dem Graben links abdriftend eine erste Forststraße kreuzen, dann weiter in südöstlicher Richtung wieder zur Forststraße. Auf ihr kurz rechts, und bei einem Graben links ab auf einem Steiglein. Zunehmend steil im Gra-

Tour auf einen Blick

Betreuung: ÖTK-Zentrale, Wien
Start: Vois, Höchbauer, ca. 630 m, Bushalt, Parkplatz
Zeit: $2^{1}/_2$ Std. bis zur Hochfläche, $3^{1}/_2$ Std. bis zum Fadenweg
Höhenunterschied: 800 m bis zur Hochfläche, 900 m bis zum Fadenweg
Anforderungen: Steiler, gut angelegter Anstieg, im Ausstiegsbereich absolute Trittsicherheit erforderlich, eine ganz kurze mit Seilgeländer gesicherte Stelle. Bei Nässe nicht empfehlenswert
Ausrüstung: Alpine Grundausrüstung, feste Bergschuhe
Kinder: ab 12 Jahre
Hunde: ja
Aussicht: Mürzsteger, Ybbstaler und Türnitzer Alpen
Orientierung: In der ersten Hälfte des Anstiegs bedingt durch Forstarbeit erschwert, dann besser. Bei der Plateau-Überschreitung genau auf Wegverlauf achten
Markierung: grün
Einkehr: Kienthaler Hütte, 1380 m
Eignung für den Abstieg: ja, außer bei Nässe

Ausblick beim Aus-
stieg aus dem Stein-
lehngraben auf das
Kuhschneeberg-
Plateau.

bengrund aufwärts, dabei die Forststraße noch zweimal kurz hintereinander kreuzen. Auf ca. 1000 m aus dem Graben links hinausqueren zu einem Rücken und einer Felskanzel, die erste schöne Ausblicke vermittelt. 1^1/$_2$ Std.

Ein altes Schild informiert:

> **Erlass der NÖ Landesregierung vom 30. Sept. 1925:**
> *Unbefugtes Sammeln von Beeren, Schwammerln und sonstigen Wald-
> produkten ist verboten. § 60 FG*
> *Das Verlassen öffentlicher Wege ist verboten und lebensgefährlich. § 60 FG*
> *Übertretungen werden nach § 62 FG mit Arrest bis zu 14 Tagen oder Geld-
> strafen bis 60 Schilling geahndet.*
> *Jagende Hunde und umherstreifende Katzen werden erschossen. § 80 JG*

Über den Rücken in einem stimmungsvollen Föhrenwald weiter und ein letz-
tes Mal zu einer Forststraße. Leicht links ausholend über die Böschung hinweg und allmählich auf teils gerölligem Steig zu ersten Felsformationen. Im steilen schattigen Wald eine deutliche Rechtsquerung, dann einen Hang mit einigen schrofigen Stellen empor und zuletzt links haltend über ein aussichtsreiches Band (Seilgeländer) zum Ausstieg bei einem Felstörl (Blick zu Ötscher und Göller) und auf eine schöne Wiese. 1^1/$_2$ Std.

Auf einem schwach ausgeprägten Rasenpfad am linken Rand der Wiese ent-
lang (Einmündung des blau markierten Schnellerwagsteigs, kein Wegweiser). Bei einem Hochstand links und leicht ansteigend auf eine weitere große Lichtung mit markanter Rasenfläche. Über diese zu einem solitären Baum und leicht rechts zum Wald. Durch eine steinige Gasse zur nächsten Lichtung (östlich vom Saukogel), wieder mit typischer Rasenfläche. Am linken Rand wie-
der in den Wald zur vierten Lichtung. Dort überaus lohnender kurzer Abstecher rechts hinaus an die Geländekante mit umfassender Aussicht.

Impression auf dem Steinlehngraben-Anstieg.

Zurück zum Weg und weiter in einer Abfolge von stimmungsvollen Waldab-schnitten und Lichtungen mit Schneeberg-Blick. Teilweise in leichtem Auf und Ab, immer genau auf die Markierungen achtend, zuletzt deutlicher abwärts zu einer Forststraße. Bei der Gabelung in südlicher Richtung zur nahen Einmündung in den gelb markierten Fadenweg. 1 Std.

Variante:

Über den **Fadenweg** zur Krempel-Hütte, $^1/_2$ Std. und weiter zur Kienthaler Hütte, $^1/_4$ Std.
Über den **Fadenweg** zur Sparbacher Hütte und zur Edelweißhütte, $^1/_2$ Std.

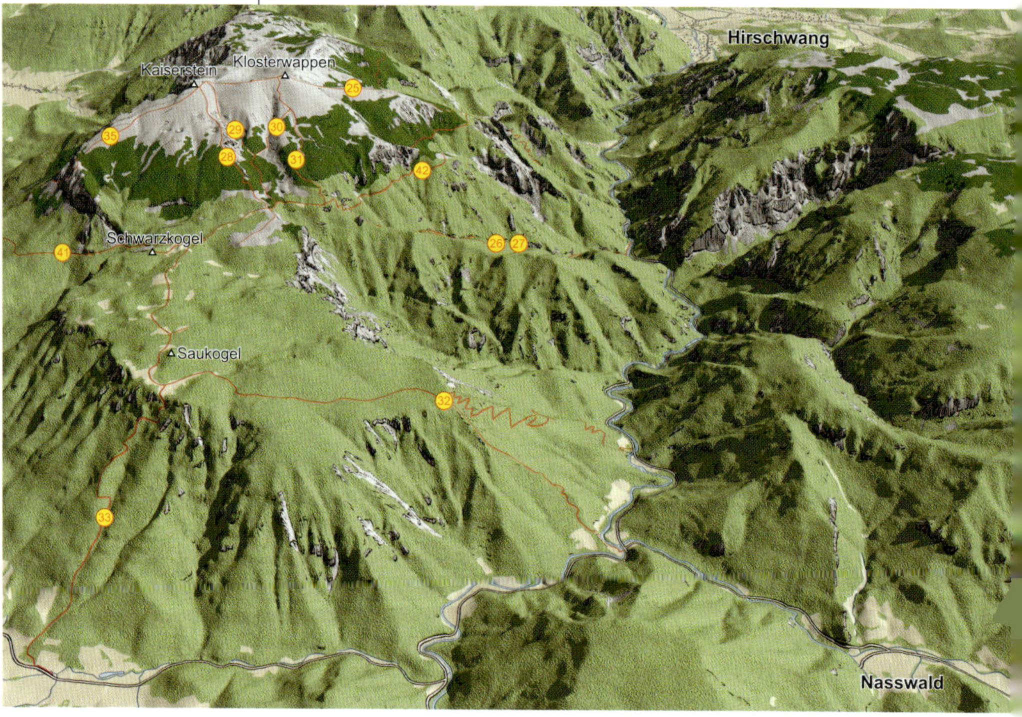

Panorama Schneeberg Nordwest – Blick nach Südosten

Tipps

✗ Am Wochenende kein Busverkehr in die Vois. Dann möglicher Zugang über Schwarzau im Gebirge (Bushalt)

✗ Bei der Einmündung in den Fadenweg lohnender Gipfelabstecher auf den nahen Schwarzkogel, 1521 m (Seite 107)

✗ Vom Fadenweg zur Kienthaler Hütte und Abstieg über den Ferdinand-Mayr-Weg (Seite 128) oder durch die Weichtalklamm (Seite 124) ins Höllental (Weichtalhaus, Bushalt)

✗ Über den Fadenweg zur Edelweißhütte und Sparbacher Hütte und weiter nach Losenheim (Bushalt)

✗ Vom Fadenweg zur Krempel-Hütte und auf den Hochschneeberg (lange Tour, Seite 130). Abstieg nach Losenheim oder zur Zahnradbahn und weiter nach Puchberg (Bhf.)

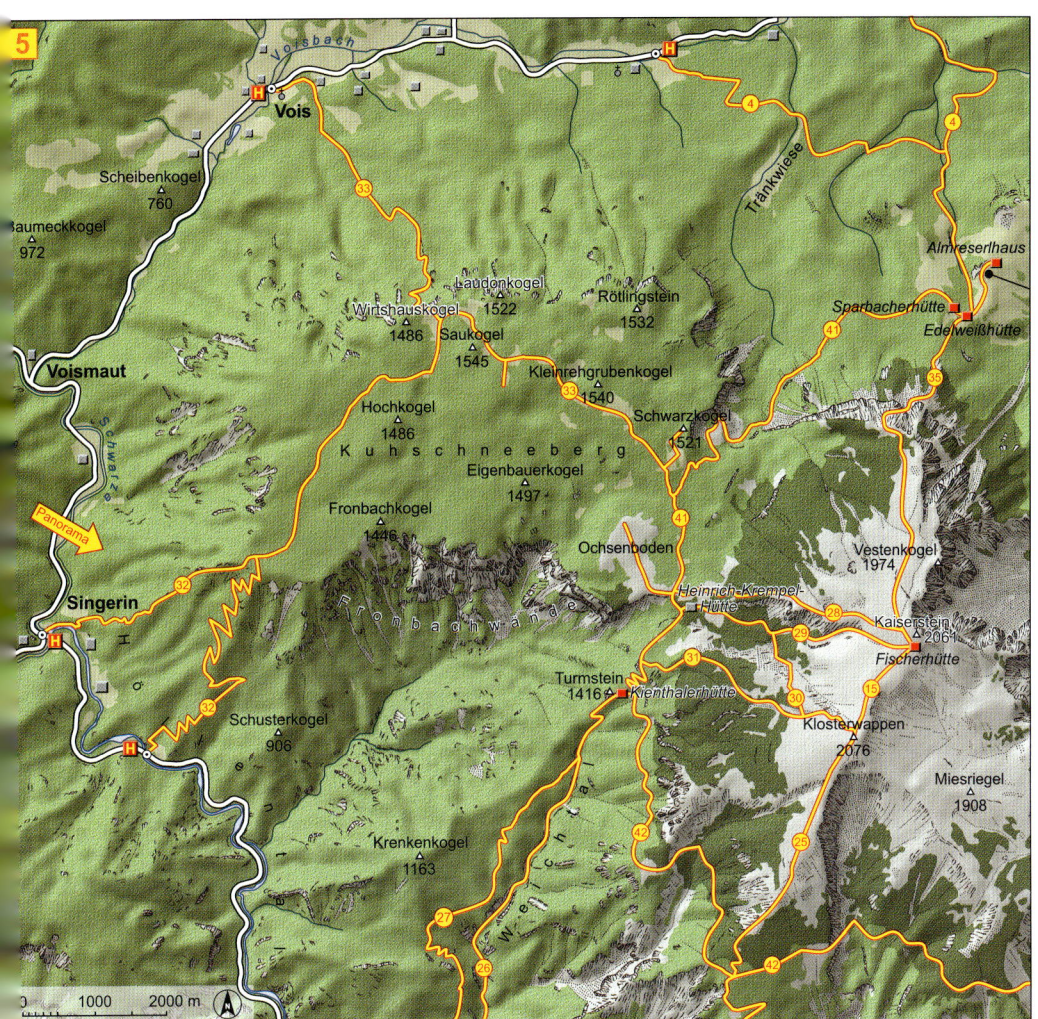

arte Schneeberg Nordwest

Fadensteig

Losenheim – Fadensattel
(Edelweißhütte/Sparbacher-Hütte) – Fadensteig –
Kaiserstein (Fischerhütte)

Kartenansicht Seite 136, 137, 147

Der Fadensteig im Winter.

Der Fadensteig ist der Schneeberg-Klassiker schlechthin. Zu jeder Jahreszeit wird er begangen, von Skitouren-Gehern im Winter und im Frühjahr (zahlreiche Steigeisen-Kratzspuren!), von Bergwanderern im Sommer und im Herbst und mitunter auch im Winter. Weniger bekannt ist er natürlich unter den Hochflächen-Promenierern, die lieber mit der Zahnradbahn den Berg erobern. Denn der zu überwindende Höhenunterschied ist nicht ohne (vor allem bei Nichtbenützung des Sessellifts), und ganz leicht ist der Steig auch nicht. Der Wind stürmt gerne über den Fadensattel und über die darüber liegenden freien Latschen- und Schrofenflächen des Fadens, und der Abschnitt knapp vor dem Ausstieg auf die Hochfläche kann auch nicht mehr als Wanderweg bezeichnet werden. Dort angelangt, ist das Ärgste noch nicht unbedingt vorbei. Das kann nämlich noch kommen, wenn der Wind so richtig aufdreht! Diese Sätze mögen für oftmalige Fadensteig-Wiederholer, die den Steig gerade wegen dieser Eigenschaften schätzen, übertrieben klingen. Für Neulinge aber seien sie eine kleine Vorwarnung.

Tour auf einen Blick

Betreuung: ÖTK-Sektion Neunkirchen
Start: Losenheim, 872 m, Bushalt, Parkplätze
Zeit: $3^1/_2$ Std.
Höhenunterschied: 1200 m (ab Fadensattel 850 m)
Anforderungen: Alpiner Anstieg mit großem Höhenunterschied. Eine Passage mit Stahlseil-Sicherungen. Im Ausstiegsbereich zum Pkt. 1723 ganz leichte Schrofen. Trittsicherheit erforderlich
Ausrüstung: Alpine Grundausrüstung
Kinder: ab 12 Jahre
Hunde: ja
Aussicht: Puchberger Becken, Gutensteiner Alpen, Türnitzer Alpen, Mürzsteger Alpen.
Orientierung: einfach, im Geröll auf Steigverlauf achten
Markierung: gelb
Einkehr: Edelweißhütte, 1237 m, Sparbacher-Hütte, 1248 m, Fischerhütte, 2049 m
Eignung für den Abstieg: ja, aber mit Vorsicht!

Route

Von Losenheim entweder mit dem Sessellift, auf der Piste, oder auf dem lohnenden gelb markierten Weg über Wiesen und durch schönen Laubwald in den Fadensattel und links einem Zaun entlang zur Edelweißhütte bzw. zur Sparbacher-Hütte. 1 Std.

Zwischen den beiden Hütten auf dem gelb markierten Steig in den Wald. Unter einer ersten Felsformation rechts herum und auf den stumpfen Latschenrücken. Steil ansteigend teils im Geröll, teils über Schrofen – etwas mühsam – unter einen Felsvorsprung. Rechts um ein Eck und am linken Rand einer Geröllrinne (bei Nässe rutschig) höher. Querung der Rinne (schlappes Stahlseil, welches eher den Winterbegehern dient) und hinüber zu einem etwas ausgesetzten Eck (kurzes Stahlseil). Dann wieder steil über Wurzeln und zwischen erodierenden Latschenböden höher und durch eine abschließende breite Schrofenrinne zum Ausstieg an der oft windigen Geländekante (Pkt. 1723, Aussicht!). 1¹/₂ Std.

Weiter geduldig den großen Stangen entlang (bei Nebel sehr nützlich!) auf breitem, teils steinigem Weg in allgemein südlicher Richtung zur Fischerhütte. 1 Std.

Edelweißhütte und Schneeberg-Ostseite mit dem Fadensteig am rechten Bildrand.

Tipps

✗ Zahlreiche Kombinationsmöglichkeiten im Rahmen von kürzeren und längeren Hochschneeberg-Unternehmungen.

✗ Bei winterlichen Verhältnissen Steigeisen immer mitführen!

Nandlgrat

Schneebergdörfl oder Losenheim – Rieshütte – Nandlgrat – Fischerhütte

Kartenansicht Seite 147

Nandlgrat-Impression.

Der Nandlgrat ist einer der klassischen Anstiege durch die Ostseite des Schnee-bergs. Obwohl markiert, sucht man auf Karten meist vergeblich nach Eintra-gungen. Denn die blauen Punkte sind sozusagen nicht offiziell, sondern von irgendjemandem irgendwann angebracht worden... Trotz der Heimlichtuerei ist der Nandlgrat in aller Munde und bekannt als überaus lohnender, leichter und landschaftlich reizvoller Anstieg. Insidern ist er also schon lange ein Begriff, und allen anderen sei er hiermit wärmstens empfohlen. Ähnlich dem Herminensteig ist er darüber hinaus auch im Winter interessant, wenngleich insgesamt etwas anspruchsvoller und abschnittsweise nicht lawinensicher.

Route

Zustieg von Losenheim: Vom Straßenende (Sackgasse, Parkmöglichkeit) auf einer Forststraße den roten Markierungen folgend Richtung Breite Ries. In einem weiten Linksbogen über die Piste und im Wald zur Kehre beim Pkt. 993. Gerade weiter auf einem Forstweg zur nächsten Kehre. Wieder gerade weiter, diesmal auf einem Steiglein über Stock und Stein. Den steilen Wald-hang eben queren, dann ansteigend zu einem Forstweg und auf diesem in einen nahen Sattel (Wegkreuz). Bei der Gabelung auf dem rechten Ast auf

Tour auf einen Blick

Betreuung: geheimnisvoll
Start: Schneebergdörfl, Schwabenhof; Losenheim, Straßenende bei der Sessel-lift-Talstation, ca. 880 m, Parkmöglichkeit, Bushalt.
Zeit: $3^1/_2$ – $3^1/_2$ Std., je nach Ausgangspunkt
Höhenunterschied: 1150 m – 1250 m, je nach Ausgangspunkt
Anforderungen: ungesicherter Anstieg mit großem Höhenunterschied und eini-gen leichten Kletterstellen (bis I). Auch im Winter bei guten Verhältnissen eine empfehlenswerte Tour.
Ausrüstung: Alpine Grundausrüstung, feste Bergschuhe
Kinder: ab 12 Jahre
Hunde: ja
Aussicht: Puchberger Becken, Gutensteiner Alpen.
Orientierung: einfach.
Markierung: je nach Zustieg rot oder gelb. Dann blau
Einkehr: Fischerhütte, 2049 m, Edelweißhütte, 1234 m, Sparbacher Hütte, 1248 m, Damböckhaus, 1810 m.
Eignung für den Abstieg: ja – für geübte Bergsteiger

Vom Nandlgrat Richtung Puchberger Becken.

bald steinigem Weg höher (unterwegs Einmündung des gelb markierten Anstiegs von Schneebergdörfl). Dann rechts zur Bürklehütte und auf dem Nördlichen Grafensteig in steilen Kehren auf einen markanten Waldrücken mit schönem Blick in die Breite Ries. 1¹/₂ Std.

Zustieg vom Schneebergdörfl: Vom Schwabenhof über einen Rücken den gelben Markierungen folgen. Auf dem Waldweg, dann auf einem Steig (schöne Föhrenbestände) zu einem Graben. Jenseits (Markierungen beachten!) bald scharf links, nach weiterem Anstieg Einmündung in den rot markierten Anstieg von Losenheim und wie oben zur Bürkle-Hütte und weiter auf den Waldrücken. 1¹/₂ Std.

Gemeinsamer Weiterweg:

Auf dem Rücken nach Westen und den blauen Markierungspunkten folgend in Kürze zur nahen Rieshütte der OeAV-Sektion Burgenland. Die „International Association of mountain hikers" empfiehlt die Hütte als „recommended soup establishment"... Leider ist sie nur Mitgliedern der Sektion Burgenland zugänglich! An der Hütte vorbei und über den bewaldeten Rücken auf dem steinigen Steiglein höher zu Felsen. Dahinter kurzer Abstieg und beginnende Querung nach rechts. Kratzspuren von Steigeisen deuten auf Winterbegehungen hin. Vorbei an einem Vermessungspunkt und nach einem Wandl scharf links. Mühsamer Steilaufstieg zurück zum Grat (auf Markierungen achten!). Schweiß treibend weiter über den nun stumpfen, latschenbestandenen Schrofenrücken zum Steigbuch. Dann zu einer Felsformation und kurzer Abstieg in ein Schartl. Querung nach rechts und steil über rasendurchsetzte Schrofen (im Winter eingeweht) zum Ausstieg auf die Hochfläche, nordwestlich des Festenkogels. 1¹/₂ Std.

In südwestlicher Richtung eben hinüber zu den Stangen des Fadensteigs und links diesen entlang zur Fischerhütte. ¹/₂ Std.

Tipps

✘ **Günstige Abstiege:** Fadensteig, Schauerstein/ Fadenweg, Schneidergraben, Herminensteig, Mieseltal.

Krumme Ries

Schneebergdörfl – Schneidergraben – Grafensteig – Krumme Ries – Damböckhaus

Kartenansicht Seite 147

Aus der Krummen Ries Richtung Losenheim und Dürre Wand.

Die Krumme Ries ist eine ambivalente Tour für gespaltene Persönlichkeiten: Wer masochistisch veranlagt ist und gleichzeitig landschaftliche Schönheiten der Extraklasse liebt, der liegt bei ihr genau richtig. Wer diese beiden Pole nicht vereinen kann oder will, darf jetzt weiterblättern!

Eines sei allen gesagt: Mit Wandern oder Bergwandern hat diese Tour nichts mehr gemein. Sie ist eine echte alpine Bergtour, nicht gerade genussvoll, aber mit dem notwendigen Schuss Ernst und Rasse, der ja auch im 21. Jahrhundert unter echten Bergsteigern noch gesucht und beliebt sein soll!

Route

Vom Schwabenhof wie beim Schneidergraben (Seite 148) den blauen Markierungen folgend zur Kreuzung mit dem Grafensteig. In diesen rechts einschwenken, an einer Quelle vorbei und zur aussichtsreichen Lichtung der „Sitzstatt" und weiter hinab zu den Ausläufern der Krummen Ries. 1¹/₂ St. Vor dem bis zum Grafensteig reichenden Geröllfeld links durch niedrige Latschen zum zentralen Geröllfeld, welches bis in den obersten wilden Karabschluss reicht. Durch dieses mühsam (zwischendurch Steigspuren) aufwärts. Unterwegs links Blick zum Felsenfenster des Gamsgartelgrats, rechts zu den Türmen des Bürklesteigs und schöner Rückblick in das Puchberger Becken. Ab ca. 1600 m mehr rechts halten zum obersten, nach rechts ziehenden Graben (darunter markante roterdige Rinne) und zu seinem Wandfuß (ca. 1670 m). 1 Std.

Tour auf einen Blick

Start: Schneebergdörfl, Schwabenhof, Parken in Schneebergdörfl
Zeit: 3¹/₂ Std.
Höhenunterschied: 1150 m
Anforderungen: ungesicherter ausgesprochen alpiner Anstieg mit großem Höhenunterschied. Viel mühsames Geröll, zwei kürzere leichte Kletterpassagen (bis I+). Absolute Trittsicherheit und Schwindelfreiheit erforderlich. Steinschlaggefahr in den Ausstiegsrinnen, daher nur im absolut schneefreien Zustand begehen
Ausrüstung: Alpine Grundausrüstung, feste Bergschuhe, Helm
Kinder: nein
Hunde: nein
Aussicht: Puchberger Becken, Gutensteiner Alpen
Orientierung: guter Orientierungssinn erforderlich
Markierung: Zustieg blau, dann rot. In der Krummen Ries keine
Einkehr: Damböckhaus, 1810 m, Fischerhütte, 2049 m
Eignung für den Abstieg: Nur für im Abstieg routinierte Bergsteiger. Das große Geröllfeld der Krummen Ries ist ideal zum Hinablaufen!

Tipps

✗ **Günstige Abstiege:** Nandlgrat, Novembergrat, Schneidergraben, Herminensteig, Mieseltal, Hengstweg/ Kleiner Sattel

Über einen steilen, gut gestuften Felsabbruch (teils glatter Fels, Achtung auf Steinschlag, Stellen bis I+) leicht rechts haltend hinweg. Dann durch eine engen Latschengasse zu einem Eck und jenseits rechts in einen Geröllkessel. Durch diesen empor zu seinem rasenbesetzten schrofigen Abschluss. Zunächst eher rechts halten (Stellen I, bei Nässe unangenehm), dann nach links hinaus zum Beginn des Krumme-Ries-Grabens (ca. 1820 m). Durch den rasigen Graben (rechts oberhalb Latschenflecken) zu den Stangen des Fischerwegs und links zum Damböckhaus. 1 Std.

Felswildnis
der Krummen Ries.

Unterer und Oberer Herminensteig

38

Schneebergdörfl – Mieseltal – Unterer Herminensteig – Grafensteig – Oberer Herminensteig – Berghaus Hochschneeberg (oder Damböckhaus)

Kartenansicht Seite 147

Winter auf dem Herminensteig. Im Hintergrund das Puchberger Becken.

Das verträumte Schneebergdörfl ist der wichtigste Ausgangspunkt für die Anstiege im südlichen Bereich der Schneeberg-Ostseite. Unter diesen durchwegs ungesicherten Steigen, die zumeist über stark gegliederte und mit ganz leichter Kletterei verbundene Felsgrate und Rücken führen, ist der Herminensteig sicher der lohnendste und beliebteste. Nicht nur zur Sommerzeit, nein, auch im Winter, wenn es schneit! Der Anstieg teilt sich in einen unteren und einen oberen Abschnitt. Der Untere Herminensteig besitzt eine empfehlenswerte leichte Variante zur anspruchsvollen, weil unangenehmen und nicht ganz ungefährlichen Originalroute. Der Obere Herminensteig ist sicher das Herzstück des Anstiegs, mit einer Abfolge schöner Aussichtsplätze auf Gratabsätzen und einem zunehmend eindrucksvollen Tiefblick in das Puchberger Becken. Nach dem Ausstieg wartet dann die Einkehr-Wahl zwischen dem Berggasthaus Hochschneeberg und dem Damböckhaus.

Route

Vom Feuerwehrhaus bei der Straßengabelung Pkt. 719 links haltend auf dem gelb und rot markierten Feldweg ins Mieseltal. Sanft ansteigend zunächst zwischen Weiden (schöner Schneebergblick), dann im Wald zu einer Gabelung. Auf dem rechten Ast (rote Markierung) zunächst auf einem Forstweg, dann (Abzweigung beachten!) auf einem Steig steil ansteigend weiter. Ein lichter Bereich gibt den Blick frei auf eine Wandzone, durch die der Untere Herminensteig emporführt. Am Wandfuß eine leichte, ebenfalls rot markierte Umgehungsvariante, die allen, die nicht klettertüchtig sind, viel Nervenflattern erspart! Die Direttissima führt zunächst über ein Wandl, dann über eine abdrängende Rampe nach rechts in einen Kessel. Aus diesem links durch eine

Tour auf einen Blick

Erstbegehung: 1884 durch Ferdinand Bürkle
Betreuung: ÖTK-Zentrale, Wien
Start: Schneebergdörfl, Straßengabelung bei Pkt. 719, Parkmöglichkeit
Zeit: 4 Std. bis zum Damböckhaus bzw. zum Berghaus Hochschneeberg
Höhenunterschied: 1100 m
Anforderungen: ungesicherter Anstieg mit großem Höhenunterschied und
einigen leichten Kletterstellen (bis I+). Der direkte Untere Herminensteig
sollte nicht unterschätzt werden. Der Obere Herminensteig ist lohnender und
auch gutmütiger. Auch im Winter bei guten Verhältnissen eine empfehlens-
werte Tour
Ausrüstung: Alpine Grundausrüstung
Kinder: ab 12 Jahre
Hunde: nein
Aussicht: Puchberger Becken, Gutensteiner Alpen
Orientierung: einfach. *Markierung*: rot
Einkehr: Damböckhaus, 1810 m, Berghaus Hochschneeberg, 1795 m
Eignung für den Abstieg: ja – für geübte Bergsteiger. Beim Unteren Hermi-
nensteig die Umgehung wählen!

Tipps

✗ Günstiger Ab-
stieg: Schnei-
dergraben,
Mieseltal,
Hengstweg/
Kleiner Sattel
✗ Bei winterli-
chen Verhält-
nissen Steig-
eisen immer
mitführen!

steile Verschneidung mit teils glattem und feucht-rutschigem Gestein. Ein
kurzes Seilstück entschärft die schwierigste Stelle. Nach dem Ausstieg (von
links Einmündung der Umgehung) rechts raus auf einen Rücken (Blick ins
Puchberger Becken) und über den großzügig markierten Waldrücken weiter.
Links abdriften, zu einer Geröllrinne sogar kurz absteigen, dann hinauf zur
Einmündung in den Grafensteig (Quelle mit Holztrog). 2 Std.
Rechts auf dem Grafensteig durch Lärchenbestände weiter und nach einer
Rinne zu einer Lichtung. Bald darauf am Beginn eines Latschenfelds die

Abzweigung des Oberen Herminensteigs. Auf diesem steil durch
Latschen und Geröll zum Beginn
des Felsrückens. In teils anregender „Felsberührung" den Markierungen über den reizvollen Gratverlauf folgend höher, um den
Felsturm Pkt. 1684 rechts herum
und nach einer Scharte zu einer
Gabelung. Links geht es über die
so genannte Franz-Josef-Prome-
nade zum Berghaus Hochschneeberg, geradeaus in Kürze zur
Hochfläche und zwischen Pkt.
1870 und dem Waxriegel in westlicher Richtung zum Damböckhaus. 2 Std.

Wald und Fels
auf dem Unteren
Herminensteig.

Novembergrat

39

Schneebergdörfl – Unterer Schneidergraben – Sitzstatt – Novembergrat – Damböckhaus

Kartenansicht Seite 147

Novembergrat und
dahinter das
Puchberger Becken.

Der Novembergrat trennt gemeinsam mit dem parallel zu ihm verlaufenden Gamsgartelgrat den Schneidergraben von der Krummen Ries und ist vom alpinen Charakter her mit dem Nandlgrat vergleichbar. Wie jener ist er markiert, wie bei jenem wird dieser Umstand aber in den Karten wenig berücksichtigt. Auch die Schwierigkeiten und die landschaftlichen Schönheiten sind ähnlich. Und nicht weit vom Ausstieg wartet mit dem Damböckhaus eine gute Einkehrmöglichkeit.

Route

Vom Schwabenhof wie beim Schneidergraben (Seite 148) den blauen Markierungen folgend zur Kreuzung mit dem Grafensteig. 1¹/₂ Std.

Weiter durch den Schneidergraben an den Fuß einer ersten markanten Felsformation. Jenseits der großen Geröllhalde zieht eine breite Latschengasse schräg rechts aufwärts. Durch diese zum Rücken empor, dann, roten Markierungspunkten folgend, über den Gratverlauf weiter zu einem ersten Turm, neben dem ein spitzer kleinerer Turm aufragt. Den Markierungen folgend meist rechts die Gratschneide entlang. Nach einigen leichten Kletterstellen etwas mühsames Gehgelände durch Latschen und über Schrofen zum Ausstieg. 1¹/₂ Std.

In südlicher Richtung in eine Mulde hinüberqueren (Vereinigung mit der blauen Markierung des Schneidergrabens). Sanft ansteigend zu den Stangen des Fischerwegs (Wegweiser) und mit diesen links in Kürze zum Damböckhaus. ¹/₂ Std.

Tour auf einen Blick

Erstbegehung: *1920 durch Alois Wildenauer, Guido Wolf, Hans Buchta*
Betreuung: *geheimnisvoll*
Start: *Schneebergdörfl, Schwabenhof, Parken in Schneebergdörfl*
Zeit: *3¹/₂ Std.;* **Höhenunterschied:** *1000 m*
Anforderungen: *ungesicherter Anstieg mit großem Höhenunterschied. Großteils Gehgelände, einige leichte Kletterstellen (bis I+). Auch im Winter bei guten und sicheren Verhältnissen (vor allem im Schneidergraben!) eine empfehlenswerte Tour*
Kinder: *ab 12 Jahre.* **Hunde:** *nein*
Aussicht: *Puchberger Becken, Gutensteiner Alpen*
Orientierung: *einfach.* **Markierung:** *blau, dann rot*
Einkehr: *Damböckhaus, 1810 m, Fischerhütte, 2049 m*
Eignung für den Abstieg: *ja – für geübte Bergsteiger*

Panorama Schneeberg Ost – Blick nach Südwesten

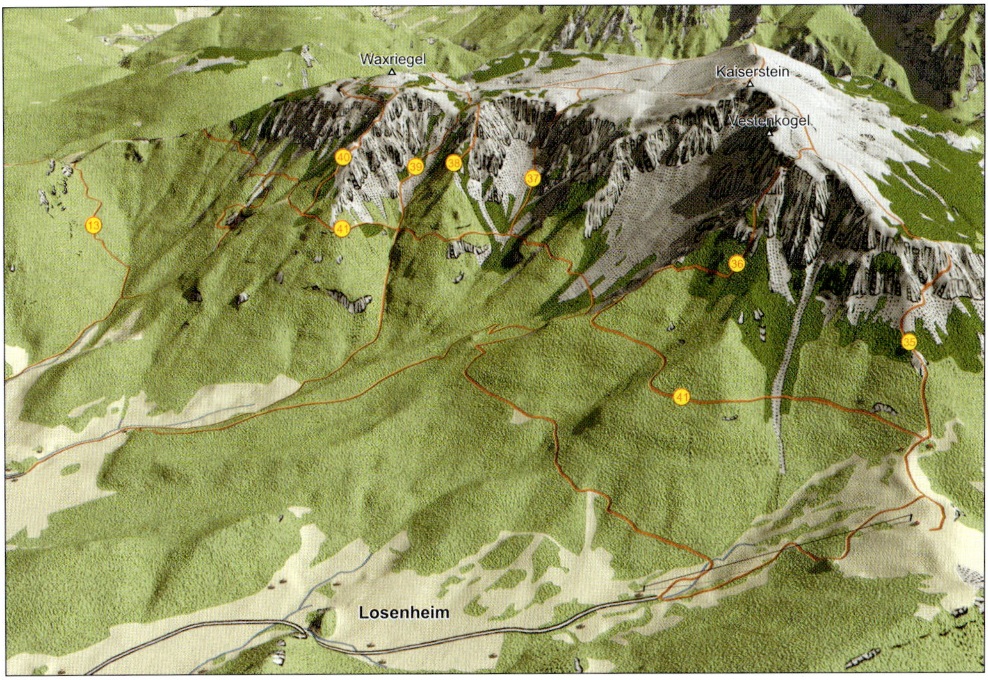

Waxriegel · Kaiserstein · Vestenkogel · 40 · 39 · 38 · 43 · 37 · 13 · 36 · 35 · 41 · Losenheim

Karte Schneeberg Ost

6

Almreserlhaus · Sparbacherhütte · Edelweißhütte · Sessel · 4 · Fadenwiese · Panorama · Abfall 966 · Unterberg · Sonnleiten · Roßleiten · Losenheim · 35 · 41 · 36 · Schneebergdörfl · Rieshütte · 36 · Ferd.-Bürkle-Bergrettungshütte · Vestenkogel 1974 · 36 · Schwabenhof · 39 · Kaiserstein 2061 · Fischerhütte · 15 · 1 · 37 · 41 · Wiege 959 · Miesseltal · Klosterwappen 2076 · 15 · Miesriegel 1908 · Schwarzriegel 1865 · 38 · 45 · 40 · 42 · 40 · Großer Sattel 1287 · Damböckhaus · Waxriegel 1888 · Berghaus Hochschneeberg · 2 · 3 · 13 · Hoher Hengst 1450 · 20 · 41 · Station Baumgartner

0   1000   2000 m

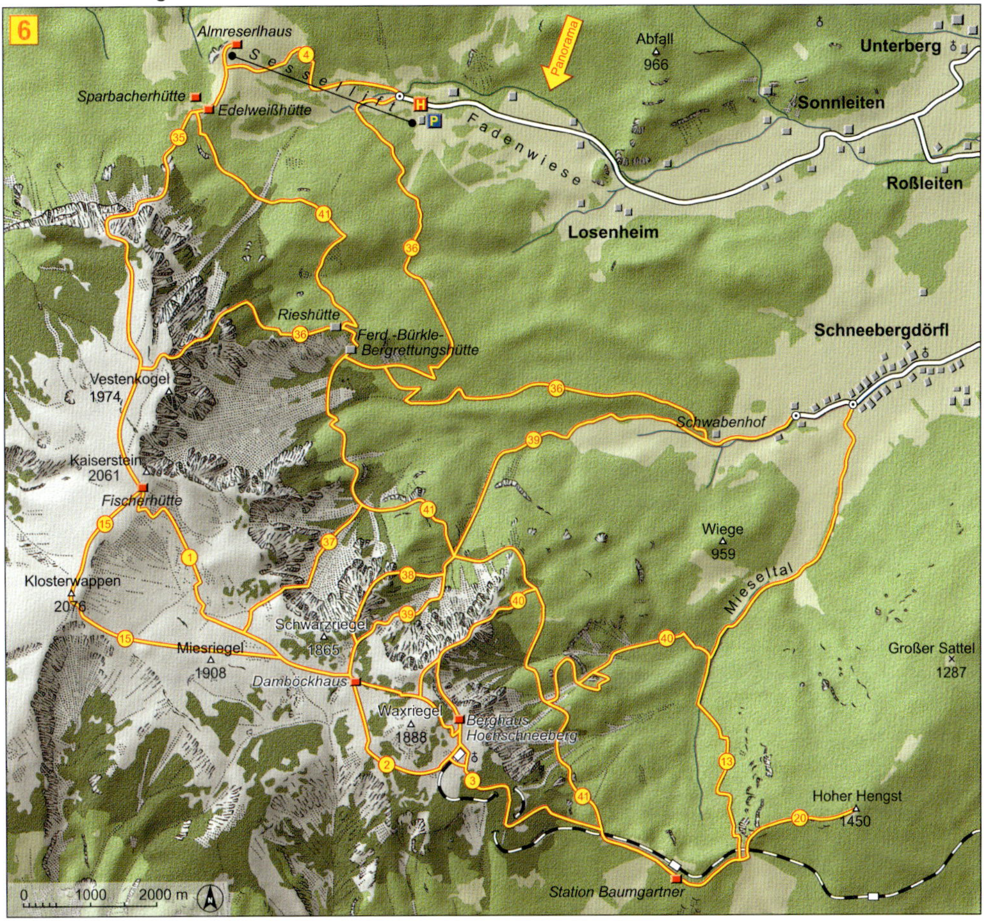

Schneidergraben

Schneebergdörfl – Schneidergraben – Damböckhaus

Kartenansicht Seite 112, 113, 147

Der Schneidergraben bildet die kürzeste Aufstiegsmöglichkeit vom Schneebergdörfl auf die Hochfläche beim Damböckhaus. Das klingt attraktiv. Allerdings hat der Anstieg seine Tücken. Der Aufstieg durch die langen Geröllrinnen und -halden vermittelt oft ein Erlebnis Marke zwei Schritt vor, einen zurück.

Tour auf einen Blick

Betreuung: ÖTK-Zentrale, Wien
Start: Schneebergdörfl, Schwabenhof, Parken in Schneebergdörfl
Zeit: 3 Std.
Höhenunterschied: 1100 m
Anforderungen: ungesicherter Anstieg mit großem Höhenunterschied. Viel mühsames Geröll, im Ausstiegsbereich ganz leichte, aber nicht ungefährliche Schrofenkletterei. Absolute Trittsicherheit erforderlich.
Ausrüstung: Alpine Grundausrüstung, feste Bergschuhe
Kinder: ab 12 Jahre
Hunde: ja
Aussicht: Puchberger Becken, Gutensteiner Alpen
Orientierung: einfach, im Geröll auf Markierungen achten
Markierung: blau
Einkehr: Damböckhaus, 1810 m; Fischerhütte, 2049 m
Eignung für den Abstieg: ja, aber nur für passionierte Geröllhalden-Bergabläufer!

Abstieg durch den Schneidergraben.

Und die Schrofenpassage vor dem Ausstieg hat auch schon so manchen ungeübten Wanderer in Schwierigkeiten gebracht und Unfälle verursacht! Also den Schneidergraben nicht unterschätzen! Er ist kein gemütlicher gut angelegter Wanderweg, sondern ein echter Steig. Nichts für wanderlustige Genießer, mehr etwas für Bergsteiger alpiner Prägung. Diese schätzen ihn auch und vor allem als genussvollen und schnellen Abstieg, da die Konsistenz der Geröllfelder zum Hinablaufen wie geschaffen ist und sich dieser Run bis weit unter die Grafensteig-Kreuzung fortsetzen lässt. Wie gesagt – nur für Geübte. Alle anderen werden den Schneidergraben im Abstieg wahrscheinlich verfluchen!

Route

Vom Schwabenhof auf der blau markierten Forststraße ans Ende der Weide. Auf einem Steig zunächst gemütlich zum Pkt. 973. Kurz rechts, dann links – zunehmend steiler – weiter. Der Schneidergraben nimmt allmählich deutliche Konturen an. Im Grabengrund geht es bald durch felsdurchsetztes Gelände aufwärts, wobei der Steig der Geröllrinne ausweicht. Geknickte Bäume und Sträucher weisen auf mächtige Lawinenabgänge hin. Bald ist die Kreuzung mit dem Grafensteig erreicht. 1^1/$_2$ Std.

Der Blick öffnet sich in den vom Novembergrat (rechts) und vom Gratverlauf des Herminensteigs (links) umrahmten oberen Schneidergraben. An einer ersten Felsformation rechts entlang, dann über einige kleine Latschenflecken hinweg in den abschließenden Felskessel. Über einen breiten Schrofenrücken, auch schon mal Hand anlegend, dem Steigverlauf folgend zum Ausstieg in einer Mulde (von rechts Einmündung des Novembergrats). Sanft ansteigend zu den Stangen des Fischerwegs (Wegweiser) und mit diesen links in Kürze zum Damböckhaus. 1^1/$_2$ Std.

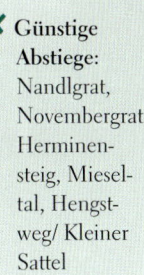

Tipps

✗ Günstige Abstiege: Nandlgrat, Novembergrat, Herminensteig, Mieseltal, Hengstweg/ Kleiner Sattel

149

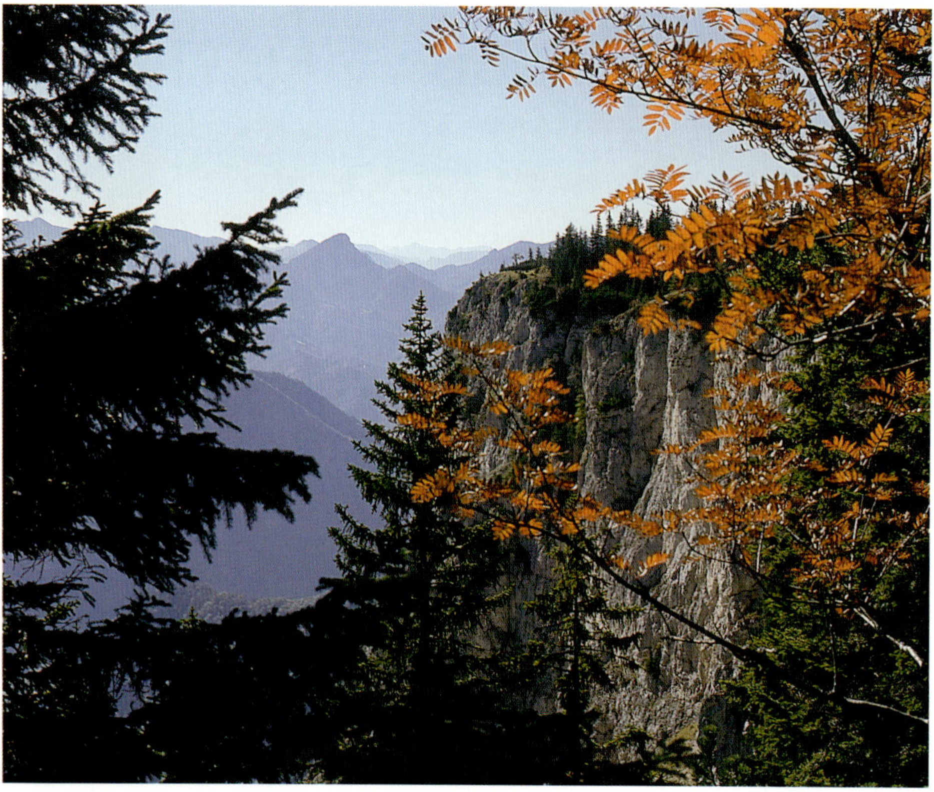

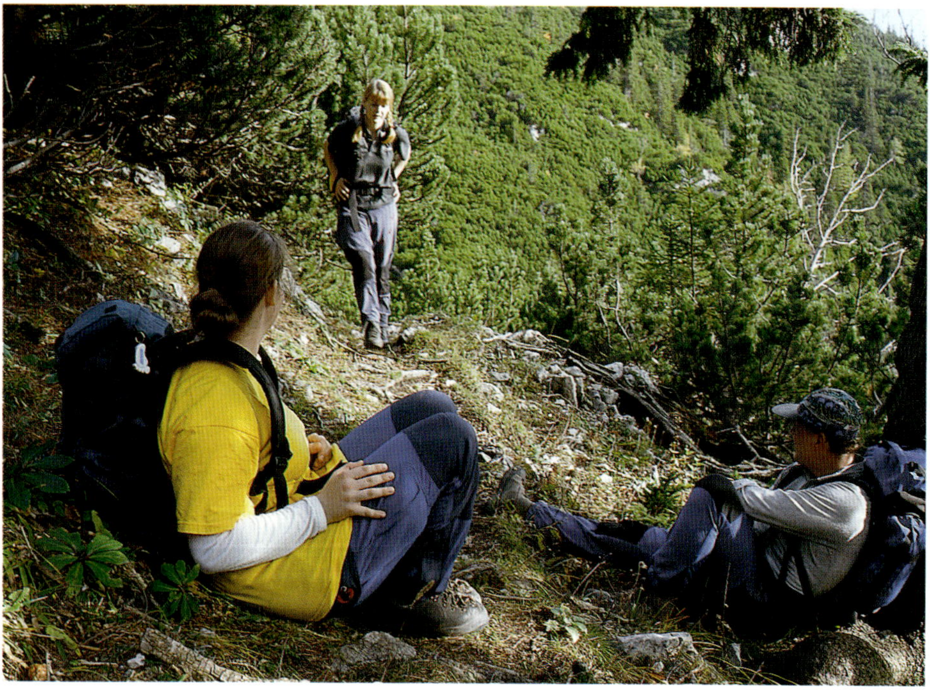

Nördlicher und
Südlicher Grafensteig

Der Grafensteig, der sich in einen nördlichen und einen südlichen Abschnitt aufteilt, ist zweifelsfrei eines der ganz großen Wanderschmankerln des Schneebergs. Die Bezeichnung galt ursprünglich nur für den nördlichen Teil (Station Baumgartner – Fadensattel) und geht auf Ernst Graf Hoyos zurück, der ihn im 18. Jh. für die Jagd anlegen ließ. Abschnitte des südlichen Teils wurde aus rein wandertouristischen Überlegungen angelegt, um den Kreis zu schließen. Als Bindeglied fungiert der Fadenweg vom Fadensattel zum Kuhschneeberg.

… und schon geht es durch den dichten Wald wieder weiter.

In einer Höhenlage zwischen 1200 und 1600 Meter geht es in ständigem Auf und Ab an den weitestgehend forstlich unbelasteten und ursprünglichen Hängen und Flanken des Berges entlang. Auf dem alpineren Südlichen Grafensteig durch Wald und Latschenfelder, mit herrlichen Fernsichten Richtung Rax und Voralpen. Auf dem Nördlichen Grafensteig immer wieder über Felsrücken hinweg und die Geröllfelder der Riesen querend, mit faszinierenden Ausblicken ins Puchberger Becken. Abwechslungsreichtum ist hier mehr als ein viel strapaziertes Schlagwort, sondern auf Schritt und Tritt wanderbare Realität, die aber ganz ohne Gipfel auskommt. Was den Genießer kaum stören dürfte. Sollen sich die Massen ruhig am Hochschneeberg tummeln, solange es „auf halber Höhe" herrlich ruhig bleibt. Über die beste Gehrichtung könnte man, will ich aber nicht diskutieren. Ich empfehlen jedem mehrere Besuche, dann kann die Gehrichtung variiert werden!

Kurze Rast auf dem Südlichen Grafensteig …

Nördlicher Grafensteig

Station Baumgartner – Bürkle-Hütte – Edelweißhütte – Fadenweg – Kienthaler Hütte

Kartenansicht Seite 113, 136, 137, 147

Route

Von der Haltestelle Baumgartner an der ansteigenden Trasse der Zahnradbahn links entlang zur Abzweigung des Südlichen Grafensteigs. Gerade weiter, über die Bahn und nach einer kurzen Felszone zur Abzweigung des rot markierten Nördlichen Grafensteigs. In diesen rechts „hineinstechen" und in der untersten Spur in den Wald.

Mit geringem Höhenverlust den Wald querend zur Einmündung des Unteren Herminensteigs (Quelle). Durch Lärchenbestände weiter und nach einer Rinne zu einer Lichtung. Bald darauf am Beginn eines Latschenfelds die Abzweigung des Oberen Herminensteigs. In Kürze hinaus zu einem felsigen Rücken mit prächtigem Blick in die Felswildnis der Schneeberg-Ostseite und in westlicher Richtung hinunter in den Schneidergraben. 1½ Std.

Jenseits der Geröllrinne wieder an einer Quelle vorbei und zur aussichtsreichen Lichtung der „Sitzstatt". Weiter hinab zu den Ausläufern der Krummen Ries. Zunächst ansteigend, dann mit Höhenverlust über zwei Waldrücken hinweg in die Breite Ries, das eindrucksvollste riesige Geröllkar des Schneebergs. Genau auf die Markierungen auf den Steinen achtend zum jenseitigen Waldrand und zur Abzweigung nach Losenheim bzw. nach Schneebergdörfl. 1 Std.

In Kürze zur nahen Bürkle-Hütte der Bergrettung und in steilen Kehren auf einen markanten Waldrücken mit schönem Blick in die Breite Ries. Auf dem Weiterweg taucht hinter einer Biegung erstmals die Edelweißhütte auf. Nach der Kreuzung der schmalen Lahning-Ries geht es auf zunehmend besserem Steig eben (unterwegs Quelle) zu diesem willkommenen Etappen- und Einkehrziel (Schneebergblick von der Terrasse) hinüber, wobei kurz davor noch die Abzweigung zur Sparbacher Hütte berührt wird. 1¼ Std.

Der folgende Übergang zur Kienthaler Hütte trägt den gebräuchlichen Namen Fadenweg und ist gelb markiert. Von der Edelweißhütte mit wenigen Schritten an der Sparbacher Hütte (ebenfalls empfehlenswert für eine Einkehr) vorbei und auf dem Steig wieder in den Wald. Kurzer Abstieg zu einer Weide und in einer schönen Querung zu einem Forststraße. Auf dieser unter den Fadenwänden zum Talschluss und steiler ansteigend in Kehren zum Almgatterl (Schranken, Gedenktafel). Weiter zur Abzweigung des grün markierten Steigs über das Kuhschneeberg Plateau. 1½ Std.

In südlicher Richtung auf einem stimmungsvollen Steig (bei Nässe unangenehm rutschige Stellen) sanft ansteigend zum Fleischer-Gedenkstein (Abzweigung der Anstiege zur nahen Krempel-Hütte, durch den Wurzengraben und über den Schauerstein, sowie überaus lohnender Abstecher rechts auf den aus-

sichtsreichen Ochsenboden). Dann weiter mit wenigen Schritten hinaus zum Plateaurand (Gatterl) mit eindrucksvollem Blick zu den Frohnbachwänden. Im Wald durch eine schwach ausgeprägte Karstlandschaft in leichtem Auf und Ab zum Witzanikreuz (Aussicht, Abzweigung zum Klosterwappen). Steiler absteigend in Kehren (kunterbunt markiert!) zur zunächst von den Bäumen verdeckten Kienthaler Hütte (kurz vorher der Beginn des Südlichen Grafensteigs). $^1/_2$ Std.

Nördlicher Grafensteig: Blick in die Breite Ries.

Tour auf einen Blick

Betreuung: *ÖTK-Zentrale, Wien*
Start: *Hst. Baumgartner, 1396 m*
Zeit: *3³/₄ Std. von der Hst. Baumgartner zur Edelweißhütte, weitere 2 Std. über den Fadenweg zur Kienthaler Hütte*
Höhenunterschied: *400 m von der Hst. Baumgartner zur Edelweißhütte, weitere 300 m zur Kienthaler Hütte*
Anforderungen: *teils gute, teils etwas „widerspenstige" Steigabschnitte mit Wurzeln, Steinen und Bodenstufen. Trittsicherheit daher vorteilhaft*
Ausrüstung: *Alpine Grundausrüstung*
Kinder: *ab 10 Jahre*
Hunde: *ja*
Aussicht: *Puchberger Becken, Gutensteiner Alpen, Mürzsteger Alpen, Rax.*
Orientierung: *Auf Wegverlauf achten*
Markierung: *rot, dann gelb*
Einkehr: *Station Baumgartner, 1396 m, Edelweißhütte, 1237 m, Sparbacherhütte, 1248 m, Kienthaler Hütte, 1380 m*

Südlicher Grafensteig

Kienthaler Hütte – Schönleiten – Salzriegel – Station Baumgartner

Kartenansicht Seite 127

Route

Von der Kienthaler Hütte im Wald mit wenigen Schritten zur Weggabelung bei einem lichten Graben und rechts in den südlichen Grafensteig einschwenken. Über einen Rücken in eine erste Geröllrinne mit felsigem Abschluss. Weiter in allgemein südlicher Richtung auf gutem Waldsteig unter den Wänden der Schönleitenmauer dahin. Dann ein stockig-steiniger Abschnitt mit kurzen Auf- und Ab-Passagen und der Querung von drei Geröllrinnen (darüber plattige Felstürme). Schließlich ansteigend zur Lichtung der Schönleiten (herrlicher Rastplatz, tolle Aussicht, Markierungspflöcke). In einem Linksbogen um den Rücken der Schönleitenschneid herum und mit geringem Höhenverlust in den Kolingraben, Pkt. 1480. Durch Latschenfelder in leichtem Auf und Ab unter den Schiefermäuern zu einem Eck am oberen Ende des Lärchkogelgrats. Im Wald in Kürze zur Abzweigung des grün markierten Anstiegs über die Stadelwandleiten zum Klosterwappen, Pkt. 1505. Dort von rechts Einmündung des nicht markierten und nur schwach ausgeprägten Steigs von der so genannten Märchenwiese bei der Stadelwand. $1^1/_2$ Std.

Der weitere Wegverlauf ist nun nach Osten ausgerichtet. In einer Hangquerung durch Wald, dann über eine freie Fläche zu einem felsigen Eck, das den Ausläufer der Königschusswand bildet. Hinter dem Eck an teils alten, teils ausgebesserten Sicherungen (Stahlseil, Eisenglieder, Trittsicherheit und Schwindelfreiheit erforderlich) abwärts in die Bockgrube beim Pkt. 1477. Über den

Tour auf einen Blick

Betreuung: ÖTK-Zentrale, Wien
Start: Kienthaler Hütte, 1380 m
Zeit: $3^1/_2$ Std. von der Kienthaler Hütte zur Hst. Baumgartner
Höhenunterschied: 350 m
Anforderungen: relativ wenige Aufstiegsmeter, zwei gesicherte Stellen, die Trittsicherheit und Schwindelfreiheit erfordern. Kein Wasser! Wegen der südseitigen Hanglage im Sommer sehr heiß
Kinder: ab 12 Jahre
Hunde: ja
Aussicht: Krummbachstein, Rax, Höllental, Mürzsteger Alpen, Stuhleck, Kreuzberg, Sonnwendstein
Orientierung: einfach. **Markierung:** rot
Einkehr: Kienthaler Hütte, 1380 m, Station Baumgartner, 1396 m

Südlicher Grafensteig: bei der Königschuss-wand.

malerischen Hüttenboden hinweg, bald durch Latschen deutlich ansteigend, auf teils steinigem Steig zum Salzriegel, ca. 1620 m, dem höchsten Punkt des gesamten Grafensteigs. Dann mit Höhenverlust weiter und über die freie Fläche der Heuplagge zu einem Felseck. Über eine kurze gesicherte Stelle hinunter in den Saugraben und weitere Querung am Gegenhang. Dann durch stimmungsvollen Wald zur Lichtung mit den Fundamenten des ehem. Baumgartnerhauses (Abzweigungen zum Krummbachsattel, zum Damböck-haus über den Emmysteig und zum Berggasthaus Hochschneeberg). Waag-recht weiter auf gutem Fußweg zur Hst. Baumgartner, wo sich der Grafensteig-Kreis schließt. 2^1/$_2$ Std.

Tipps

✗ Da die beiden Grafensteige den Schneeberg auf halber Höhe umrun-den, ist zunächst immer ein Zustieg erforderlich. Die Steige können auch beliebig kombiniert und nur in Teilabschnitten, in Kombination mit anderen Schneeberg-Routen, begangen werden. Günstige „Ein-stiegstellen" sind:
   – Edelweißhütte bzw. Sparbacher Hütte am Fadensattel.
   – Kienthaler Hütte.
   – Station Baumgartner der Zahnradbahn. Auffahrt mit der Zahnrad-bahn oder Anstieg vom Schneebergdörfl oder von Rohrbach im Graben.

✗ Für die gesamte Umrundung sind gute 9 Stunden zu veranschlagen (exkl. „Zustieg zum Einstieg"). Sportliche schaffen das an einem Tag, gemütliche Wanderer werden besser auf zwei Tage aufteilen, mit Übernachtung in der Kienthaler Hütte (nur samstags), in der Edel-weißhütte bzw. der Sparbacher Hütte. Auch das Haller-Haus bietet sich an, wobei der Wassersteig und der Krummbachstein mitgenom-men werden können.

✗ Die Breite Ries ist im Frühjahr eine klassische Steilabfahrt. In der schneefreien Zeit ist ihre Begehung möglich, aber sehr mühsam und daher unüblich. Die groben Steine der weiten Geröllhalden eignen sich nicht zum Hinablaufen!

Bild Seiten 156/157: Rax-Nordseite beim Abstieg vom Sonnleit-stein.

Rax

Raxalpen-Berggasthof
1547 m

Kartenansicht Seite 201, 227 (unten), 255

Der Wirt …

Direkt bei der Bergstation der Rax-Seilbahn auf dem Gsolhirn. Historische Architektur aus der Bauzeit der Rax-Seilbahn. Schöner Blick in das Reichenauer Becken, zu Schneeberg, Gahns, Rosalia, Buckliger Welt, Wechsel, Sonnwendstein, Semmering-Region. Romantische Sonnenauf- und Untergangsstimmungen. Tourenausgangspunkt für alle Seilbahn-Benutzer. Errichtet 1926.

Fritz Scharfegger
Bergstation Raxseilbahn, 2651 Reichenau,
Tel. 02666/52450, Fax: 02666/52450-15
berggasthof@raxalpe.reichenau.at,
www.reichenau.at/raxalpen-berggasthof

Geöffnet

ganzjährig, außer 1. Novemberhälfte (Seilbahn-Revision)
60 Übernachtungsplätze (Zimmer)

Zugänge

Rax-Seilbahn, Gsolhirnsteig (Seite 187), Brandschneide (Seite 274)

Übergänge

Ottohaus $1/2$ Std., Dirnbacher-Hütte $1^1/_2$ Std., Gloggnitzer Hütte 2 Std., Seehütte $1^1/_2$ Std., Habsburghaus $3^1/_2$ Std., Karl-Ludwig-Haus 3 Std., Waxriegelhaus $2^1/_2$ Std.

Gipfel

Jakobskogel, 1736 m, $1/2$ Std. (Seite 185)

… vom Raxalpen-
Berggasthof …

Otto-Schutzhaus
1642 m

Kartenansicht Seite 201, 227 (unten), 255

Östlich unter dem Jakobskogel, am Rand des Grünschachers. Schöner Blick in das Reichenauer Becken, zu Schneeberg, Wechsel, Rosalia, Buckliger Welt, Semmering-Region. Romantische Sonnenauf- und untergangsstimmungen. Abends Blick auf das Lichtermeer des Reichenauer Beckens und darüber hinaus. Die am meisten frequentierte Hütte der Rax. Liegt im direkten Einzugsgebiet der Rax-Seilbahn und ist daher an schönen Wochenenden und Feiertagen tagsüber oft überlaufen. Neu renoviert. Die historische Ausstrahlung der Jahrhundertwende ist abgesehen vom Selbstbedienungs-Eingangsbereich weitgehend erhalten geblieben und sehenswert. Kurzbezeichnung: Otto-Haus. In der Nähe die Wilma-von-Haid-Aussicht (Blick ins Reichenauer Becken und in das Tal des Preiner Bach), der Fritz-Benesch-Gedenkstein sowie ein Alpengarten (im Sommer an WE betreut). Errichtet 1893.

OeAV, Sektion Reichenau
Kleinau 27, 2651 Reichenau
Tel. 02666/52402, 02666/52450
Fax: 02666/52497-15
Pächter: Fritz Scharfegger

… und vom Otto-Haus.

Geöffnet

Mai – Oktober durchgehend, November – März an WE und FT bei Schönwetter
70 Übernachtungsplätze (Lager und Zimmer)

Zugänge

Von der Seilbahn-Bergstation/ Raxalpen-Berggasthof: Auf rot markiertem
Fahrweg in westlicher Richtung durch ein kurzes Waldstück, dann nach
einem Rechtsknick in einer weiten sanft ansteigenden Querung über eine
Almrasenfläche (Markierungsstangen, im Winter Pistengelände) zum Gatterl-
Kreuz. Flacher Übergang zunächst zwischen Latschen, dann am rechten
Rand einer Senke zum so genannten Praterstern und links kurzer Anstieg zum
Otto-Haus. $^{1}/_{2}$ Std.

Weitere Zugänge: Törlweg (Seite 189), Wachthüttlkammsteig (Seite 270), AV-
Steig (Seite 262)

Übergänge

Raxalpen-Berggasthof $^{1}/_{2}$ Std.
Dirnbacher-Hütte $^{1}/_{2}$ Std
Gloggnitzer Hütte $1^{1}/_{2}$ Std
Seehütte 1 Std.
Habsburghaus $2^{1}/_{2}$ Std.
Karl-Ludwig-Haus $2^{1}/_{2}$ Std.
Waxriegelhaus $1^{1}/_{2}$ Std.

Gipfel

Jakobskogel, 1736 m, $^{1}/_{2}$ Std. (Seite 185)

Wilma-von-Haid-Aussicht beim Otto-Haus: Blick ins Reichenauer Becken.

Auf dem Zirbenpfad (Seite 176): Blick zum Schneeberg.

Neue Seehütte
1643 m

Kartenansicht Seite 201 (unten), 255

Die Wirtsleut' ...

In einem weiten Sattel zwischen Dreimarkstein und Preinerwand, am oberen Rand des in den Griesleitengraben abbrechenden Felskessels. Aussicht: Kreuzberg, Kampalpe, Stuhleck, Wechsel. Bequem erreichbar von der Rax-Seilbahn über das Ottohaus und den Seeweg. Ehemals Höllentaler-Holzknecht-Hütte genannt. Kurzbezeichnung heute: Seehütte.

Vor der Hütte ein künstlich angelegtes Biotop. Der Ursprung des Hüttennamens geht auf ein ausgetrocknetes Seelein zurück, welches sich – ausgehend von der Seehütte – auf der ersten Lichtung des Seewegs befand und noch heute erahnen lässt.

Die Seehütte ist die zentral gelegene Hütte der Rax und wird daher von allen Seiten besucht. Als Bergrettungshütte (keine Nächtigungsmöglichkeit) kommt ihr daher zu jeder Jahreszeit große Bedeutung zu. Errichtet 1953.

ÖTK, Sektion Höllentaler Holzknecht, Wien
2654 Prein an der Rax
Tel. 02665/268
Tel. 0676/7488719
Fax: 02665/256
Pächter: Franz Eggl

Geöffnet

Ende Mai bis 1. Nov. durchgehend. November bis Mai an WE und FT bei Schönwetter. Keine reguläre Übernachtungsmöglichkeit!

... und die Seehütte.

Von der Preinerwand
Richtung Waxriegel
und Ludwig-Haus.

Zugänge

Seeweg: Vom Otto-Haus auf dem einfachen rot markierten steinigen Fahrweg durch die von einigen Lichtungen unterbrochenen geschlossenen Latschen-felder des Grünschachers. Zunächst in allgemein westlicher Richtung, dann in einem Waldbereich ein deutlicher Linksbogen und an zwei Lichtungen vorbei (schöner Anblick der Felsabstürze der Lechnermauern) in leichtem Auf und Ab zur Hütte. 1 Std.

Weitere Zugänge: Göbl-Kühn-Steig (Seite 205), Holzknechtsteig (Seite 202)

Übergänge

Dirnbacher-Hütte 1 Std.
Raxalpen-Berggasthof $1^1/_2$ Std.
Otto-Haus 1 Std.
Waxriegelhaus $^1/_2$ Std.
Habsburghaus $1^1/_2$ Std.
Gloggnitzer Hütte $1^1/_2$ Std.
Karl-Ludwig-Haus $1^1/_2$ Std.

Gipfel

Preinerwand, 1783 m, $^1/_2$ Std. (Seite 184)
Dreimarkstein, 1948 m, 1 Std. (Seite 182)
Predigtstuhl, 1902 m, 1 Std. (Seite 180)

Waxriegelhaus
1361 m

Kartenansicht Seite 201, 227

Auf einer Wiesenfläche am Ausläufer des Waxriegels. Aussicht: Reichenauer Becken, Rosalia, Bucklige Welt, Kreuzberg.

Bequem und schnell erreichbar ab Preiner Gscheid auf Steig bzw. gutem Fahrweg und daher entsprechend beliebt unter Kurzzeitwanderern oder als versüßender Ausklang einer Tour. Im Winter Rodelverleih, im Sommer Liege- und Strandstühle. Errichtet 1924.

Die Wirtsleut' …

TVN, Ortsgruppe Mürzzuschlag
Rax 6, 8691 Kapellen
Tel. 02665/(7)237
Tel. 0676/6246248
Fax 02665/(7)237
waxriegelhaus@netway.at
www.waxriegelhaus.at
Pächter: Christian Hein

Geöffnet

ganzjährig
70 Übernachtungsplätze (Lager und Zimmer)

Zugänge

Von Prein: Vom Bushalt „ÖGB-Heim" kurz weiter auf der Straße zum Preiner Gscheid, dann rechts auf rot markiertem Weg Nr. 43 über einen Waldrücken, dann einen Graben überquerend zu einem Anwesen (Abzweigung zum Preiner Gscheid). Rechts weiter und zunehmend steil (mehrere Forstweg-Kreuzungen) auf einen weiteren Rücken und zuletzt in allgemein westlicher Richtung zur Hütte. 1½ Std.

Von Griesleiten: Am Forsthaus der Stadt Wien vorbei und auf der gelb markierten Forststraße (Schranken) in vier Kehren zu einer Geländestufe mit Blick zur Preinerwand. Weiter in den hinteren Griesleitengraben zu einer Doppelkehre. Kurz danach auf einem Steig durch stimmungsvolle Waldabschnitte (allerdings auch einige Schlägerungen!) zur Abzweigung des Göbl-Kühn-Steigs und weiter in Kürze zur Hütte. 1½ Std.

... und das
Waxriegelhaus.

Vom Preiner Gscheid: Wie beim Schlangenweg auf die große Weide unter dem Siebenbrunnenkessel auf ca. 1350 m, scharf rechts und auf der Zufahrt (oder links auf Steiglein im Wald) zur Hütte. $^1/_2$ Std.

Variante: auf ca. 1220 m (kurz vorher rechts im Wald eine Holzhütte) von der Piste rechts zu einer Forststraßenkehre und auf Steig zur nahen Helenenquelle hinab. Aus dem Graben Gegenanstieg zur Hütte.

Übergänge

Dirnbacher-Hütte 2 Std.
Raxalpen-Berggasthof $2^1/_2$ Std.
Otto-Haus 2 Std.
Seehütte 1 Std.
Habsburghaus $2^1/_2$ Std.
Gloggnitzer Hütte $2^1/_2$ Std.
Karl-Ludwig-Haus $1^1/_2$ Std.

Gipfel

Heukuppe, 2007 m, $1^1/_2$ Std. (Seite 177)
Predigtstuhl, 1902 m, $1^1/_2$ Std. (Seite 180)

Karl-Ludwig-Haus

1804 m

Kartenansicht Seite 227 (unten), 233

An der Geländekante am Ostrand des Bergkörpers der Heukuppe, unweit des Wetterkogels. Herrliche Aussicht ins Reichenauer Becken, zu Schneeberg, Neusiedler See, Rosalia, Buckliger Welt, Wechsel, Semmering-Region, Kreuzberg, Stuhleck. Romantische Sonnenauf- und Untergangsstimmungen. Abends Blick auf das Lichtermeer des Reichenauer Beckens und darüber hinaus. Wichtigste Hütte am Südwestrand der Rax und die einzige Hütte in den Hochlagen, die permanent bewirtschaftet ist. Innen und außen viel Sinn für Humor, wie zahlreiche Schilder und Texte bezeugen. Vom Preiner Gscheid relativ rasch erreichbar. Im Winter Skitourenziel. Errichtet 1877.

ÖTK, Zentrale Wien
Rax 7
2654 Prein an der Rax
Tel. 02665/ 380
Pächter: Willi Newerkla

Geöffnet
ganzjährig
70 Übernachtungsplätze (Lager und Zimmer)

Die Hüttencrew ...

166

... und das Ludwig-Haus.

Zugänge

Schlangenweg (Seite 211), Karl-Kantner-Steig (Seite 213), Raxenmäuersteig (Seite 215), Martinsteig (Seite 217), Gretchensteig (Seite 219), Reißtalersteig (Seite 221)

Übergänge

Dirnbacher-Hütte 2 Std.
Raxalpen-Berggasthof $2^1/_2$ Std.
Ottohaus 2 Std.
Seehütte 1 Std.
Habsburghaus 1 Std.
Gloggnitzer Hütte 2 Std.
Waxriegelhaus 1 Std.

Gipfel

Heukuppe, 2007 m, $^1/_2$ Std. (Seite 177)
Predigtstuhl, 1902 m, 20 Min. (Seite 180)

Habsburghaus
1786 m

Kartenansicht Seite 227 (unten), 233

Auf dem Grießkogel, am oberen Ausläufer der Scheibwaldmauer. Etwas pathetisch auch „Akropolis der Rax" genannt. Alpinste und zugleich landschaftlich unbestritten schönste Lage unter allen Rax-Hütten. Bedingt durch seine Höhe und seine Exposition gegenüber der vorherrschenden Nordwestwetterlage bei Schlechtwetter außerhalb der Hütte ein recht ungemütlicher Ort. Bei Schönwetter aber ungehinderte Aussicht Richtung Westen zu den Kalkalpen (Ötscher, Dürrenstein, Hochschwab, Gesäuse, Mürzsteger Alpen, Türnitzer Alpen, Gutensteiner Alpen). Blick zu den Kahlmäuern, in die eindrucksvolle Breitseite der Heukuppenleiten und die Almlandschaft rund um den oberen Bärengraben. Schöner Sonnenuntergang. Erste Einkehrmöglichkeit für viele Touren ab Hinternasswald. Bei weitem nicht so viel besucht wie die Hütten auf der „Sonnseite" der Rax, als Ausbildungsstützpunkt aber sehr geeignet. Errichtet 1899.

OeAV, Sektion Österreichischer Gebirgsverein
2661 Nasswald
Graben 95
Tel. + Fax 02665/219
Pächter: Ab 2002 neuer bei Drucklegung noch nicht bekannter Pächter

Eine Hüttencrew ...

... vom Habsburghaus.

Geöffnet

Mai bis Ende Oktober
100 Übernachtungsplätze (Lager und Zimmer)

Zugänge

Kaisersteig (Seite 242), Peter-Jokel-Steig (Seite 245), Schüttersteig (Seite 247), Bärenlochsteig (Seite 235)

Übergänge

Dirnbacher-Hütte $1^1/_2$ Std.
Raxalpen-Berggasthof 3 Std.
Otto-Haus $2^1/_2$ Std.
Waxriegelhaus $1^1/_2$ Std.
Seehütte 1 Std.
Gloggnitzer Hütte $1^1/_2$ Std.
Karl-Ludwig-Haus 1 Std.

Gipfel

Scheibwaldhöhe, 1943 m, $^1/_2$ Std. (Seite 182)
Dreimarkstein, 1948 m, $^1/_2$ Std. (Seite 182)
Predigtstuhl, 1902 m, 1 Std. (Seite 180)

Gloggnitzer Hütte
1550 m

Kartenansicht Seite 233, 255 (unten)

Die Chefs …

Auf einer kleinen Lichtung nördlich des Klobentörls, zwischen Edelweißkogel und Kloben. Errichtet 1932.

OeAV, Sektion Österreichischer Gebirgsverein
Horst Hofmann, Hauptstraße 24
2640 Gloggnitz, Tel. Tal: 02662/42511, Fax: 02662/42511-4

Geöffnet

ganzjährig an WE (Sa ab 14:00) und FT einfach bewirtschaftet
24 Übernachtungsplätze (Lager)

Zugänge

Von der Dirnbacher-Hütte: Auf dem blau markierten Steig in Kehren zunächst im Wald, dann zwischen Latschen in das Klobentörl (zuletzt durch Geländer gesichert). Rückblick zum Grünschacher, zu seiner südlichen Gipfel-Begrenzung und zum Schneeberg. Vorbei an einer Wegkreuzung (Abzweigungen Richtung Hoyossteig und Rudolfsteig bzw. zur Scheibwaldhöhe) und weiter zur Abzweigung Richtung Habsburghaus. Gerade weiter, sanft absteigend durch eine Latschengasse, dann in einem seichten Graben zur Lichtung mit der Hütte. $^1/_2$ Std.

… von der Gloggnitzer Hütte.

Weitere Zugänge: Großer Kesselgraben (Seite 249), Hoyossteig (Seite 253), Rudolfsteig (Seite 251)

Übergänge

Dirnbacher-Hütte $^1/_2$ Std.
Raxalpen-Berggasthof 2 Std.
Otto-Haus $1^1/_2$ Std.
Seehütte $1^1/_2$ Std.
Habsburghaus $1^1/_2$ Std.
Karl-Ludwig-Haus $2^1/_2$ Std.
Waxriegelhaus $2^1/_2$ Std.

Gipfel

Edelweißkogel, 1581 m, $^1/_2$ Std. (Seite 186)
Scheibwaldhöhe, 1943 m, $1^1/_2$ Std. (Seite 182)

Wolfgang-Dirnbacher-Hütte

50

1477 m

Kartenansicht Seite 201, 227 (unten), 233, 255 (unten)

Auf einer kleinen idyllischen Lichtung oberhalb der Gaislochböden, östlich der nördlichen Lechnermauern. Kurzbezeichnung: Dirnbacher-Hütte. Errichtet 1914, Neubau nach Brand 1954.

ÖTK, Zentrale Wien
Einfache offene Unterstandshütte

Zugänge

Vom Otto-Haus: Kurz hinab zum Praterstern, gerade weiter auf blau markiertem Steig (Markierungen teilweise schlecht erkennbar) am Rand einer Rasenfläche Richtung Höllental-Aussicht. Durch Latschenfelder auf eine Lichtung mit der Abzweigung zur Höllental-Aussicht (lohnender Abstecher). Nach links einschwenken und genau in westlicher Richtung zum Wald. Dort mit deutlicherem Höhenverlust über Stock und Stein, vorbei an einer Abzweigung in das Gaisloch, zur Hütte. $^1/_2$ Std.

Weitere Zugänge: Gaislochsteig (Seite 256), AV-Steig (Seite 262)

Übergänge

Gloggnitzer Hütte $^1/_2$ Std.
Raxalpen-Berggasthof $1^1/_2$ Std.
Otto-Haus $^1/_2$ Std.
Seehütte $1^1/_2$ Std.
Habsburghaus $1^1/_2$ Std.
Karl-Ludwig-Haus $2^1/_2$ Std.
Waxriegelhaus 2 Std.

Gipfel

Scheibwaldhöhe, 1943 m,
$1^1/_2$ Std. (Seite 182)

Die Dirnbacher-Hütte.

Weitere Hütten

Ebnerhütte, 1621 m
Private Almhütte im oberen Bärengraben.

Eckbauerhütte, 1675 m
Private Almhütte auf der Taupentalalm östlich des Predigtstuhls.

Franzlbauerhütte, 1650 m
Private Almhütte östlich des Gamsecks auf der Grasbodenalm.

Gamsecker Hütte, 1330 m
Private Jagdhütte unweit der Zimmermannhütte.

Raxgmoahütte, 1858 m
Offener Notunterstand am Trinkstein-sattel. Auch Hans-Nemecek-Hütte genannt. Bergrettungshütte, Notruf-telephon, Holzbänke.

Reißtaler Hütte, 1445 m
Private Hütte der AG Reißtaler zwischen Preiner Gscheid und Raxen-mäuern.
Aus dem Raxental ziehen einige eher unbedeutende Wanderwege Richtung Raxenmäuer und treffen bei der Reißtaler Hütte zusammen: Von Stojen der Redensteig (rot) und der Kohlbacheckstieg (blau), von Raxen der Wetterkogelsteig (grün).

Die Raxgmoahütte.

Schütterhütte, ca. 1340 m
Private Jagdhütte beim Ausstieg des Schüttersteigs auf den Scheibwald. Wasserstelle!

Zimmermannhütte, 1332 m
Offene Unterstandshütte der AG Gamsecker auf dem Weg vom Nasskamm zum Gamsecksteig. 4 Matratzenlager, Tisch, Bänke. Sehr feucht!

Gamseck – Karl-Ludwig-Haus

Kartenansicht Seite 227 (unten), 232, 239

Landschaftlich reizvoller Höhenweg, der die Heukuppenleiten auf ca. 1900 Metern Höhe quert und vor allem in die Almlandschaft rund um den Bärengraben beste Einblicke gewährt. Bei Sturm und schlechter Sicht bedeutend günstiger als die Überschreitung der Heukuppe.

Route

Von der Wegkreuzung Pkt. 1849 mit der blauen Markierung sanft ansteigen und an einer tiefen schneegefüllten Doline vorbei zu einer Verflachung südlich des Pkt. 1895. Weiter zunächst waagrecht, dann leicht fallend zum Ausläufer des Schneegrabens (rechts auffallend viele kleine Felsgruben). Durch einen kleinen Graben (im Frühsommer Schnee) auf den weiten Boden (Pflöcke) und in Kürze zur Hütte.

Zeit: $^1/_2$ Std.
HU: 70 m
Markierung: blau

Beim Karl-Ludwig-Haus.

Karl-Ludwig-Haus – Habsburghaus

Kartenansicht Seite 232, 233

Klassischer, gut ausgebauter und praktisch waagrecht verlaufender Übergang an den zum Bärengraben hin ausgerichteten Hängen des Predigtstuhls und des Dreimarksteins. Einst Pehoferweg genannt. Angelegt als Anschluss an den Schlangenweg für die Erbauung des Habsburghauses. Einige tief eingeschnittene Gräben sind bis in den Frühsommer hinein schneegefüllt und erfordern dann mitunter Spurarbeit. Vor allem die Überwindung der berüchtigten Hoyos-Wechte kann bei ungünstigen Verhältnissen heikel sein (Umgehung möglich, aber umständlich).

Route:

Vom Karl-Ludwig-Haus kurzer Abstieg in nördlicher Richtung in das Törl (Wegweiser) und auf dem breiten Weg gerade weiter zum bei gutem Wetter in der Ferne deutlich sichtbaren Habsburghaus. Vorbei an der Abzweigung in den Trinksteinsattel und den nun blau markierten Stangen folgend Querung von drei tief eingeschnittenen Gräben. Im dritten Graben bis in den Frühsommer die Hoyos-Wechte. Dann wieder geradliniger weiter, vorbei an der gelben Abzweigung in den Bärengraben, zum Habsburghaus, das nach kurzem Anstieg erreicht ist.

Zeit: 1 Std.

HU: 50 m

Markierung: rot, dann blau

Habsburghaus – Klobentörl

Kartenansicht Seite 232, 233, 255 (unten)

Aussichtsreicher Höhenweg, der die kürzeste Verbindung vom Habsburghaus zur Seilbahn herstellt. Lässt sich sehr gut mit einem Besuch der Scheibwaldhöhe und einem Blick in die Bärengrube verbinden.

Route

Bei der Gabelung knapp östlich unterhalb der Hütte auf dem linken Ast den roten Markierungen folgend Richtung Trinksteinsattel und in Kürze zum Jahnkreuz. Ansteigende Querung zwischen Latschen, und nach kurzem Abstieg auf einer Wiese zur Abzweigung des Übergangs in das Klobentörl. Links ab und über freie Rasenflächen auf einen Boden und weiter in einen weiten Sattel nördlich des Bieskogels. Kurzer Abstieg in eine Mulde und leicht links knapp an der Gipfelkuppe der Scheibwaldhöhe vorbei zu einem Latschenfeld rechts eines ansetzenden Grabens. Durch Latschengassen zum oberen Rand der Lehnerwände und rechts hinüberqueren ins Klobentörl (Einmündung in den Übergang Dirnbacher-Hütte – Gloggnitzer Hütte).

Zeit: 1$^{1}/_{2}$ Std.
HU: 150 m
Markierung: rot

Abendstimmung auf dem Übergang vom Ludwig-Haus zum Habsburghaus. Links im Hintergrund Ötscher und Göller.

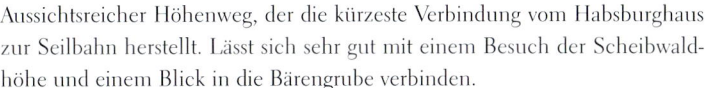

Zirbenpfad

Kartenansicht Seite 201 (unten), 255

![Zirbenpfad Wegweiser – ZIRBEN-PFAD ← ROT-GRÜN / WOLFTAL-ABFAHRT AB 14ᵉ GESPERRT]

Ein interessanter Rundweg auf dem Grünschacher-Plateau im Einzugsgebiet der Rax-Seilbahn. Ideale kurze landschaftlich reizvolle Rundwanderung.

Route

Seilbahn-Bergstation – Gatterlkreuz – Übergang zum Wachthüttelkamm – Übergang zur Höllental-Aussicht – ehem. Hofhalthütte – Deinzerkreuz – Jakobskogel – Otto-Haus – Seilbahn-Bergstation
Zeit: 2 Std.
HU: 250 m
Markierung: rot-grün auf Holzpflöcken, sofern nicht andere Wege benutzt werden

Heukuppe
2007 m

55

Kartenansicht Seite 227 (unten), 232, 233

Die höchste Erhebung der gesamten Raxalpe und ihr einziger Zweitausender. Liegt gänzlich auf steirischem Boden. Einst auch Brachkogel genannt. Vielleicht der meistbesuchte Zweitausender der gesamten Alpen und zweifellos ein echter Aussichtsriese! Auf dem höchsten Punkt ein 5 Meter hoher gemauerter Steinsockel mit Marmortafel für die gefallenen Mitglieder des ÖTK in den beiden Weltkriegen. Trägt seinen banalen Namen zu Recht, wenn man an seine weiten, zum Bärengraben gerichteten Rasenflächen (Heukuppenleiten) denkt. Vom Gipfel südwestseitig die wild zergliederten Wände der Raxenmäuer, die der „Kuppe" ihr unverwechselbares Aussehen verleihen.

Auffallend der Schneegraben, der oft bis spät in den Sommer hinein schneeweiß bleibt. Dort wird Frühjahr für Frühjahr auch der „Raxgletscher" in unterschiedlicher Ausprägung und Mächtigkeit Realität, wenn die eingewehten Schneemengen durch ihr Eigengewicht und geländebedingt in Bewegung geraten und dadurch echte Spalten aufreißen! Diese können bei Unachtsamkeit durchaus ungemütlich bis gefährlich werden. Der Schneegraben ist beliebt als Firngleiter-Strecke, aber auch bei geübten Bergwanderern, die auf dem Schnee eine kurze genussvolle Rutschphase Richtung Karl-Ludwig-Haus einlegen. Achtung bei Nebel: immer eher links halten, rechts lauern die hohen und mitunter ganz schön überhängenden Wechten! Im Winter ist die Heukuppe ein beliebtes Skitouren-Gipfelziel.

Spaltenbergungsübung auf dem „Raxgletscher".

Die für die Benennung „Rax" bestimmende Namensherkunft („rau") gilt natürlich im Besonderen für die Heukuppe. Wenn das Wetter dort seine schlechten Eigenschaften auslebt, bleibt dem Menschen nur noch eins: schleunigst runter, oder noch besser, erst gar nicht rauf. Bei Nebel ja nicht die bewusst dicht gesetzten Markierungspflöcke verlassen! Zum Glück ist das Karl-Ludwig-Haus nicht weit ...

Aussicht

Neusiedler See, Bucklige Welt, Wechsel, Masenberg, Schöckel, Grazer Bergland, Steiner Alpen, Karawanken, Packalpe, Zirbitzkogel, Stuhleck, Hochlantsch, Seckauer Alpen, Eisenerzer Alpen, Hochschwab, Veitsch, Gesäuse, Dachstein, Totes Gebirge, Dürrenstein, Ötscher, Göller, Schneealpe, Mürzsteger Alpen, Türnitzer Alpen, Gutensteiner Alpen, Wienerwald, Mühlviertel, Waldviertel, Rax-Hochfläche, Schneeberg, Reichenauer Becken.

Aufstiege

Vom Karl-Ludwig-Haus: In allgemein westlicher Richtung zunächst fast eben, dann in einer langen ansteigenden Querung eines mit vereinzelten Latschenflecken besetzten Rasenhanges in einen schwach ausgeprägten Sattel (links eine kleine Doline) unweit von Pkt. 1937. Dort einstiger Standort der ersten Hütte auf der Rax, die 1870 von der Alpinen Gesellschaft „D'Schwefelbanda" errichtet wurde und später Lackenhofer Hütte hieß. An dieser Stelle setzt auch nach Nordosten der Schneegraben an. Über einen abgeflachten Rücken in westnordwestlicher Richtung Markierungspflöcken entlang zum höchsten Punkt.

Zeit: $^1/_2$ Std.
HU: 200 m
Markierung: rot

Vom Gamsecksattel: Von der Wegkreuzung Pkt. 1849 südlich des Gamsecks in südöstlicher Richtung den rot markierten Markierungspflöcken entlang zu einer leichten Abflachung (rechts an der Geländekante das kleine Schlöglhofer-Kreuz) und weiter über den stumpfen Rücken zum höchsten Punkt.

Zeit: $^1/_2$ Std.
HU: 150 m
Markierung: rot

Rundwanderung

Sowohl vom Karl-Ludwig-Haus als auch vom Gamseck ist es wegen der anhaltenden Aussicht (Tiefblicke zu den Abstürzen der Raxenmäuer und ins Altenbergtal) lohnender, bei guter Sicht direkt an der Geländekante entlang zu wandern.

Vorschlag für eine Rax-Panoramarunde: Karl-Ludwig-Haus – Raxkircherl – an der Geländekante über die Heukuppe zum Gamseck – Übergang über die Heukuppenleiten (blaue Markierung) zurück zum Karl-Ludwig-Haus.

Vom Habsburghaus Richtung Heukuppe.

Gamseck
1857 m

56

Kartenansicht Seite 227 (unten), 232, 233

… wie der Name schon sagt …

Höchster Punkt der Kahlmäuer. Als eigenständiges Gipfelziel kaum von Bedeutung, obwohl die Aussicht großartig ist und der von der Heukuppe in vielem ähnelt (inkl. Dachstein!). Meist in Verbindung mit einem An- oder Abstieg über den Altenbergersteig (Seite 229), den Gamsecksteig (Seite 231), das Wilde Gamseck, die Wildfährte (Seite 238), den Bärenlochsteig (Seite 235) oder eine der selten ausgeführten Kletterrouten durch die Kahlmäuer „en passant" betreten. Der höchste Punkt befindet sich ca. 250 m nördlich der Wegkreuzung Pkt. 1849. Er ist von dort weglos über Rasenflächen und durch kleinwüchsige Latschenflecken erreichbar.

Aufstiege
Siehe die angeführten Routen und die bei der Heukuppe vorgeschlagene Panoramarunde.

Predigtstuhl
1902 m

Kartenansicht Seite 227, 232, 233, 255 (unten)

Interessante, leicht erreichbare Erhebung zwischen dem Karl-Ludwig-Haus und dem Trinksteinsattel. Zentraler Gipfel der Raxalpe am Vereinigungspunkt seiner drei Gebirgsteile Scheibwald, Grünschacher und Heukuppe. Nach Süden eine brüchige Wandflucht, die den Siebenbrunnenkessel eindrucksvoll abschließt. Diese Abstürze werden vom gesicherten Bismarcksteig am Wand-fuß gequert. Nach Norden breiten sich Rasen aus, die zur Taupentalalm sanft abfallen. Im Gipfelbereich zwei annähernd gleich hohe Rasenhügel, beide unbezeichnet. Der Hauptgipfel, etwas von der Geländekante abgesetzt, tritt kaum wirklich hervor. Als eigenständiges Gipfelziel zwar öfter besucht als z. B. das Gamseck, aber ebenfalls mehr im Vorbeigehen denn als Hauptziel einer Tour. Wird meist im Zuge von Plateauwanderungen überschritten. Die Weg-markierung verläuft knapp südlich des höchsten Punktes. Hinsichtlich Wetter und Orientierung gilt Ähnliches wie für die Heukuppe, wobei vor allem der Bereich Trinksteinsattel – Trinksteinboden bei Nebel und Abkommen vom Weg kritisch werden kann.

Aussicht

Rax-Hochfläche, Preinerwand, Schneeberg, Reichenauer Becken, Neusiedler See, Rosalia, Bucklige Welt, Wechsel, Stuhleck, Veitsch, Hochschwab, Gesäu-se, Totes Gebirge, Dachstein, Dürrenstein, Ötscher, Göller, Schneealpe, Mürzsteger Alpen, Türnitzer Alpen.

Aufstiege

Vom Karl-Ludwig-Haus: Kurzer Abstieg in nördlicher Richtung in das Törl (Wegweiser) und über den steinigen gut ausgetretenen Steig an der Gelände-kante entlang auf die Gipfelfläche. Dabei gleich zu Beginn an der Abzweigung des Bismarcksteiges (Wegweiser) vorbei.
Zeit: 20 Min.
HU: 140 m
Markierung: rot

Von den Seehütte über den verlängerten Bismarcksteig: Wie beim Zustieg zum Bismarcksteig bis zur Abzweigung im oberen Langermanngraben. Rechts haltend in Kürze auf die Gipfelfläche.
Zeit: 1 Std.
HU: 270 m
Markierung: rot

Von der Seehütte über den Trinksteinsattel: Im Zustieg zum Bismarcksteig bei der ersten Gabelung nicht links, sondern auf dem rechten Ast in den Trinksteinsattel (zuletzt Stangen). An der Raxgmoahütte vorbei und leicht fallend (Windmess-Stelle) zu einem echten Rax-Kuriosum, dem Schiff aus Stein. „Dieses Schiff wurde anläßlich des 100jährigen Bestehens des Österr. Bergrettungsdienstes im Jahr 1996 als Orientierungshilfe errichtet". Eintragungen erfolgen konsequenterweise in ein Logbuch! Das Schiff befindet sich genau an der Kreuzung des Weitwanderwegs 01 mit dem Weitwanderweg 01A und dem NÖLRWW. Weiter über den „brettlebenen" Trinksteinboden zur Gipfelfläche.
Zeit: 1 Std.
HU: 280 m
Markierung: rot

Vom Waxriegelhaus: siehe Waxriegelsteig, Seite 207.
Zeit: 1¹/₂ Std.
HU: 550 m
Markierung: rot

Vom Habsburghaus: Bei der Gabelung knapp östlich unterhalb der Hütte auf dem linken Ast den roten Markierungen folgend Richtung Trinksteinsattel und in Kürze zum Jahnkreuz. Ansteigende Querung zwischen Latschen, und nach kurzem Abstieg über Schrofen zur Abzweigung des direkten Übergangs in das Klobentörl. Durch die Latschen zu einem weiten ebenen Rasenboden. An seinem Rand in einem Rechtsbogen weiter und an Pflöcken entlang ebene Querung. Nach einem Eck zu einem Wegkreuzung (Wegweiser) kurz vor dem Trinksteinsattel. Rechts einschwenken Richtung Karl-Ludwig-Haus, hinunter zum Schiff aus Stein und über den Trinksteinboden ansteigend zur Gipfelfläche.
Zeit: 1 Std.
HU: 150 m
Markierung: rot

Das Schiff aus Stein im Trinksteinsattel, im Hintergrund die Raxgmoahütte.

Scheibwaldhöhe
1943 m
Dreimarkstein
1948 m

Kartenansicht Seite 233, 255 (unten)

Der Scheibwald bildet den ausgedehntesten Hochflächenbereich der Rax. Im Norden wird er vom Nassbach, im Westen vom Reißbach, im Osten vom Höllental und dem Großen Höllental und im Süden vom Trinksteinsattel begrenzt. Zahlreiche Gipfel, die allesamt keine charakteristischen Formen annehmen, ragen knapp über die Latschenregion hinaus und bilden ein unübersichtliches Gesamtbild. Mulden, Kuppen, weite, mehrere Fußballfelder große Alpenrasenflächen, eingelagerte kleine Felsformationen und steile Randabbrüche sind die Komponenten dieser reizvollen, aber auch unwirtlichen Landschaft. Es gibt auf der Rax keinen zweiten Bereich, der bei Nebel orientierungsmäßig kritischer ist als die Hochlagen des Scheibwalds!

Hauptgipfel sind die Scheibwaldhöhe und der Dreimarkstein. Letzterer trägt seinen Namen, weil sich einst auf dem höchsten Punkt die Besitzungen der Herrschaften Gutenstein, Reichenau und des Reichs trafen. Diese beiden Gipfel sind auf markierten Steigen leicht erreichbar. Daneben sind noch zu nennen: der Bieskogel, 1924 m; der Waxriegel, 1913 m; die Haberfeldkuppe, 1865 m; die Weiße Wand, 1792 m. Letztere haben keinerlei touristische Bedeutung, können aber natürlich von Sammlern, die über einen guten Orientierungssinn verfügen, bei guten Sichtverhältnissen besucht und „mitgenommen" werden.

Aussicht

Rax-Hochfläche, Schneeberg, Bucklige Welt, Wechsel, Stuhleck, Schneealpe, Mürzsteger Alpen, Hochschwab, Veitsch, Gesäuse, Dachstein, Totes Gebirge, Dürrenstein, Ötscher, Göller, Türnitzer Alpen, Gutensteiner Alpen.

Aufstiege

Vom Habsburghaus: Wie beim Predigtstuhl bis zur Abzweigung kurz vor dem Trinksteinsattel. Links abbiegen Richtung Scheibwaldhöhe und Klobentörl. Achtung: Der folgende Steig ist teilweise nur schwach ausgeprägt und hat keine Markierungspflöcke! Die grüne Markierung muss also mitunter auf den aus dem Rasenboden herausragenden Steinen „gesucht" werden: In einem ansteigenden Rechtsbogen zum Dreimarkstein. Die Markierung führt knapp rechts vom höchsten Punkt vorbei. Kurzer Abstieg und aussichtsreicher beschaulicher Übergang zu einem unbenannten Zwischengipfel und weiter über den Rücken auf die Scheibwaldhöhe.

Zeit: $1^1/_2$ Std.

HU: 250 m

Markierung: rot, dann grün

Vom Klobentörl: Bei der Kreuzung, wo von rechts der Hoyossteig einmündet, links ab auf grün markiertem Steig in eine enge und hohe Latschengasse. Kurzer Anstieg, dann links in einer Querung an den Rand eines felsigen Grabens. An diesem rechts entlang und in einem weiten Linksbogen durch einzelne Latschenflecken um die Abstürze der Bärengruben herum (lohnender Abstecher an die Geländekante) und über freie Flächen auf die Scheibwaldhöhe.

Zeit: 1 Std.
HU: 300 m
Markierung: grün

Von der Seehütte: Wie bei der Anstiegsvariante zum Predigtstuhl in den Trinksteinsattel. Bei der Gabelung vor der Raxgmoahütte rechts Richtung Habsburghaus und in Kürze zur Abzweigung zu Dreimarkstein und Klobentörl. Weiter über den Dreimarkstein auf die Scheibwaldhöhe, siehe Zugang vom Habsburghaus.

Zeit: 1¹/₂ Std.
HU: 350 m
Markierung: rot, dann grün

Vom Karl-Ludwig-Haus:
Variante 1: Über den Predigtstuhl und den Trinksteinboden in den Trinksteinsattel und weiter zur Kreuzung mit dem Beginn des grün markierten Übergangs in das Klobentörl. Weiter siehe Zugang vom Habsburghaus.

Von der Preinerwand Richtung Scheibwaldhöhe und Dreimarkstein.

Zeit: 1¹/₂ Std.
HU: 200 m
Markierung: rot, dann grün

Variante 2: Auf dem bequemen ebenen Übergang Richtung Habsburghaus über zwei seichte Rinnen hinweg zu einer Gabelung auf einer größeren Rasenfläche. Rechts ansteigend in den Trinksteinsattel und links zur Kreuzung mit dem Beginn des grün markierten Übergangs in das Klobentörl. Weiter siehe Zugang vom Habsburghaus.

Zeit: 1¹/₂ Std.
HU: 250 m
Markierung: rot, dann grün

Preinerwand

1783 m

Kartenansicht Seite 201, 255 (unten)

Vom Predigtstuhl Richtung Preinerwand.

Etwas missverständlicher Name für den Gipfel über der gleichnamigen steilen Felswildnis. Auf dem höchsten Punkt ein großes, weithin sichtbares Kreuz. Die Preinerwand ist bei weitem nicht der höchste, aber sicher der meistbesuchte Gipfel der Rax. Wanderer, die den aussichtsreichen Übergang Ottohaus – Seehütte begehen, Klettersteiggeher, die gerade dem Preinerwandsteig, dem Haidsteig oder dem Königschusswandsteig entstiegen sind, und Kletterer, die eine der Routen durch die eindrucksvolle Preinerwandplatte gemeistert haben, geben sich dort ein Stelldichein und dem Panorama-Genuss hin.

Aussicht

Grünschacher, Lechnermauern, Heukuppe, Gutensteiner Alpen, Schneeberg, Bucklige Welt, Wechsel, Kreuzberg, Kampalpe, Sonnwendstein, Stuhleck, Hochlantsch.

Aufstiege

Von der Seehütte: Auf dem Seeweg vorbei am Schröckhenfuxkreuz und in Kürze an der Geländekante zur Abzweigung Richtung Preinerwand. Rechts auf blau markiertem Steig durch eine Art breite steinige Rinne ansteigend auf eine Kuppe, jenseits kurzer Abstieg und am Rand der Latschenfelder zum höchsten Punkt.

Zeit: $^1/_2$ Std.
HU: 150 m
Markierung: rot, dann blau

Vom Otto-Haus: In südlicher Richtung am Benesch-Denkmal vorbei und in einem Rechtsbogen durch Latschengassen zur Abzweigung zum Kreuz auf dem Jakobskogel (Festungsreste). Weiter immer an der Geländekante entlang in leichtem Auf und Ab über die Hohe Kanzel und am Weißkogel vorbei zur Preinerwand.

Zeit: 1 Std.
HU: 200 m
Markierung: blau

Jakobskogel
1737 m

Kartenansicht Seite 201 (oben), 227 (unten), 255

Beliebtes erstes Gipfelziel für die Mehrheit der mit der Rax-Seilbahn hochge-
kommenen Bergtouristen. Einen Katzensprung vom Otto-Haus entfernt und
daher von dort immer einen Besuch wert. Im Frühjahr zieht eine angenehm
geneigte Schneerinne bis direkt zur Hütte hinunter. Auf dem höchsten Punkt
ein Freiheitskreuz und die Reste einer Befestigungsanlage. Erster Gipfel beim
beliebten Panorama-Höhenweg hinüber zur Preinerwand und weiter zur Seehütte.

Aussicht
Grünschacher, Lechnermauern, Heukuppe, Gutensteiner Alpen, Schnee-
berg, Bucklige Welt, Wechsel, Kreuzberg, Kampalpe, Sonnwendstein,
Stuhleck, Hochlantsch.

Aufstieg
Vom Otto-Haus: In südlicher Richtung am Benesch-Denkmal vorbei und in
einem Rechtsbogen durch Latschengassen zu einer Weggabelung. Rechts mit
wenigen Schritten über Geröll zum Kreuz auf der steinigen Gipfelkuppe.
Zeit: $^1/_2$ Std.
HU: 100 m
Markierung: blau

Abstieg vom Jakobs-
kogel zum Otto-Haus.

Edelweißkogel

1581 m

Kartenansicht Seite 232, 233, 255

Eine unscheinbare Erhebung unweit nördlich der Gloggnitzer Hütte, die wohl noch in den allermeisten Tourenbüchern fehlen dürfte. Dabei kann der Gipfel im Vorübergehen und als Draufgabe mitgenommen werden. Die Aussicht ist wegen der nach Norden vorgeschobenen Lage prima und lohnt den Abstecher.

Aussicht

Schneealpe, Sonnleitstein, Mürzsteger Alpen, Schneeberg, Gutensteiner Alpen, Türnitzer Alpen, Ybbstaler Alpen, Bucklige Welt.

Aufstieg

Von der Gloggnitzer Hütte: In allgemein nördlicher Richtung über einen Waldrücken auf Pfadspuren auf den Oberen Kesselboden und etwas links ausholend durch Latschenfelder auf die Gipfelkuppe.

Zeit: $^1/_2$ Std.

HU: 50 m

Markierung: keine

Rast auf dem Edel-weißkogel.

Gsolhirnsteig

Hirschwang/Edlach – Gsolhirnsteig – Seilbahn-Bergstation

Kartenansicht Seite 201

Der Gsolhirnsteig ist nicht gerade der Renner unter den Rax-Anstiegen. Er ist auch sicher nicht die attraktivste Möglichkeit, in die Rax-Höhen zu gelangen. Die landschaftlichen Reize bestehen aus Banalitäten wie Waldherrlichkeiten und viel Einsamkeit. Der Steig führt hinauf auf den Gipfel des Gsolhirns, und dort befindet sich auch die Bergstation der Rax-Seilbahn. Eine übermächtige Konkurrenz am Haupteingang zur Rax. Trotzdem sollten wir den Gsolhirnsteig nicht vergessen. Das hat er sich nicht verdient. Er mag einfach sein, aber lohnend ist er trotzdem!

Route

■ **Für die Ausgangspunkte Hirschwang, Edlach und Dörfl** bis zum Knappenhof siehe Törlweg (Seite 189). Vom Knappenhof wie beim Törlweg weiter zum Pkt. 829, wo der blau markierte Gsolhirnsteig rechts abzweigt. Auf diesem in gleichmäßiger Steigung inmitten schöner Föhrenbestände höher. Im Bereich von zwei Kehren rechts oberhalb eine Felsformation. Bald nach einem Graben Einmündung des unmarkierten Zustiegs von Großau und Kleinau. Vom Knappenhof 1 Std.

Blick zu den Wandabstürzen zwischen Gsolhirn und Jakobskogel.
Links oben ganz klein das Otto-Haus.

Tour auf einen Blick

Betreuung: ÖTK-Sektion Raxgmoa, Wien
Start: Hirschwang, 500 m, Bushalt, Parkplätze; Edlach an der Rax, 540 m, Bushalt, Parkplätze. Für Pkw-Fahrer bietet sich auch der Knappenhof, 769 m, an
Zeiten: je nach Ausgangspunkt 3 bis 3 $^1/_2$ Std.
Höhenunterschied: je nach Ausgangspunkt 800 bis 1050 m
Anforderungen: Anstieg mit großem Höhenunterschied, im oberen Teil steil. Durchwegs schattig, trotz der Südlage auch im Hochsommer empfehlenswert
Ausrüstung: alpine Grundausrüstung
Kinder: ab 10 Jahre
Hunde: ja
Aussicht: Schneeberg, Krummbachstein, Reichenauer Becken, Rosalia, Bucklige Welt, Wechsel, Sonnwendstein, Stuhleck, Kreuzberg, Kampalpe
Orientierung: einfach
Markierung: Je nach Ausgangspunkt zunächst rot, gelb, grün oder blau. Dann einheitlich blau
Einkehr: Gasthäuser in den Talorten; Raxalpen-Berggasthof, 1547 m; Otto-Haus, 1642 m
Eignung für den Abstieg: ja

■ **Bei den Ausgangspunkten Großau und Kleinau/Knappenberg** besteht die Möglichkeit, auf ca. 920 m auf dem gelb markierten Weg am Hirschenbründl vorbei zum Pkt. 944 zu gelangen. Von dort führt ein nicht markierter Karrenweg ansteigend zunächst in nördlicher, dann in nordöstlicher Richtung zum Gsolhirnsteig. 1$^1/_2$ Std. von Großau, 1$^1/_2$ Std. von Kleinau/Knappenberg.

Gemeinsamer Weiterweg: Zunehmend steil hinauf in eine Einsattelung mit der Gsolwiese. Rechts davon möglicher kurzer Abstecher auf den Sengerkogel, 1264 m. Weiter in steilen Kehren durch herrlichen Mischwald einen Rücken entlang, dann in einer Hangquerung unter der Seilbahn durch (links oben gemauerte Lawinenverbauungen) und hinaus an die Geländekante (Einmündung des gelb markierten Anstiegs über die Brandschneide). 1 Std.
In einer sanft ansteigenden Querung hinüber zur Skipiste, dort links auf der Waldschneise höher und wieder links zur Seilbahn-Bergstation und zum Berggasthof (markante Sendeanlage). $^1/_2$ Std.

Tipps

✗ Abstieg: Törlweg
✗ Kombination mit einer Begehung des Wasserleitungswegs von Hirschwang nach Kaiserbrunn
✗ Abstiege für Öffi-Benutzer:
  – zum Preiner Gscheid (via Seehütte, Waxriegelhaus)
  – ins Höllental über einen der Klettersteige
  – nach Prein an der Rax (via Seehütte)
  – nach Kaiserbrunn (Brandschneide)

Törlweg

Hirschwang/Edlach/ Dörfl – Törlweg – Otto-Haus

Kartenansicht Seite 201

Auf dem Törlweg kurz vor dem Otto-Haus.

Der Törlweg wurde anlässlich der Errichtung des Otto-Hauses für den Material-transport gut ausgebaut und war dann lange Zeit der klassische Anstieg auf die Rax-Hochfläche. Er war (und ist) mit Bahn und Bus leicht erreichbar, führt durch schattige Wälder, dann über sonnenbeschienene Hänge aussichtsreich in land-schaftlich überaus reizvoller Umgebung direkt zum Otto-Haus, wobei kurz davor noch das namen gebende „Törl", ein künstlich aus dem Fels gehauener bequemer Bogen, durchschritten wird. An diesen Reizen hat sich durch den Bau der Rax-Seil-bahn (1926) nichts geändert. Im Gegenteil, einer ist dazugekommen: die Tendenz zur Einsamkeit. Denn heute ist der Törlweg weit weniger begangen, was in erster Linie diejenigen Bergwanderer erfreuen wird, die unter Wandergenuss auch viel Ruhe verstehen – und über 1000 großteils steile Höhenmeter verkraften. Mit der Ruhe ist es erst im unmittelbaren Nahbereich des Otto-Hauses vorbei (jaja, die Rax-Seilbahn!). Ein bisschen Trubel gehört aber zu einem echten Hausberg dazu!

Route

Ins Tal breiten sich die Zugänge zum eigentlichen Törlweg wie die Fangarme eines Tintenfischs nach allen Richtungen aus. Insgesamt sind sieben Aus-gangspunkte mit markierten Wanderwegen auszumachen. Fünf davon treffen beim Knappenhof zusammen (von Hirschwang, Edlach und Dörfl), zwei münden weiter oben ein (von Großau und Kleinau).

Tour auf einen Blick

Errichtet: 1891

Betreuung: OeAV-Sektion, Reichenau an der Rax

Start: Hirschwang, 500 m, Bushalt, Parkplätze; Edlach an der Rax, 540 m, Bushalt, Parkplätze; Dörfl, 564 m, Bushalt, Parkplätze; Großau, 708 m, Parkplätze; Knappenberg, 710 m. Für Pkw-Fahrer bietet sich auch der Knappenhof, 769 m, an

Zeiten: je nach Ausgangspunkt $2^{1}/_{2}$ bis $3^{1}/_{2}$ Std.

Höhenunterschied: je nach Ausgangspunkt 900 bis 1150 m

Anforderungen: Großteils steiler Anstieg mit großem Höhenunterschied. Trotz der relativen Leichtigkeit des Steigs Trittsicherheit vorteilhaft. Im Hochsommer aufgrund der Südlage sehr heiß

Ausrüstung: Alpine Grundausrüstung

Kinder: ab 10 Jahre

Hunde: ja

Aussicht: Schneeberg, Krummbachstein, Reichenauer Becken, Rosalia, Bucklige Welt, Wechsel, Sonnwendstein, Stuhleck, Kreuzberg, Kampalpe

Orientierung: einfach. Markierung: Je nach Ausgangspunkt zunächst rot, gelb, grün oder blau. Dann einheitlich rot

Einkehr: Gasthäuser in den Talorten; Otto-Haus, 1642 m

Eignung für den Abstieg: ja

Blick vom Knappenhof zur Heukuppe.

Weiterweg vom Knappenhof: Mit den roten Markierungen in einer sanft ansteigenden Waldquerung mit schönen Ausblicken (Heukuppe) zum historischen Huthaus aus dem Jahr 1776 und zur Abzweigung des blau markierten Gsolhirnsteigs. Bei der ersten Einmündung (gelb) der Wege aus der Großau und der Kleinau scharf rechts, dann bald am wenig ergiebigen Lammelbründl vorbei und zur zweiten Einmündung (grün). $^{1}/_{2}$ Std.

Zunehmend steil und stockig-steinig in Serpentinen durch herrliche Buchenbestände (links Felsrinne), dann links hinaus zu einer Geröllrinne oberhalb eines Felsabbruchs. Querung durch Wald nach rechts und zwischen Latschen (schöne Ausblicke) bis unter auffallend glatte Felswände (einstiger Name „Grünschacher-Vorwände") höher. Unter diesen links, durch einen künstlichen Felseinschnitt (unteres Törl), dann durch das bekannte obere, ebenfalls künstlich geschaffene Felstörl (Geländer, Holzstufen) in eine Rasenmulde und in einem weit ausholenden Linksbogen zum nahen Otto-Haus. $1^{1}/_{2}$ Std.

Tipps

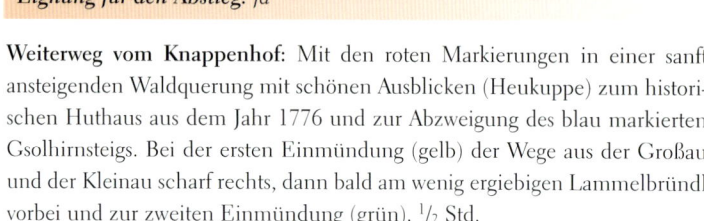

✗ Abstiegsvariante: Gsolhirnsteig

✗ Kombination mit einer Begehung des Wasserleitungswegs von Hirschwang nach Kaiserbrunn

✗ Zahlreiche Kombinationsmöglichkeiten mit den empfohlenen Abstiegsvarianten

✗ Abstiege für Öffi-Benutzer:
  – zum Preiner Gscheid (via Seehütte, Waxriegelhaus)
  – nach Prein an der Rax (via Seehütte)
  – nach Kaiserbrunn (Brandschneide)

Törlkopf/ Kronich-Eisenweg

(64)

Otto-Haus – Kronich-Eisenweg – Törlkopf – Otto-Haus

Kartenansicht Seite 201, 255 (unten)

Eine kernige Passage auf dem Kronich-Eisenweg.

Der Kronich-Eisenweg ist eine Zugabe. Wohl kaum jemand wird ihn um seiner selbst willen besuchen und begehen. Dafür ist er zu kurz und zu unbedeutend. Was nicht heißen mag, dass er uninteressant ist. Im Gegenteil: er ist ein ausgesprochen rassiger Steig, der auch den routinierten Ferrata-Fan positiv überraschen wird. Wer ihn noch nicht in seiner Sammlung hat, dem fehlt er zweifellos! Selbst wenn der Aufwand groß und der Klettersteiggenuss nur kurz ist, sollte unbedingt eine Klettersteig-Selbstsicherung benutzt werden!

Route

Der Zustieg erfolgt vom Otto-Haus über den obersten Abschnitt des Törlwegs. Durch die Rasenmulde zum Felsdurchgang und in Kürze zur markanten Einschartung. Kurz davor links der Einstieg. $^1/_2$ Std.

Zunächst einige Meter ungesichert, dann links um ein Eck, rechts zu einer Steilstufe und weiter zu einer Art Verschneidung (Felsloch). Links eine steile Verschneidung, dann eine ausgesetzte Querung zum Schlusswandl und am Grat mit wenigen Schritten zum Kreuz auf dem Törlkopf. $^1/_2$ Std.

Tour auf einen Blick

Errichtet: 1970er Jahre
Betreuung: OeAV-Sektion, Reichenau an der Rax
Start: Otto-Haus, 1642 m
Zeiten: Zustieg $^1/_2$ Std., Steig $^1/_2$ Std., zurück zum Ottohaus $^1/_2$ Std.
Höhenunterschied: ca. 50 m
Anforderungen: Kurzer, aber durchgehend anspruchsvoller gesicherter Anstieg, ausgesetzt und Kraft raubend. Fels nicht immer zuverlässig fest
Klettersteig-Schwierigkeit: C-D
Sicherungen: Stahlseil und einige Klammern
Ausrüstung: alpine Grundausrüstung, komplette Klettersteig-Selbstsicherung inkl. Helm
Kinder: ab 14 Jahre
Hunde: nein
Aussicht: Siehe Otto-Haus bzw. Törlweg
Orientierung: einfach
Markierung: Zum Einstieg rot. Auf dem Klettersteig keine. Abstieg zunächst blau, dann rot zum Otto-Haus
Einkehr: Otto-Haus, 1642 m
Eignung für den Abstieg: nein

Der Abstieg ist blau markiert und teils gesichert (Eisenkette). Er führt um den eindrucksvollen Felsbogen des Staigerfensters herum in ein Schartl und jenseits in ganz leichter Kletterei auf den Plateaurand. Durch die Mulde zurück zum Otto-Haus. $^1/_2$ Std.

Staiger-Fenster auf dem Törlkopf.

Tipps

✗ Kombination mit einem Klettersteig-Anstieg durch das Große Höllental.

✗ Abstiege siehe Törlweg, Seite 189.

Preinerwandsteig

Prein/Griesleiten/Großau – Bachinger-Bründl – Preinerwandsteig – Seehütte

Kartenansicht Seite 201, 227

Mit dem benachbarten Haidsteig kann der Preinerwandsteig zwar weder an Schwierigkeit noch an landschaftlichen Reizen direkt konkurrieren, aber auch er hat seine Qualitäten und seine Freunde. Die Schwierigkeiten sind geringer, der Aussichtsgenuss „weit ins Land hinein" steigert sich Schritt für Schritt, der Weg-verlauf ist abwechslungsreich, der Ausstieg erfolgt praktisch auf dem Gipfel der Preinerwand. Was will man mehr?

Wichtig: Selbst wenn der Steig bedingt durch seine Südlage früh im Jahr schnee-frei ist, bleibt der steile Ausstieg auf die Hochfläche tückisch. Er liegt im Wind- und im Felsschatten und weist daher oft bis in das späte Frühjahr Schneeverwe-hungen auf, deren Überwindung mitunter anspruchsvoll sein kann.

Abstieg auf dem Preinerwandsteig.

Route

Von Prein an der Rax, Griesleiten und Großau bis zum Bachinger-Bründl siehe unter Holzknechtsteig (Seite 202). 1¹/₂ bis 2 Std.

Von der Wegkreuzung nächst dem Bachinger-Bründl (im Spätsommer meist nur noch dürftige Wasserspende) zunächst im Wald, dann über einen Lat-schenrücken empor. Über Geröll zu einer ersten Felsstufe, an dieser vorbei und links auf einen Rücken. Oberhalb einer Rinne rechts hinaus auf einen teils mit Latschen bewachsenen Rücken (erste Sicherungen). Unter der Gip-felwand Querung auf einem Band nach rechts, über einen glatten abdrängen-den Felsvorsprung hinweg (Trittstifte, Schlüsselstelle) und weiter zu einem Eck. Schattseitig die Wände entlang im Geröll höher, durch eine Felsenge hindurch und steil zwischen Latschen (event. bis in den Frühsommer über-wechtet) hinaus auf die Hochfläche. Links in Kürze zum Gipfelkreuz auf der Preinerwand. 1¹/₂ Std.

Zur Seehütte: In nordwestlicher Richtung den blauen Markierungen folgend zwischen Latschenfeldern zur Rechten und der Geländekante zur Linken zum Seeweg (zuletzt breite Schrofenrinne), links zum Schröckhenfuxkreuz und in Kürze hinab zur Hütte. ¹/₂ Std.

Tour auf einen Blick

Betreuung: OeAV-Sektion, Reichenau an der Rax
Start: Prein an der Rax, 680 m, Bushalt, Parkplätze; Griesleiten, Parkplatz nach dem Griesleitenhof, ca. 860 m; Großau, 708 m, Parkplätze
Zeiten: je nach Ausgangspunkt 3 bis 3 1/2 Std. bis zur Seehütte
Höhenunterschied: je nach Ausgangspunkt 900 bis 1100 m
Anforderungen: Anstieg mit großem Höhenunterschied und teils steilem Zustieg. Absolute Trittsicherheit erforderlich
Klettersteig-Schwierigkeit: eine Stelle B, meist A. Viel Gehgelände
Sicherungen: Stahlseil, Trittstifte
Ausrüstung: Helm. Für weniger Geübte Klettersteig-Selbstsicherung
Kinder: ab 12 Jahre
Hunde: nein
Aussicht: Schneeberg, Gahns, Bucklige Welt, Wechsel, Sonnwendstein, Stuhleck, Kreuzberg, Kampalpe, Hochlantsch
Orientierung: einfach.
Markierung: Je nach Ausgangspunkt zunächst rot bzw. gelb und dann grün. Ab dem Bachinger-Bründl rot. Abstieg von der Preinerwand zur Seehütte blau, zuletzt rot
Einkehr: Gasthäuser in Prein an der Rax; Seehütte, 1643 m; Otto-Haus, 1642 m
Eignung für den Abstieg: ja

Auf dem Preinwand-steig.

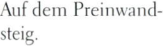 **Tipps**

✗ Der Preinerwandsteig ist im Sommer bedingt durch seine Südlage meist sehr „hitzeempfindlich".

✗ Abstiegsvarianten: Holzknechtsteig, Törlweg, Göbl-Kühn-Steig, Waxriegelsteig

✗ Abstiege für Öffi-Benutzer:
  – zum Preiner Gscheid (via Seehütte, Waxriegelhaus)
  – nach Prein an der Rax (via Seehütte)
  – nach Hirschwang oder Edlach (via Otto-Haus und Seilbahn-Berg-station)
  – nach Kaiserbrunn (via Otto-Haus und Brandschneide)

Hans-von-Haid-Steig

Prein/Griesleiten/Großau – Bachinger-Bründl – Haidsteig – Seehütte

Kartenansicht Seite 201, 227

Klettersteiggenuss auf dem Haid-Steig.

Der Haidsteig ist unbestritten der Top-Klettersteig am östlichen Alpenrand. Gespickt mit allem, was einen echten Klassiker ausmacht: einmaliges landschaftliches Ambiente, Schwindel erregende Tiefblicke, beachtliche Länge, große anhaltende Schwierigkeiten, spektakuläre Einzelstellen, abwechslungsreicher Verlauf. Klassisch ist auch die Absicherung: der historische Touch aus der Entstehungszeit ist noch an vielen Stellen deutlich sicht- und spürbar. Schon der berühmte Einstiegs-Eisensteigbaum führt den Begeher in die Spezialitäten dieses Steigs ein und weist ihn deutlich darauf hin, dass er hier nicht einen hochmodernen Klettersteig unter den Füßen hat, obgleich die Absicherung mit wenigen Ausnahmen durchaus zeitgemäß ist. All diese Eigenschaften sorgen natürlich auch für großen Andrang, und an schönen Frühsommer- bis Spätherbst-Wochenenden sollte man sich vormittags auf gelegentlichen Stau und eine Wartezeit einstellen. Denn der Haidsteig ist erstens auch bei Klettersteig-Kursen sehr beliebt und zweitens sowieso für alle ein absolutes Muss – einmal und immer wieder.

Route

Von Prein an der Rax, Griesleiten oder Großau bis zum Bachinger-Bründl siehe unter Holzknechtsteig (Seite 202). 1^1/$_2$ bis 2 Std.

Gemeinsamer Weiterweg ab dem Bachinger-Bründl:

Am Bründl (im Spätsommer meist nur noch dürftige Wasserspende) vorbei und nach einer stimmungsvollen Waldquerung hinaus in die Latschenzone.

Über eine Rinne hinweg (direkt davor Abzweigung des heute unbedeutenden „Alten Haidsteigs"), und nach einem letzten Latschenfeld hinaus auf ein Geröllfeld, dann über eine schrofige Stelle zum Einstieg des Haidsteigs (blaue Punkte). Dieser befindet sich kurz vor einer bis zum Holzknechtsteig hinunter reichenden Felsrippe. $^1/_2$ Std.

1. Abschnitt: Den blauen Markierungen folgend durch eine schräge Rinne. Mithilfe des locker gespannten Stahlseils über eine kurze Steilstufe (C, unangenehm!) zu einem Kreuz. Links um ein Eck und durch einen ungesicherten Schrofenhang zum eigentlichen Einstieg. $^1/_2$ Std.

2. Abschnitt: Kurze Plattenquerung zum nahezu senkrechten Eisensteigbaum. Diesen empor (Achtung auf den verbogenen Tritten!), dann ausgesetzte Plattenquerung nach links und leichter wieder nach rechts. Über eine Steilstufe gerade hinauf (C-D, anstrengend), dann eine kurze Leiter und zum Ende dieser schwierigen Passage. Im Schrofengelände das Stahlseil entlang auf einen Absatz, wo von rechts der Alte Haidsteig einmündet. Schöne Aussicht, erster idealer Rastplatz. $^1/_2$ Std.

Tour auf einen Blick

Errichtet: 1913 (Alter Haidsteig), 1921 (Neuer Haidsteig = direkter Einstieg)
Betreuung: OeAV-Sektion, Reichenau an der Rax
Start: Prein an der Rax, 680 m, Bushalt, Parkplätze; Griesleiten, Parkplatz nach dem Griesleitenhof, ca. 860 m; Großau, 708 m, Parkplätze
Zeiten: Zustieg je nach Ausgangspunkt $1^1/_2$ bis $1^1/_2$ Std. Steig $1^1/_2$ Std. Weiter zur Seehütte $^1/_2$ Std.
Höhenunterschied: je nach Ausgangspunkt 800 - 1000 m bis zum Gipfel der Preinerwand
Anforderungen: Anstieg mit großem Höhenunterschied, nur für geübte Klettersteiggeher mit guter Kondition (anhaltende, Kraft raubende Passagen nicht unterschätzen!). Absolute Schwindelfreiheit (sehr ausgesetzte Stellen) und Trittsicherheit erforderlich
Klettersteig-Schwierigkeit: C-D. Zwei lange steile Eisensteigbäume. Dazwischen auch Gehgelände mit ganz leichten Kletterstellen im teils schrofigen Fels. Gute Rastmöglichkeiten. An einigen Stellen Steinschlaggefahr durch Vorausgeher
Sicherungen: Stahlseil, Trittstifte und -bügel, 2 Eisensteigbäume, eine Eisenleiter
Ausrüstung: komplette Klettersteig-Ausrüstung. Bergschuhe mit guter Gummisohle für die Reibungsstellen auf den Felsplatten
Kinder: ab 14 Jahre
Hunde: nein
Aussicht: Bucklige Welt, Wechsel, Sonnwendstein, Stuhleck, Kreuzberg, Kampalpe, Hochlantsch
Orientierung: einfach. *Markierung:* Je nach Ausgangspunkt zunächst rot bzw. gelb, dann grün. Ab dem Bachinger-Bründl rot. Auf dem Klettersteig in den ungesicherten Passagen blau
Einkehr: Gasthäuser in Prein an der Rax; Seehütte, 1643 m
Eignung für den Abstieg: ja, aber nur für sehr geübte Klettersteiggeher. Von diesen wird er gerne nach einem Aufstieg über den Königschusswandsteig begangen

Einer der beiden berühmten Eisensteigbäume des Haidsteigs.

3. **Abschnitt:** Unter einer Wand waagrechte Querung nach links, teils über Reibungsplatten zum zweiten Eisensteigbaum (kein Sicherungsseil, Selbstsicherung an den Sprossen!). Ausgesetzte Querung nach rechts (schaut schwerer aus als sie ist) und hinauf in einen eindrucksvollen tiefen geröllerfüllten Felskessel. Aus diesem links über Reibungsplatten hinaus und rechts zurück in eine enge steile Rinne. In dieser höher zu einer kurzen Leiter (abdrängend) und zu einer kaminartigen Engstelle (D, abgeglätteter Fels, Schlüsselstelle). Dann links weiter und an Eisenklammern hinaus zu einem großen Absatz mit der „Haidsteig-Madonna" und dem Steigbuch. Schöne Aussicht, zweiter idealer Rastplatz. $^1/_2$ Std.

Aussicht vom Haidsteig nach Westen.

4. **Abschnitt:** Den blauen Markierungen folgend über einen Schrofenrücken in teils ganz leichter Kletterei in eine Felsrinne. Aus dieser links heraus (Fortsetzungen der Sicherungen) und in einer fortlaufenden diagonal ansteigenden Querung (einige Einzelstellen nicht unterschätzen!), über einige Felskanten hinweg, zum Ausstieg am Rand der Hochfläche, von dort in Kürze zum Gipfel der Preinerwand. $^1/_2$ Std.

Zur Seehütte: In nordwestlicher Richtung den blauen Markierungen folgend zwischen Latschenfeldern zur Rechten und der Geländekante zur Linken hinab zum Seeweg (zuletzt breite Schrofenrinne), links zum Schröckhenfuxkreuz und in Kürze hinab zur Hütte. $^1/_2$ Std.

Anhang: Übergang zum Königschusswandsteig (Karl-Berger-Steig)
Für geübte Bergsteiger gibt es eine interessante Verbindung zwischen dem Haidsteig und dem Einstieg des Königschusswandsteigs. Dabei handelt es sich großteils um eine Begehung einiger Seillängen des Malersteigs. Es lassen sich dadurch die schönsten Passagen des Haidsteigs mit dem gesamten König-

Steile Platten
zwischen Licht und
Schatten.

schusswandsteig verbinden. Außerdem spart man sich bei Letzterem den mühsamen Zustieg und die Begehung der ersten vier Seillängen des Malersteigs. Allerdings sind auch beim Übergang Kletterstellen bis III- zu bewältigen. Die Querung des rasendurchsetzten Plattenschusses im nicht immer zuverlässigen Gestein ist anspruchsvoll und nur wirklich geübten Bergsteigern (Gefährtensicherung!) zu empfehlen.

Der Übergang beginnt oberhalb der Haidsteig-Madonna, bevor man am Haidsteig vom Schrofenrücken in eine seichte Rinne eintritt. Dort links und den roten Farbpunkten folgend in einer absteigenden Querung über den gesamten Plattenschuss zur Abzweigung des Königschusswandsteigs und in Kürze zum Einstieg. 1 Std.

Tipps

✘ Im späten Frühjahr ist eine Kombination Haidsteig – Firngleiter-Abfahrt durch den Langermanngraben sehr beliebt und empfehlenswert.

✘ Abstiegsvarianten: Holzknechtsteig, Törlweg, Göbl-Kühn-Steig, Preinerwandsteig, Waxriegelsteig

✘ Abstiege für Öffi-Benutzer:
– zum Preiner Gscheid (via Seehütte, Waxriegelhaus)
– nach Prein an der Rax (über den Bärenriegel)
– nach Hirschwang oder Edlach (via Otto-Haus und Seilbahn-Bergstation)
– nach Kaiserbrunn (via Otto-Haus und Brandschneide)

Königschusswandsteig

Prein/Griesleiten/Großau – Bachinger-Bründl – Königschusswandsteig – Seehütte

Kartenansicht Seite 201, 227

Jetzt wird's extrem! So extrem, dass sogar der benachbarte, weit beliebtere und berühmtere Haidsteig eine gehörige Steigerungsstufe erfährt – und die heißt eben Königschusswandsteig. Dieser befindet sich aber nicht etwa in der die Preiner Schütt westlich begrenzenden Königschusswand, sondern vis-à-vis am rechten Rand der Preinerwandplatte. Schon die Annäherung hat's in sich: eine gepfeffert steile und lästige Geröllhalde, dann eine Teilbegehung des Malersteigs, erst dann der Klettersteig. Dieser ist nicht allzu lang, aber dafür umso heftiger! Da heißt es zupacken, durchziehen, nach Luft schnappen, dann aufatmen und – genießen.

Die knackige Schlüsselstelle des Königschusswandsteigs.

Tour auf einen Blick

Errichtet: 1906
Betreuung: OeAV-Sektion, Reichenau an der Rax
Start: Prein an der Rax, 680 m, Bushalt, Parkplätze; Griesleiten, Parkplatz nach dem Griesleitenhof, ca. 860 m; Großau, 708 m, Parkplätze
Zeiten: Zustieg je nach Ausgangspunkt $2^1/_2$ bis 3 Std., Steig $1^1/_2$ Std., weiter zur Seehütte $^1/_2$ Std.
Höhenunterschied: je nach Ausgangspunkt 800 bis 1000 m bis zum Gipfel der Preinerwand
Anforderungen: Anstieg mit großem Höhenunterschied, Zustieg teils steil und mühsam über wegloses Geröll. Nur für sehr geübte und gewandte Klettersteiggeher mit guter Kondition und Kletterkönnen. Absolute Schwindelfreiheit und Trittsicherheit erforderlich
Klettersteig-Schwierigkeit: D-E. Anhaltend Kraft raubende Schwierigkeiten, absolut ausgesetzte Einzelstellen. Steinschlaggefahr in der Einstiegsrampe. Zustieg Klettertour im oberen II. Grad
Sicherungen: Stahlseil, Trittstifte und Eisenklammern
Ausrüstung: Komplette Klettersteig-Selbstsicherung. Bergschuhe mit guter Gummisohle für die Reibungsstellen auf den Felsplatten. Gefährtensicherung (Kletterseil) für den Zustieg über den unteren Malersteig
Kinder: ab 16 Jahre. **Hunde:** nein
Aussicht: Bucklige Welt, Wechsel, Sonnwendstein, Stuhleck, Kreuzberg, Kampalpe, Hochlantsch
Orientierung: einfach. **Markierung:** Je nach Ausgangspunkt zunächst rot bzw. gelb und dann grün. Vom Bachinger-Bründl bis zum Einstieg des Haidsteigs rot. Zustieg zum Malersteig unmarkiert und teilweise weglos.
Auf dem unteren Malersteig rote, zum Einstieg dann blaue Punkte
Einkehr: Gasthäuser in Prein an der Rax; Seehütte, 1643 m
Eignung für den Abstieg: nein

Mühsames Zustiegs-
gelände ...

Route

**Von Prein an der Rax, Grieslei-
ten oder Großau** bis zum Einstieg vom Haidsteig siehe unter
Holzknechtsteig (Seite 202). $1^1/_2$
bis 2 Std.

Gleich hinter der bis zum Holzknechtsteig reichenden Felsrippe
rechts und auf Steigspuren über
steile Geröllhalden und schrofige
Rücken höher. Unter eindrucksvollen Steilwänden mühsam zum
Einstieg des Malersteigs bei einer
markanten Rampe (Gedenktafeln, rechts große Höhle unter
Überhängen). 1 Std.

Über die Rampe in leichter
Kletterei (alte mächtige Stand-
haken, Stellen II, ein abdrängender Block in der 4. Seillänge II+, verblasste
rote Punkte) bis zu ihrem Ende. Rechts hinaus in grasdurchsetztes Felsgelän-
de und bald mit blauen Punkten (Tafel bei der Abzweigung) links in die große
Verschneidung zum Einstieg des Königschusswandsteigs (zuletzt kurze Stelle
II+). Die geneigte Rampe über teils splittrigen Fels höher zu den ersten Sicherungen. Am Ende der Rampe Beginn der extremen Schwierigkeiten: Eine steile und glatte Wandstelle auf Reibung und mit kräftigem Armzug am Stahlseil
empor, dann über einen Überhang (Trittbügel) und links weiter über ein Band
(Steigbuch, links unterhalb ein Kreuz). In einem engen Kaminspalt mühsam
höher. Dann ausgesetzt rechts hin (sehr zugige Stelle) in leichteres Gelände.
Den Sicherungen folgend (kurze Passagen auch ungesichert) am rechten
Begrenzungsrand der Preinerwandplatte (schöne Einblicke) zum Ausstieg.
$1^1/_2$ Std.

Zur Seehütte: In nördlicher Richtung in eine Mulde hinab und jenseits zum
blau markierten Wanderweg. Auf diesem links, zunächst kurz noch bergauf,
dann hinab zum Seeweg (zuletzt breite Schrofenrinne), links zum Schröckhenfuxkreuz und in Kürze hinab zur Hütte. $^1/_2$ Std.

Tipps

✘ Abstiegsvarianten: Holzknechtsteig, Haidsteig, Törlweg, Göbl-Kühn-
Steig, Preinerwandsteig, Waxriegelsteig.
✘ Abstiege für Öffi-Benutzer:
 – zum Preiner Gscheid (via Seehütte, Waxriegelhaus)
 – nach Prein an der Rax (via Seehütte)
 – nach Hirschwang oder Edlach (via Otto-Haus und Seilbahn-Bergstation)
 – nach Kaiserbrunn (via Otto-Haus und Brandschneide)

Panorama Rax Südost – Blick nach Norden

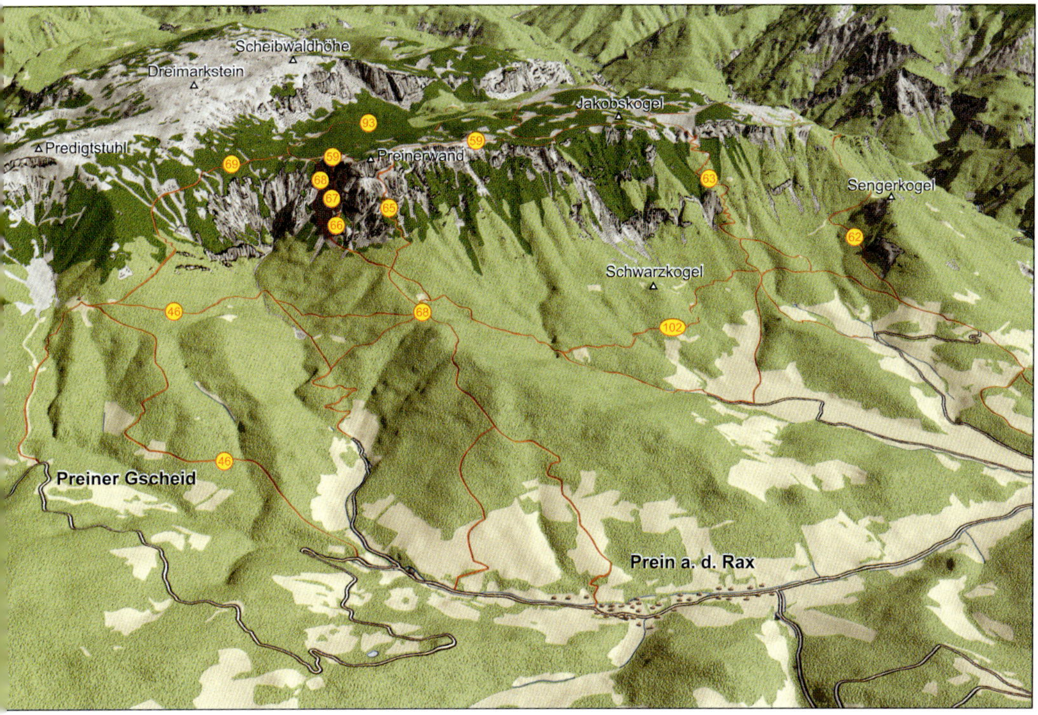

Scheibwaldhöhe
Dreimarkstein
Jakobskogel
Predigtstuhl
93
59
Preinerwand
68
67
65
62
65
Sengerkogel
Schwarzkogel
46
69
102
46
Preiner Gscheid
Prein a. d. Rax

Karte Rax Südost

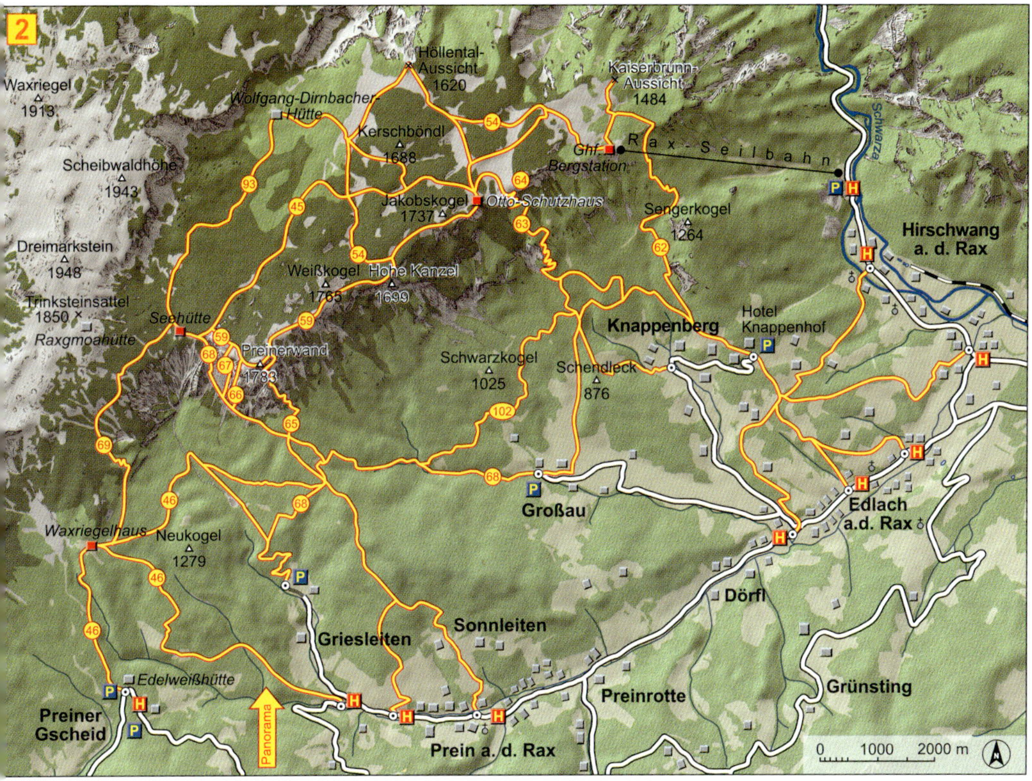

2

Waxriegel
1913
Wolfgang-Dirnbacher-Hütte
Höllental-Aussicht
1620
Kaiserbrunn-Aussicht
1484
Rax - Seilbahn
Schwarza
Scheibwaldhöhe
1943
Kerschböndl
1688
54
Ghf.
Bergstation
93
45
Jakobskogel
1737
64
Otto-Schutzhaus
Sengerkogel
1264
Hirschwang
a. d. Rax
Dreimarkstein
1948
59
Weißkogel
1765
54
Hohe Kanzel
1699
63
62
Trinksteinsattel
1850
Seehütte
Raxgmoahütte
159
68
67
Preinerwand
1783
65
Schwarzkogel
1025
102
Schendleck
876
Knappenberg
Hotel
Knappenhof
69
68
68
Großau
Edlach
a.d. Rax
Waxriegelhaus
Neukogel
1279
46
Dörfl
46
Sonnleiten
46
Griesleiten
Preinrotte
Grünsting
Edelweißhütte
Preiner
Gscheid
Panorama
Prein a. d. Rax

0   1000   2000 m

Prein/Griesleiten/Großau – Bachinger-Bründl – Holzknechtsteig – Seehütte

Kartenansicht Seite 201, 227

Es gibt auf der Rax wohl kaum einen zweiten Steig, der so viel begangen wird und gleichzeitig so wenige Freunde hat wie der Holzknechtsteig. Diese Diskrepanz zwischen Frequenz und Sympathie erklärt sich aus der Tatsache, dass der Holzknechtsteig als einfachster Abstieg nach einer Begehung von Preinerwandsteig, Haidsteig und Königsschusswandsteig dient. Und auch für die Kletterer auf der Preinerwandplatte und in ihrer Umgebung gibt es nichts Geeigneteres, um wieder ins Tal zu gelangen. Nachteil: Gerade im Abstieg ist der obere Teil des Holzknechtsteigs unangenehm: loses Geröll auf harten Böden und auf geneigten Felsplatten sind so richtig schön zum Ausrutschen geeignet und haben schon so manchem weniger trittsicheren Begeher den Nerv gezogen. Spezialisierte Geröllrunner können zwar direkt beim Erreichen einer markanten Rinne links auf die weiten Geröllfelder ausweichen und in einer Staubwolke bergab laufen, gänzlich können sie damit aber die Tücken des Steigs auch nicht vermeiden. Im Aufstieg sind diese etwas harmloser, dafür kommt die intensive Sonneneinstrahlung dazu – auch nicht gerade angenehm an heißen Sommertagen in einer blendend-grellen Kalkwüste…

Route

■ **Von Prein an der Rax**. Vom Ortskern und vom Gasthof Oberer Eggl führen jeweils rot markierte Wege zunächst über Wiesen, dann im Wald zur Vereinigung beim Pkt. 1022. Weiter an den Hängen des Bärenriegels in einen Sattel, dann auf einer Forststraße zur Einmündung des grün markierten Anstiegs von Griesleiten und auf einem Rücken zur Wegkreuzung beim Bachinger-Bründl. 2 Std.

Abstieg auf dem Holzknechtsteig. Im Hintergrund das Stuhleck.

Von Griesleiten: Am Forsthaus der Stadt Wien vorbei und auf der gelb markierten Forststraße (Schranken) in vier Kehren zu einer Geländestufe mit Blick zur Preinerwand. Mit grüner Markierung (Wegweiser etwas verdeckt) rechts ab auf einem Steiglein und im Wald ansteigend auf einen Rücken. Dann bei der Einmündung des Anstiegs von Prein scharf links und auf einen weiteren Rücken zur Wegkreuzung beim Bachinger-Bründl. 1^1/$_2$ Std.

Auf dem Holzknecht-steig im Übergang zwischen Wald und Latschenzone.

Tour auf einen Blick

Errichtet: 1907–1911
Betreuung: ÖTK-Sektion Raxgmoa, Wien
Start: Prein an der Rax, 680 m, Bushalt, Parkplätze; Griesleiten, Parkplatz nach dem Griesleitenhof, ca. 860 m; Großau, 708 m, Parkplätze
Zeiten: je nach Ausgangspunkt 2^1/$_2$ bis 3 Std.
Höhenunterschied: je nach Ausgangspunkt 800 bis 1000 m
Anforderungen: Im unteren Teil schattiger, im oberen sonnen-exponierter Anstieg. Im oberen Teil steil und geröllbedingt mühsam. Achtung im Frühsommer auf die Altschneefelder kurz vor Erreichen der Seehütte. Trittsicherheit erforderlich
Ausrüstung: Alpine Grundausrüstung
Kinder: ab 12 Jahre
Hunde: ja
Aussicht: Bucklige Welt, Wechsel, Sonnwendstein, Stuhleck, Kreuzberg, Kampalpe
Orientierung: einfach. Auf den Geröllfeldern Wegverlauf beachten
Markierung: Je nach Ausgangspunkt zunächst rot bzw. gelb und dann grün. Ab dem Bachinger-Bründl rot. In der Preiner Schütt müssen die markierten Steine mitunter „gesucht" werden
Einkehr: Gasthäuser in Prein an der Rax; Seehütte, 1643 m
Eignung für den Abstieg: ja, mit Vorbehalt (siehe Einleitung)

Geröllrunning in der
Preiner Schütt.

■ **Von Großau:** Vom Parkplatz der roten Markierung folgend zunächst etwas verwinkelt über eine Wiesenfläche (Stacheldrahtzaun), dann im Wald neben einem Bacherl gemütlich aufwärts. Der Weg verlässt nach einiger Zeit den Grabengrund, findet wieder zu ihm zurück und führt durch romantisch-verblocktes Gelände (eine mitunter nasse Bachquerung) zu einer Forststraße. Bei der folgenden Grabengabelung ein steiler, rutschiger Aufschwung (Trittsicherheit erforderlich), dann weiter in westlicher Richtung im Graben aufwärts. Nach der zweiten kreuzenden Forststraße meist über Lichtungen (Blick zur Preinerwand, Stangen und Wegverlauf beachten) zur Wegkreuzung beim Bachinger-Bründl. 1¹/₂ Std.

Gemeinsamer Weiterweg ab dem Bachinger-Bründl:
Am Bründl (im Spätsommer meist nur noch dürftige Wasserspende) vorbei und nach einer stimmungsvollen Waldquerung hinaus in die Latschenzone. Über eine Rinne hinweg (direkt davor Abzweigung des heute unbedeutenden „Alten Haidsteigs") und nach einem letzten Latschenfeld hinaus auf ein Geröllfeld, dann über eine schrofige Stelle zum Einstieg des Haidsteigs (blaue Punkte). Dieser befindet sich kurz vor einer bis zum Steig hinunterreichenden Felsrippe. ¹/₂ Std.

Um die Felsrippe herum und genau auf die Markierungen achtend über das folgende große Geröllfeld der Preiner Schütt leicht links haltend steil und mühsam aufwärts (rechts eindrucksvolle Blicke in die gewaltigen Felsabstürze der Preinerwand, links die Königschusswand. Im oberen Teil (im Frühsommer Achtung auf Altschneefelder) hinausqueren zum Plateaurand, am Schröckhenfuxkreuz vorbei und auf dem Seeweg nach kurzem Abstieg zur Seehütte. 1 Std.

Tipps

✗ Abstiegsvarianten: Törlweg, Göbl-Kühn-Steig, Preinerwandsteig, Waxriegelsteig

✗ Abstiege für Öffi-Benutzer:
  – zum Preiner Gscheid (via Seehütte, Waxriegelhaus)
  – nach Hirschwang oder Edlach (via Otto-Haus und Seilbahn-Bergstation)
  – nach Kaiserbrunn (via Otto-Haus und Brandschneide)

204

Göbl-Kühn-Steig

Preiner Gscheid/Prein/Griesleiten – Waxriegelhaus – Göbl-Kühn-Steig – Seehütte

Kartenansicht Seite 201, 227

Der Göbl-Kühn-Steig stellt den überaus lohnenden Übergang zwischen Waxriegelhaus und Seehütte dar. Auf seiner ganzen Länge herrscht ungetrübter Wandergenuss, zuerst im Wald, dann in aussichtsreichen Latschengassen, in denen mehrere Rinnen gekreuzt werden. Der Blick hinüber zur Preinerwand und dahinter zum Schneeberg, hinunter in das Reichenauer Becken und zu seiner Umrahmung werten den Göbl-Kühn-Steig gehörig auf. Er ist weit mehr als die kürzeste Verbindung zwischen zwei Speisekarten, er hat das Zeug dazu, der Höhepunkt einer Raxpartie zu werden.

Route

Zustiege zum Waxriegelhaus siehe Waxriegelsteig, Seite 207.
Bei der Hütte den gelben Markierungen in östlicher Richtung zum Wald hin folgen, dort leicht ansteigend zu einer Lichtung mit der Abzweigung in den Griesleitengraben. Links haltend durch schönen Nadelwald gemütlich weiter, dann in steilem Zickzack raus in die Latschenzone. Hoch über dem schrofigwilden kesselartigen Talschluss in einer ausgedehnten Querung, zuerst ansteigend, dann in leichtem Auf und Ab mehrere Rinnen, darunter den besonders firngleiter-tauglichen Langermanngraben, kreuzen. Kurz vor der Seehütte der erste Schneebergblick, dann der erste Hüttenblick. Mit wenigen Schritte sanft abwärts zum „Biotop" und weiter zur Eingangstür. 1 Std.

Göbl-Kühn-Steig im Winter: eine Sache nur für Spezialisten.

Tour auf einen Blick

Errichtet: 1921

Betreuung: ÖTK-Sektion Höllentaler Holzknecht, Wien

Start: Preiner Gscheid, 1070 m, Bushalt, Parkplätze; Griesleiten, 860 m, Parkplätze; Prein, 750 m, Bushalt, Parkplätze

Zeiten: je nach Ausgangspunkt $2^1/_2$ bis 3 Std. bis zur Seehütte

Höhenunterschied: je nach Ausgangspunkt 600 bis 900 m

Anforderungen: Einfache Bergwanderung, Trittsicherheit von Vorteil. Im Frühsommer besondere Vorsicht auf die zu querenden steilen Altschneefelder in den Rinnen und Hängen. Im Hochsommer aufgrund der Südostlage sehr heiß

Ausrüstung: Alpine Grundausrüstung

Kinder: ab 8 Jahre

Hunde: ja

Aussicht: Preinerwand, Schneeberg, Krummbachstein, Reichenauer Becken, Rosalia, Bucklige Welt, Wechsel, Sonnwendstein, Stuhleck, Kreuzberg, Kampalpe

Orientierung: einfach

Markierung: gelb

Einkehr: Gasthäuser in den Talorten; Waxriegelhaus, 1361 m; Seehütte, 1643 m

Eignung für den Abstieg: ja

Tipps

✗ Abstiegsvarianten: Schlangenweg, Waxriegelsteig, Holzknechtsteig

✗ Abstiege für Öffi-Benutzer:
  - nach Prein an der Rax (via Seehütte)
  - nach Hirschwang oder Edlach (via Otto-Haus und Seilbahn-Berg-station)
  - nach Kaiserbrunn (via Otto-Haus und Brandschneide)

Waxriegelsteig

⑦⓪

Preiner Gscheid/Prein/Griesleiten – Waxriegelhaus – Waxriegel – Predigtstuhl

Kartenansicht Seite 227

Aussichtsfelsen auf dem Waxriegelsteig knapp oberhalb des Waxriegelhauses.

Der Waxriegelsteig hat Klasse ohne Rasse. Das gilt es zu schätzen. Und seine Einsamkeit – trotz einer ideal gelegenen Labestelle zu seinen Füßen. Die Aussicht ist prächtig, das Höhersteigen ein Genuss. Zunächst durch Wald, dann zwischen Latschen, dann über freie Rasenflächen. Der Predigtstuhl als Gipfel ist ein erstes Etappenziel, die Rax mit ihren unzähligen Wandermöglichkeiten lässt viele Fortsetzungen offen. Sie haben die Wahl! Ach ja, noch etwas: Die Grenze zwischen Niederösterreich und der Steiermark verläuft genau über den Waxriegel…

Route

Zustiege zum Waxriegelhaus siehe Seite 164. Je nach Ausgangspunkt $^1/_2$ Std. bis $1^1/_2$ Std.

Weiterweg ab Waxriegelhaus: Bei der Hütte (Wegweiser) den roten Markierungen Richtung Waxriegel folgend in steilem Zickzack über Stock und Stein hinauf zu einer Felskanzel mit Aussichtsplattform (Zugang über Eisenleiter, lohnender Abstecher). Weiter durch Wald, dann in der Latschenregion auf dem teils ausgewaschenen Steig höher auf einen markanten Absatz. Zunehmend aussichtsreich zum Ausläufer des Waxriegels empor und leicht rechts zum Langermanngraben. Vom markierten Weg links ab, durch den seichten Graben ca. 40 Hm aufwärts zur Abzweigung des Bismarcksteigs. Weiter auf rot markiertem Weg in südwestlicher Richtung auf den Predigtstuhl. $1^1/_2$ Std.

Tour auf einen Blick

Betreuung: ÖTK-Sektion Raxgmoa, Wien

Start: Preiner Gscheid, 1070 m, Bushalt, Parkplätze; Griesleiten, 860 m, Parkplätze; Prein, 750 m, Bushalt, Parkplätze

Zeiten: je nach Ausgangspunkt 2$\frac{1}{2}$ bis 3 Std.

Höhenunterschied: je nach Ausgangspunkt 830 bis 1150 m

Anforderungen: Einfacher Anstieg mit großem Höhenunterschied. Auf dem Waxriegelsteig an einigen Stellen Trittsicherheit erforderlich. Im Hochsommer aufgrund der Südlage sehr heiß

Ausrüstung: Alpine Grundausrüstung

Kinder: ab 12 Jahre

Hunde: ja

Aussicht: Schneeberg, Krummbachstein, Reichenauer Becken, Rosalia, Bucklige Welt, Wechsel, Sonnwendstein, Stuhleck, Kreuzberg, Kampalpe

Orientierung: einfach

Markierung: Je nach Ausgangspunkt rot oder gelb. Dann einheitlich rot

Einkehr: Gasthäuser in den Talorten und am Preiner Gscheid; Waxriegelhaus, 1361 m; Karl-Ludwig-Haus, 1804 m; Seehütte, 1643 m

Eignung für den Abstieg: ja

Der Waxriegelsteig verläuft genau auf der Landesgrenze.

Tipps

✗ Übergang zum Karl-Ludwig-Haus über den Bismarcksteig.

✗ Abstiegsvarianten: Schlangenweg, Göbl-Kühn-Steig, Holzknechtsteig, Reißtalersteig, Gretchensteig, Raxenmäuersteig, Martinsteig, Karl-Kantner-Steig

✗ Abstiege für Öffi-Benutzer:
  – nach Hirschwang oder Edlach (via Otto-Haus und Seilbahn-Bergstation)
  – nach Kaiserbrunn (via Otto-Haus und Brandschneide)

Bismarcksteig

Seehütte – verlängerter Bismarcksteig – Bismarcksteig – Karl-Ludwig-Haus

Kartenansicht Seite 227

Wir stoßen auf Rax und Schneeberg wiederholt auf Namen, die an die Zeit der Donaumonarchie und an ihre höchsten österreichischen Vertreter erinnern. Bismarck als preußischer Karrierediplomat, der es bis zum Reichskanzler gebracht hat, passt da nicht ganz ins Bild. Aber bitte, auch er hat auf der Rax seinen Ehrenplatz und ist namengebend für den Klettersteig, der in leichtem Auf und Ab die wilden Südostabstürze des Predigtstuhls quert, geworden. Unter den Rax-Klettersteigen nimmt dieser eine Sonderstellung ein, da er keinen Anstieg darstellt und auch nicht auf einen Gipfel führt. Er bietet aber eine interessante Verbindung zwischen Seehütte bzw. dem Trinksteinsattel und dem Karl-Ludwig-Haus. Die Schwierigkeiten sind mäßig, die Felsqualität ist es auch, die Aussicht dafür prächtig! Beachten sollte man, dass der Steigbeginn auf der Karl-Ludwig-Haus-Seite im späten Frühjahr und im Frühsommer überwechtet sein kann und dann erheblich schwieriger zu bewältigen ist. Schon so mancher Aspirant musste von einer Begehung Abstand nehmen, so mancher Aspirant musste auch den gesamten Steig wieder retour Richtung Seehütte. Tipp: vorher Auskunft einholen!

Tour auf einen Blick

Errichtet: 1899
Betreuung: OeAV-Sektion EDELWEISS, Wien
Start: Seehütte, 1643 m
Zeiten: $1^1/_2$ Std. von der Seehütte zum Karl-Ludwig-Haus. Davon ca. $^3/_4$ Std. für den Bismarcksteig
Höhenunterschied: 200 m
Anforderungen: absolute Trittsicherheit und Schwindelfreiheit erforderlich
Klettersteig-Schwierigkeit: B, großteils A, einige ausgesetzte Stellen. Dazwischen auch Gehgelände mit ganz leichten Kletterstellen. Die Sicherungen sind aufgrund der schlechten Gesteinsqualität und des starken Verschleißes (Steinschlag, Lawinen) – trotz größter Anstrengungen seitens des Erhalters – nicht immer in bestem Zustand
Sicherungen: Stahlseil, Trittstifte und -eisen
Ausrüstung: Alpine Grundausrüstung, Helm, Klettersteig-Selbstsicherung
Kinder: ab 12 Jahre
Hunde: nein
Aussicht: Schneeberg, Krummbachstein, Reichenauer Becken, Rosalia, Bucklige Welt, Wechsel, Sonnwendstein, Stuhleck, Kreuzberg, Kampalpe
Orientierung: einfach. **Markierung:** rot
Einkehr: Seehütte, 1643 m; Karl-Ludwig-Haus, 1804 m; Waxriegelhaus, 1361 m

Vom Bismarcksteig
Richtung Ludwig-Haus.

Route

Von der Seehütte bei der nahen Wegkreuzung auf rot markiertem Steig durch Latschengasse Richtung Trinksteinsattel. Kurz nach einem scharfen Rechts-knick die Abzweigung des verlängerten Bismarcksteigs. Auf diesem aussichts-reiche sanft steigende Querung zum östlichen Rand des Trinksteinbodens (Kreuzung mit dem WWW 01A und mit dem NÖLRWW). Die Richtung bei-behaltend in Kürze zur Abzweigung zum Bismarcksteig und zum Einstieg beim oberen Ansatz des Waxriegels. $^1/_2$ Std.

Auf dem Steig zunächst eben, dann leicht fallend durch teils schrofiges Gelän-de zum Beginn der Sicherungen. Diese entlang in leichtem Auf und Ab über mehrere Felsrippen hinweg (mit eingelagerten teils splittrigen Plattenschüs-sen). Nach einem ungesicherten Abschnitt hinauf in eine kleine Scharte. Dahinter (oft bis in den Frühsommer hinein Schneefelder und Wechten) in Kürze zum Ausstieg. Mit wenigen Schritten hinunter in das Törl (Wegweiser) und auf gutem Weg in einem leichten Linksbogen ansteigend zum Karl-Lud-wig-Haus. 1 Std.

Tipps

✗ Der Bismarcksteig wird kaum das Hauptziel einer Tour sein. Er lässt sich mit den zahlreichen Rax-Routen auf der Hochfläche und den vielen möglichen Zustiegen kombinieren.

✗ In der Gegenrichtung genauso lohnend (Blick zur Preinerwand und zum Schneeberg)

✗ Abstiegsvarianten: Reißtalersteig, Gretchensteig, Raxenmäuersteig, Martinsteig, Karl-Kantner-Steig, Schlangenweg.

Schlangenweg

Preiner Gscheid – Siebenbrunnenkessel – Schlangenweg – Karl-Ludwig-Haus

Kartenansicht Seite 227

Der Schlangenweg stellt den klassischen und bei weitem meist begangenen Aufstieg vom Preiner Gscheid zur Rax-Hochfläche dar. Er wurde anlässlich der Erbauung des Karl-Ludwig-Hauses für den Materialtransport angelegt und trägt seitdem nicht gerade zur Verschönerung des Siebenbrunnenkessels bei. Hauptgründe für seine Beliebtheit sind sicher seine einfache Begehbarkeit (keine Schlangengefahr!), das schön gelegene Karl-Ludwig-Haus als ideales Einkehrziel und die nahe Heukuppe als einziges 2000er-Gipfelziel der Rax. An schönen Wochenend- und Feiertagen zieht daher eine lang gestreckte Karawane mehr oder weniger gut ausgerüsteter und mehr oder weniger routinierter Wanderer von den vollen Parkplätzen am Preiner Gscheid gut gelaunt und munter höher. Wandern manifestiert sich hier als geselliger „Volkssport" in seiner bodenständigsten Form. Aber abseits vom Schlangenweg kehrt rasch wieder Ruhe ein…

Route

Vom großen Parkplatz (auf der steirischen Seite des Passes) auf der Piste den roten Markierungen folgend recht steil aufwärts. Dann in einer sanfter ansteigenden Querung, unterwegs an der privaten Gflötzhütte vorbei, hinaus zu den

Tour auf einen Blick

Errichtet: *1876*
Betreuung: *ÖTK-Sektion Raxgmoa, Wien*
Start: *Preiner Gscheid, 1070 m, Bushalt, Parkplätze*
Zeit: *2 Std.*
Höhenunterschied: *730 m*
Anforderungen: *Einfacher Anstieg ohne technische Schwierigkeiten. In den Serpentinen teils etwas lästiges loses Gestein. Bei der Ausstiegsvariante zum Törl im späten Frühjahr Achtung wegen der steilen Altschneefelder*
Ausrüstung: *Alpine Grundausrüstung*
Kinder: *ab 8 Jahre*
Hunde: *ja*
Aussicht: *Schneeberg, Rosalia, Bucklige Welt, Reichenauer Becken, Wechsel, Sonnwendstein, Stuhleck, Kreuzberg, Kampalpe*
Orientierung: *einfach*. **Markierung**: *rot*
Einkehr: *Gasthäuser in den Talorten und am Preiner Gscheid; Waxriegelhaus, 1361 m; Karl-Ludwig-Haus, 1804 m*
Eignung für den Abstieg: *ja. Geübte können im späten Frühjahr bei günstigen Firnverhältnissen durch den Karlgraben abrutschen*

Tiefblick durch den Karlgraben zum Waxriegelhaus.

Aufstieg in den
Siebenbrunnenkessel.

ausgedehnten Weideflächen mit Blick in den eindrucksvollen Siebenbrun-nenkessel (Abzweigung nach rechts zum Waxriegelhaus). $^1/_2$ Std.
Weiter Richtung Talschluss (zahlreiche Wegspuren) und auf dem breiten, teils steinigen Schlangenweg inmitten der Latschenfelder in Serpentinen rechts vom markanten Karlgraben (bis in den Mai hinein Schnee) empor. Nach der Querung des oberen Ansatzes des Karlgrabens zwei Möglichkeiten:

- rechts hinausqueren ins „Törl" (im späten Frühjahr steile Altschneefelder, nicht ungefährlich) und weiter links zum Karl-Ludwig-Haus
- links zu einem stumpfen Rücken und das massive Eisenkettengeländer entlang (bei Sturm sehr hilfreich) steil hinauf zur Hütte. $1^1/_2$Std.

Tipps

- ✗ Abstiegsvarianten: Waxriegelsteig, Holzknechtsteig, Reißtalersteig, Raxenmäuersteig, Martinsteig, Karl-Kantner-Steig
- ✗ Variante im Abstieg über den Schlangenweg: In der Kehre beim Pkt. 1568 lohnender Übergang durch eine auffällige Latschengasse (unmarkiert) zum Waxriegel und weiterer Abstieg zum Waxriegel-haus. Bedeutend schöner und einsamer als der Schlangenweg!
- ✗ Abstiege für Öffi-Benutzer:
  - nach Prein an der Rax (via Seehütte)
  - nach Hirschwang oder Edlach (via Otto-Haus und Seilbahn-Bergstation)
  - nach Kaiserbrunn (via Otto-Haus und Brandschneide)
  - ins Große Höllental

Karl-Kantner-Steig

Preiner Gscheid – Siebenbrunnenkessel –
Karl-Kantner-Steig – Karl-Ludwig-Haus

Kartenansicht Seite 227

*Während sich die große Schar der Sonntags-Wanderer über den Schlangenweg
höher windet, herrscht am benachbarten und bedeutend lohnenderen Karl-Kantner-Steig gelassene Ruhe. Der Steig ist sanft gewürzt mit einigen gesicherten
Stellen, die seinen Reiz erhöhen, seine Schwierigkeit aber nicht nennenswert stei-
gern. Dazu werden dem Begeher schöne Landschaftsbilder serviert, von den Ein-
blicken in die Abstürze des Predigtstuhls bis hinüber zum Schneeberg. Und auch
weit ins Steirische hinein darf man die Augen scharf stellen!*

Route

Wie beim Schlangenweg bis zu der Stelle, wo dieser in einer Kehre erstmals
den Karlgraben berührt (ca. 1480 m, Wegweiser). 1$^{1}/_{2}$ Std.
Ansteigend über den Graben hinweg und den roten Markierungen folgend
durch eine Latschengasse zu einem ersten Wandl. An ihm entlang zu einer
schwarzen Felsnische (Beginn der Sicherungen). Über eine erste Felsstufe,
dann aus der folgenden Rinne rechts hinaus und um ein Eck in ein Lat-

In der Felsenwelt des
Kantner-Steigs.

Tour auf einen Blick

Errichtet: 1908
Betreuung: ÖTK-Sektion Raxgmoa, Wien
Start: Preiner Gscheid, 1070 m, Bushalt, Parkplätze
Zeit: $2^1/_2$ Std.
Höhenunterschied: 730 m
Anforderungen: Anstieg mit einigen gesicherten Stellen, ohne besondere technische Schwierigkeiten. Wird in der Regel ohne Klettersteig-Selbstsicherung begangen. Beim Ausstieg im Frühsommer mitunter Altschneefelder. Trittsicherheit erforderlich
Klettersteig-Schwierigkeit: A-B, kurze gesicherte Abschnitte, teils etwas abgespeckter Fels, teils erdig-rutschig
Sicherungen: Stahlseil, Trittstifte, Eisenklammern
Ausrüstung: Alpine Grundausrüstung
Kinder: ab 10 Jahre
Hunde: nein
Aussicht: Preinerwand, Predigtstuhl, Schneeberg, Reichenauer Becken, Rosalia, Bucklige Welt, Wechsel, Sonnwendstein, Stuhleck, Kreuzberg, Kampalpe
Orientierung: einfach. Markierung: rot
Einkehr: Gasthäuser in den Talorten und am Preiner Gscheid; Waxriegelhaus, 1361 m; Karl-Ludwig-Haus, 1804 m
Eignung für den Abstieg: ja

Unterwegs auf dem Kantner-Steig.

schenfeld. Ansteigend zu einem Gratrücken, um diesen rechts herum (schöner Blick zum Predigtstuhl) und durch eine längere roterdige Geröllrinne (keine Steine lostreten!) zur Einmündung des Raxenmäuersteigs. Hinauf an den Plateaurand und neben der Materialseilbahn eben hinüber zum Karl-Ludwig-Haus. $1^1/_2$ Std.

Tipps

✗ Abstiegsvarianten: Großes Fuchsloch, Reißtalersteig, Gretchensteig, Raxenmäuersteig, Martinsteig, Schlangenweg
✗ Abstiege für Öffi-Benutzer:
  – nach Prein an der Rax (via Seehütte)
  – nach Hirschwang oder Edlach (via Otto-Haus und Seilbahn-Bergstation)
  – nach Kaiserbrunn (via Otto-Haus und Brandschneide)
  – ins Höllental

Raxenmäuersteig

Preiner Gscheid – Reißtalerhütte –
Raxenmäuersteig – Karl-Ludwig-Haus

Kartenansicht Seite 227

Bei etwas Neugier und Sinn für Abwechslung lassen sich vom Preiner Gscheid
aus zahlreiche Anstiege entdecken, die als Alternative zum Schlangenweg in
Frage kommen und diesen außerdem an Attraktivität bei weitem übertreffen.
Diese insgesamt leichten, aber in eine alpinere Umgebung führenden und daher
Trittsicherheit verlangenden Steige befinden sich im Bereich der Raxenmäuer,
einem hoch gelegenen breiten Felsstreifen, welcher der Heukuppe und ihrer lieblichen Landschaft einen strengeren, aber keinesfalls unnahbaren Ausdruck verleiht! Alle diese Stiege eignen sich als Aufstieg zum Karl-Ludwig-Haus und zur
nahen Heukuppe. Zugegeben: Verglichen mit den spektakulären Durchstiegen
aus dem Großen Höllental, mit den wilden Wänden der Kahlmäuer oder den
Klettersteig-Highlights der Preinerwand wirken die Raxenmäuersteige blass und
reizlos. Ihre Meriten liegen eben woanders: in der schönen Landschaft, der tol-
len Aussicht und der großen Einsamkeit. Aus genau diesen Gründen sollte auch
der Raxenmäuersteig besucht werden.

Auf dem Raxenmäuer-
steig knapp unter dem
Karl-Ludwig-Haus.

Tour auf einen Blick

Betreuung: Alpine Gesellschaft Reißtaler, Wien
Start: Preiner Gscheid, 1070 m, Bushalt, Parkplätze
Zeit: 2^1/$_2$ Std.
Höhenunterschied: 730 m
Anforderungen: Einfacher gesicherter Anstieg ohne besondere technische Schwierigkeiten. Wird in der Regel ohne Klettersteig-Selbstsicherung begangen. Beim Ausstieg im Frühsommer mitunter Altschneefelder. Trittsicherheit erforderlich
Klettersteig-Schwierigkeit: A, kurzer gesicherter Abschnitt (Stahlseil)
Ausrüstung: Alpine Grundausrüstung
Kinder: ab 8 Jahre
Hunde: ja
Aussicht: Preinerwand, Predigtstuhl, Schneeberg, Reichenauer Becken, Rosalia, Bucklige Welt, Wechsel, Sonnwendstein, Stuhleck, Kreuzberg, Kampalpe
Orientierung: einfach
Markierung: gelb, dann blau, zuletzt rot
Einkehr: Gasthäuser in den Talorten und am Preiner Gscheid; Karl-Ludwig-Haus, 1804 m; Waxriegelhaus, 1361 m
Eignung für den Abstieg: ja

Route

Wie beim Reißtalersteig bis zur Wegkreuzung kurz vor der Reißtalerhütte. 1 Std.

Rechts abzweigen auf den blau markierten Raxenmäuersteig und eben hinüber zur nahen Abzweigung des roten Kontruszsteigs. Links ab und in einer lang gezogenen Querung, zunächst im Wald (gleich zu Beginn ein Lawinenstrich), dann aussichtsreich durch die Latschen. Allmählich wird das Gelände felsig. Nach einem steilen Rasenhang ein gesicherter Aufschwung, dann bei einer einfachen Holzstange die Einmündung in den rot markierten Karl-Kantner-Steig. Mit diesem an den Plateaurand (Abzweigung des Martinsteigs) und neben der Materialseilbahn hinüber zum Karl-Ludwig-Haus. 1^1/$_2$ Std.

Tipps

✘ Der Raxenmäuersteig kann auch vom Alpengasthof Moassa aus über die Reißtalerhütte angegangen werden.

✘ Abstiegsvarianten: Gamsecksteig/ Schutzsteig, Großes Fuchsloch, Reißtalersteig, Gretchensteig, Martinsteig, Karl-Kantner-Steig, Schlangenweg

✘ Abstiege für Öffi-Benutzer:
  - nach Prein an der Rax (via Seehütte)
  - nach Hirschwang oder Edlach (via Otto-Haus und Seilbahn-Bergstation)
  - nach Kaiserbrunn (via Otto-Haus und Brandschneide)
  - ins Große Höllental

Martinsteig

Preiner Gscheid – Reißtalerhütte – Martinsteig – Karl-Ludwig-Haus

Kartenansicht Seite 227

Parallel zum Raxenmäuersteig verläuft etwas oberhalb von diesem der Martin-
steig (bis 1927 „Neuer Wetterkogelsteig"). Das Ambiente auf beiden Steigen ist
nahezu identisch, der Bekanntheitsgrad des Martinsteigs aber doch um einiges
geringer. Seinem Reiz tut dies keinen Abbruch, nur dem Autor fällt es schwer,
treffende Einstimmungssätze zu (er-)finden. Ach ja: In einem ist der Martinsteig
doch besonders: seine Markierungen zeugen von viel Humor!

Markierungs-
variationen auf dem
Martinsteig.

Route

Wie beim Reißtalersteig zur Wegkreuzung kurz vor der Reißtalerhütte. 1 Std.
Den grünen Markierungen des Gretchensteigs folgend einen steilen Waldrücken empor, dann durch eine Latschengasse weiter zur Abzweigung des
Martinsteigs. Auf diesem sanft ansteigend hinüber zu einer ersten Felsstufe mit
Sicherungen. Auch die zweite kleine Felsstufe ist gesichert, die weiteren Felsen werden in ganz leichter Kletterei überwunden. Zuletzt durch eine Geröllrinne zur Stütze der Materialseilbahn, hinauf an den Plateaurand und eben
hinüber zum Karl-Ludwig-Haus. 1¹/₂ Std.

Tour auf einen Blick

Betreuung: *Alpine Gesellschaft Reißtaler, Wien*
Start: *Preiner Gscheid, 1070 m, Bushalt, Parkplätze*
Zeit: *2¹/₂ Std.*
Höhenunterschied: *730 m*
Anforderungen: *Einfacher teilweise gesicherter Anstieg. Einige ungesicherte Fels-stellen, die ganz leichte Kletterei bieten. Trittsicherheit und Schwindelfreiheit erforderlich. Wird in der Regel ohne Klettersteig-Selbstsicherung begangen. Vor-sicht bei Nässe*
Klettersteig-Schwierigkeit: *A, zwei kurze gesicherte Stellen (Stahlseil, Trittbügel)*
Ausrüstung: *Alpine Grundausrüstung*
Kinder: *ab 8 Jahre*
Hunde: *ja*
Aussicht: *Preinerwand, Predigtstuhl, Schneeberg, Reichenauer Becken, Rosalia, Bucklige Welt, Wechsel, Sonnwendstein, Stuhleck, Kreuzberg, Kampalpe*
Orientierung: *einfach.* **Markierung**: *gelb, dann grün, schließlich rot*
Einkehr: *Gasthäuser in den Talorten und am Preiner Gscheid; Karl-Ludwig-Haus, 1804 m; Waxriegelhaus, 1361 m*
Eignung für den Abstieg: *ja*

Und noch eine Variation …

Tipps

✗ Der Martinsteig kann auch vom Alpengasthof Moassa aus über die Reißtalerhütte angegangen werden.

✗ Abstiegsvarianten: Gamsecksteig/Schutzsteig, Großes Fuchsloch, Reißtalersteig, Gretchensteig, Raxenmäuersteig, Karl-Kantner-Steig, Schlangenweg

✗ Abstiege für Öffi-Benutzer:
– nach Prein an der Rax (via Seehütte)
– nach Hirschwang oder Edlach (via Otto-Haus und Seilbahn-Bergstation)
– nach Kaiserbrunn (via Otto-Haus und Brandschneide)

Gretchensteig

⑦⑥

Preiner Gscheid – Reißtalerhütte – Gretchensteig – Karl-Ludwig-Haus

Kartenansicht Seite 227

Aufstieg
zum Gretchensteig.

Egal ob das Grimm'sche Märchen den Namengeber inspiriert oder ein anderes Gretchen ihre Hände im Spiel hatte, der Gretchensteig ist eine nette Sache. Alle Vorzüge der Raxenmäuer sind auf ihm vereint, dem makellosen Rax-Bergwandergenuss steht nichts im Weg. Die kurze gesicherte Felspassage stellt den krönenden Abschluss dar, beim Karl-Ludwig-Haus beginnt dann ein neues Rax-Kapitel, dasjenige des Hochplateaus.

Route

Wie beim Reißtalersteig zur Wegkreuzung kurz vor der Reißtalerhütte. 1 Std. Den grünen Markierungen des Gretchensteigs folgend einen steilen Waldrücken empor, dann durch eine Latschengasse zur Abzweigung des Martinsteigs. Weiter gegen die Felsen, zuletzt durch Geröll zum Wandfuß. Kurz links (grüner Pfeil) und durch eine Rinne mit großen Felsblöcken zum Beginn der Sicherungen. Durch eine Art Schlucht (oberhalb auffallend spitze Felsen), dann rechts raus zum luftigen Grat und über diesen zum Ausstieg. Stangenmarkierungen folgend in nördlicher Richtung eben hinüber zum nahen Karl-Ludwig-Haus. 1 Std.

Tour auf einen Blick

Betreuung: *Alpine Gesellschaft Reißtaler, Wien*
Start: *Preiner Gscheid, 1070 m, Bushalt, Parkplätze*
Zeit: *2 Std.*
Höhenunterschied: *730 m*
Anforderungen: *Einfacher, teilweise gesicherter Anstieg. Trittsicherheit erforderlich. Wird in der Regel ohne Klettersteig-Selbstsicherung begangen*
Klettersteig-Schwierigkeit: *A, reizvolle gesicherte Passage in den Ausstiegsfelsen (Stahlseil)*
Ausrüstung: *Alpine Grundausrüstung.*
Kinder: *ab 8 Jahre*
Hunde: *ja*
Aussicht: *Schneeberg, Reichenauer Becken, Rosalia, Bucklige Welt, Wechsel, Sonnwendstein, Stuhleck, Kreuzberg, Kampalpe*
Orientierung: *einfach*
Markierung: *gelb, dann grün*
Einkehr: *Gasthäuser in den Talorten und am Preiner Gscheid; Karl-Ludwig-Haus, 1804 m; Waxriegelhaus, 1361 m*
Eignung für den Abstieg: *ja*

Tipps

- ✘ Variante Alter Wetterkogelsteig: Am Beginn der Sicherungen links eben auf Steigspuren weiter, um einen Felsrücken herum und hinauf an den Plateaurand (dort Wegweiser) und weiter zum Karl-Ludwig-Haus.
- ✘ Der Gretchensteig kann auch vom Alpengasthof Moassa aus angegangen werden.
- ✘ Abstiegsvarianten: Gamsecksteig/Schutzsteig, Altenbergersteig, Großes Fuchsloch, Reißtalersteig, Raxenmäuersteig, Martinsteig, Karl-Kantner-Steig, Schlangenweg
- ✘ Abstiege für Öffi-Benutzer:
  - nach Prein an der Rax (via Seehütte)
  - nach Hirschwang oder Edlach (via Otto-Haus und Seilbahn-Bergstation)
  - nach Kaiserbrunn (via Otto-Haus und Brandschneide)

Reißtalersteig

Preiner Gscheid – Reißtalerhütte – Reißtalersteig – Karl-Ludwig-Haus

Kartenansicht Seite 227

Der zweifelsfrei berühmteste und beliebteste unter den gesicherten Steigen durch die Raxenmäuer ist dies aus mehreren Gründen. Zum einen führt er durch ihre eindrucksvollste Wandzone, zum anderen weist er die anspruchsvollsten Klettersteigpassagen auf. Und dann ist da noch ein tragisches Lawinenunglück: 1896 verstarben drei junge Wiener Bergsteiger bei einer Winterbegehung des Reißtalersteigs. Das Unglück war Auslöser für die Gründung der weltweit ersten Bergrettungsorganisation.

Route

Vom großen Parkplatz auf der steirischen Seite mit den gelben Markierungen direkt an der Talstation des Schlepplifts vorbei und bald in den Wald. Dort eine sinnige Inschrift auf einer Holztafel:

> *Hier wurde Freiherr Graf von Lampel*
> *von einem wilden Stier zertrampelt*
> *er ist schwer von uns gegangen*
> *nun lasst ihn ruhn in Frieden*
> *Amen*

Dem Verlauf eines Waldgrabens folgend zur Einmündung des grün markierten Zipperlingsteigs. Links einschwenken und über den Graben (Wasserstelle) hinweg zu einer Wegkreuzung vor einem Wiesensattel. Rechter Hand am Wiesenrand höher und bald zu einer weiteren Wegkreuzung kurz vor der Reißtalerhütte. Auf dem Forstweg mit wenigen Schritten zu ihr hinüber. 1 Std.

Panorama vom oberen Teil des Reißtalersteigs.

Tour auf einen Blick

Errichtet: 1887

Betreuung: Alpine Gesellschaft Reißtaler, Wien

Start: Preiner Gscheid, 1070 m, Bushalt, Parkplätze

Zeit: $2^1/_2$ Std. bis zum Karl-Ludwig-Haus, $2^1/_2$ Std. auf die Heukuppe

Höhenunterschied: 800 m zum Karl-Ludwig-Haus, 950 m auf die Heukuppe.

Anforderungen: Einfacher und kurzer, teilweise gesicherter Anstieg in recht wilder Felsszenerie. Trittsicherheit und absolute Schwindelfreiheit erforderlich. Wird in der Regel ohne Klettersteig-Selbstsicherung begangen

Klettersteig-Schwierigkeit: A-B, Stahlseil, Eisenleiter, Klammern

Ausrüstung: Alpine Grundausrüstung

Kinder: ab 14 Jahre

Hunde: nein

Aussicht: Rosalia, Bucklige Welt, Wechsel, Sonnwendstein, Stuhleck, Kreuzberg, Kampalpe, Veitsch, Niedere Tauern, Hochschwab

Orientierung: einfach. **Markierung**: gelb

Einkehr: Gasthäuser in den Talorten und am Preiner Gscheid; Karl-Ludwig-Haus, 1804 m; Waxriegelhaus, 1361 m

Eignung für den Abstieg: ja

Weiter auf gelb über einen Schlag, dann eine Lawinenschneise querend zu zwei ganz nah beieinander liegenden Gabelungen (Karreralm/Mitterbachstall bzw. Großes Fuchsloch). Jeweils rechts weiter und zunächst im Wald, dann durch Latschen auf gut angelegtem Steig zu einem Absatz. Kurz danach vorbei an der Einmündung der Verbindung zum Gretchensteig. Nach einigen auffallenden Felsblöcken über Geröll zum Einstieg am Wandfuß (gelber Pfeil, Gedenktafel an das Lawinenunglück von 1896). $^1/_2$ Std.

Über das steile Einstiegswandl hinweg und weiter in einen schattigen Kessel. Aus diesem links ansteigend zu zwei steilen Eisenleitern. Dann leicht rechts zum Naglschmid-Kreuz und zum Steigbuch. Links um einen Felsen herum und zu einer unbeschilderten Gabelung.

Entweder rechts ansteigend hinüberqueren (Latschen) zu einem Absatz und über zwei Geröllfelder zur Geländekante (dort Markierungsstange und gelbe Einstiegsschrift) und den Stangen folgend hinab zum Karl-Ludwig-Haus. $^1/_2$ Std. Oder links über einen steilen Schrofenhang zum Pkt. 1937 beim oberen Ansatz des Schneegrabens, wo auch der Steig durch das Große Fuchsloch einmündet. Weiter über den Rasenrücken den Pflöcken entlang zur Heukuppe. $^1/_2$ Std.

Tipps

✗ Der Reißtalersteig kann auch vom Alpengasthof Moassa aus angegangen werden.

✗ Abstiegsvarianten: Gamsecksteig/Schutzsteig, Großes Fuchsloch, Gretchensteig, Raxenmäuersteig, Karl-Kantner-Steig, Schlangenweg

✗ Abstiege für Öffi-Benutzer:
  – nach Prein an der Rax (via Seehütte)
  – nach Hirschwang oder Edlach (via Otto-Haus und Seilbahn-Bergstation)
  – nach Kaiserbrunn (via Otto-Haus und Brandschneide)

Großes Fuchsloch

Moassa – Karreralm – Großes Fuchsloch – Heukuppe oder Karl-Ludwig-Haus

Kartenansicht Seite 227

Das Große Fuchsloch im letzten Abendlicht.

Der östliche Teil der Raxenmäuer wird von einer ganzen Reihe von leichten, zum Teil gesicherten Anstiegen durchzogen. Im zentralen Teil befinden sich hingegen einige geringfügig schwierigere, aber ungesicherte Durchstiege durch die niedrige, aber wild zerklüftete Wandzone. Das Große Fuchsloch ist die empfehlenswerteste und beliebteste Route, das Kleine Fuchsloch und der Amaliensteig sind ebenfalls interessant, aber ernster und alpiner. Alle drei Steige sollten besser im Aufstieg begangen werden. Im Abstieg sind sie unangenehm und, was die beiden Letzteren betrifft, auch schwer zu finden.

Route

Vom Moassa leicht ansteigend und den roten Markierungen folgend durch ein Waldstück und dem grünen Pistenband entlang zur Bergstation des Schlepplifts (rechts die private Jahnhütte). Am Starthäuschen links vorbei und auf einem Forstweg (zuletzt zwei Kehren) zur Karreralm. $^1/_2$ Std.

In östlicher Richtung den gelben (oder besser neongelbgrünen!) Markierungen (Wegweiser auf dem ersten Baum) folgend in ein Waldstück, dann allmählich durch Latschen ansteigend zu einem gut ausgebauten Jägerstand.

Tour auf einen Blick

Über den aussichtsreichen Latschenrücken des tatsächlich windexponierten Blasriegels steil ansteigend zu einem Rasenfleck mit gutem Überblick über den weiteren Steigverlauf durch die Felsen. In einer kurzen Querung zu einem Rasenband unter Überhängen (schöner Rastplatz) und zum Einstieg am Fuß einer Rinne (ca. 1700 m, Einmündung des rot markierten Zustiegs von der Reißtalerhütte). $^1/_2$ Std.

Durch die Schrofenrinne ein Stück empor, dann rechts raus in ein Schartl und über eine schräge Rampe zu einem steilen Wandl. Über dieses hinweg (Schlüsselstelle) und links über einen Absatz zurück in die Rinne oberhalb des großen Wandabbruchs. Durch die Rinne etwas mühsam höher, dann rechts hinausqueren zu einem Rasenplatz. Am rechten Rand des großen schrofigen Rasentrichters hinaus zum Ausstieg auf einem Rücken. Rechts haltend in einer langen sanft steigenden Querung (Stangenmarkierung) zur Wegkreuzung beim Pkt. 1937 (Wegweiser) oberhalb des Schneegrabens. $^3/_4$ Std.

Weiterweg: In Kürze hinauf zur Heukuppe oder hinab zum Karl-Ludwig-Haus, jeweils $^1/_2$ Std.

Tipps

✗ Vom Preiner Gscheid führt über die Reißtalerhütte ein rot markierter Zustieg zum Großen Fuchsloch, sodass der Steig auch von diesem Ausgangspunkt aus angegangen werden kann.

✗ Abstiegsvarianten: Altenbergersteig, Gamsecksteig/Schutzsteig, Reißtalersteig, Gretchensteig, Raxenmäuersteig, Martinsteig, Karl-Kantner-Steig, Schlangenweg

Kleines Fuchsloch

Moassa – Karreralm – Kleines Fuchsloch – Heukuppe oder Karl-Ludwig-Haus

Kartenansicht Seite 227

Route

Vom Moassa zum Einstieg des Großen Fuchslochs (Seite 223). 1$^1/_2$ Std. Der blauen Markierung des Wandfußsteigs in östlicher Richtung folgend auf einem schwach ausgeprägten Steiglein um einen Felsrücken. Die folgende Rinne überqueren zu einem Felseck mit auffälligem rötlichen Flechtenbewuchs (Einstieg, ca. 1700 m). Schräg ansteigend zurück in die Rinne (erste rote Markierungen) und etwas mühsam am linken Rand zu ihrem oberen Ende. Über eine auffällige Felsrampe mit einer zerborstenen Platte (am besten an der rechten Kante) in anregender leichter Kletterei höher, dann in einer steilen Rinne (Schrofen, Rasenpölster) zu einer Wandzone. Rechts entlang zu einem Absatz, und ausgesetzte Querung oberhalb eines Abbruchs. Kurz durch eine seichte Rinne aufwärts, dann weitere Querung über ein gut gangbares Schrofenband. Links über einen steilen Rasenrücken zum Ausstieg und beliebig hinauf zum Pkt. 1937 oberhalb des Schneegrabens (Wegweiser). $^1/_2$ Std.

Weiterweg: In Kürze hinauf zur Heukuppe oder hinab zum Karl-Ludwig-Haus, jeweils $^1/_2$ Std.

Vom Großen Fuchsloch (links) geht es rechts weiter zum Kleinen Fuchsloch und zum Amaliensteig.

Tour auf einen Blick

Start: *Alpengasthof Moassa, 1171 m, Parkplätze; Preiner Gscheid, 1070 m, Bushalt, Parkplätze*

Zeit: *2¹/₂ Std. vom GH Moassa bis zum Pkt. 1937.*

Höhenunterschied: *780 m vom Preiner Gscheid*

Anforderungen: *Ungesicherter Anstieg mit einer netten Plattenrampe und einer ausgesetzten Querung. Absolute Trittsicherheit und Schwindelfreiheit erforderlich. Wird in der Regel ohne Kletterseil (Gefährtensicherung) begangen. Im Abstieg nicht empfehlenswert und auch schwer zu finden*

Kletter-Schwierigkeit: *Einige Stellen bis max. I*

Ausrüstung: *Alpine Grundausrüstung*

Kinder: *ab 14*

Hunde: *nein*

Aussicht: *Schneealpe, Mürzsteger Alpen, Stuhleck, Pretul, Hochlantsch*

Orientierung: *einfach.* **Markierung:** *gelb, kurz blau, dann rot*

Einkehr: *Alpengasthof Moassa, 1171 m; Karl-Ludwig-Haus, 1804 m*

Eignung für den Abstieg: *nein*

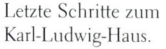
Letzte Schritte zum Karl-Ludwig-Haus.

Tipps

✗ Abstiegsvarianten: Gamseckssteig/Schutzsteig, Altenbergersteig, Großes Fuchsloch, Reißtalersteig, Gretchensteig, Raxenmäuersteig, Martinsteig, Karl-Kantner-Steig, Schlangenweg

✗ Das Kleine Fuchsloch kann auch vom Preiner Gscheid aus über die Reißtalerhütte angegangen werden.

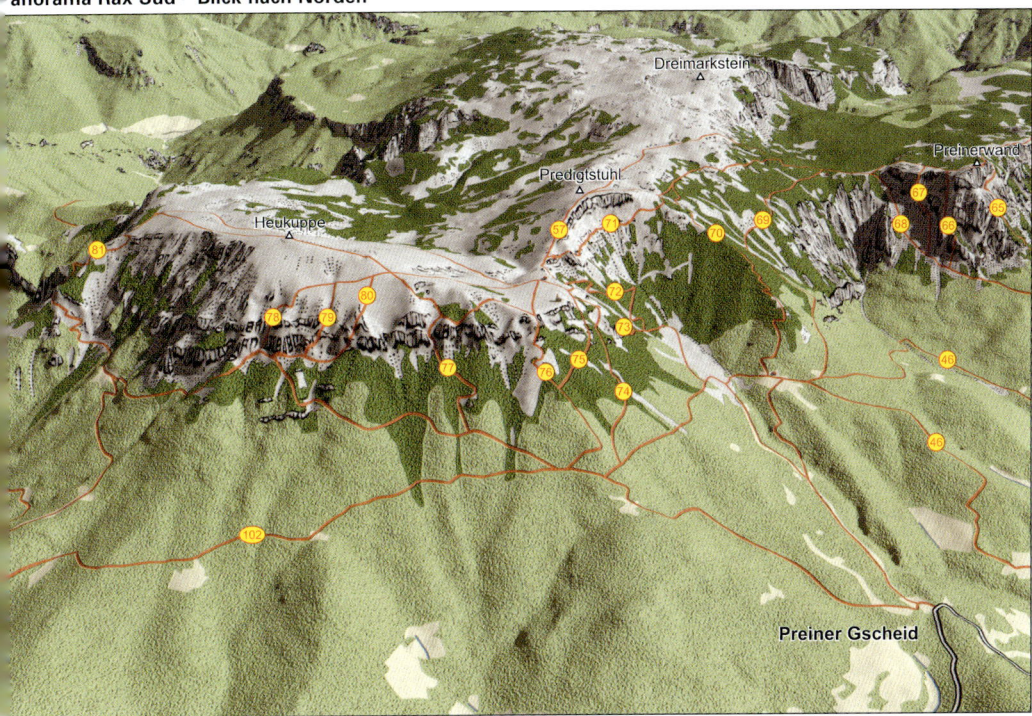

Karte Rax Süd

Amaliensteig

Moassa – Karreralm – Amaliensteig – Heukuppe/Karl-Ludwig-Haus

Kartenansicht Seite 227

Route

Vom Moassa zum Einstieg des Großen Fuchslochs (Seite 223). $1^1/_2$ Std. Der blauen Markierung des Wandfußsteigs in östlicher Richtung folgend auf einem schwach ausgeprägten Steiglein um einen Felsrücken. Die folgende Rinne überqueren zu einem Felseck mit auffälligem rötlichen Flechtenbewuchs (Einstieg zum Kleinen Fuchsloch). Weitere Querung über Steilrasen zu einer auffälligen rötlichen Schuttrinne. Über diese hinweg und auf Steigspuren am Wandfuß entlang ansteigend zu einem Eck mit großem gelben Punkt und in Kürze zum gut bezeichneten Einstieg des Amaliensteigs (ca. 1730 m). $^1/_2$ Std.

Den blauen Markierungen folgend ansteigende Querung über ein schrofiges, teils erdiges Band (gleich zu Beginn ein Tritteisen) zu einer Nische (Gamsplatz). Weiter um ein ausgesetztes Eck, kurz absteigen, dann über eine Felsstufe und durch eine roterdige Rinne zu einem Abschlusswandl. Über dieses hinweg, links zu einem Rücken und über diesen zunächst durch Latschen, dann in schrofendurchsetztem Rasengelände zum Pkt. 1937 oberhalb des Schneegrabens (Wegweiser). $^1/_2$ Std.

Weiterweg: In Kürze hinauf zur Heukuppe oder hinab zum Karl-Ludwig-Haus, jeweils $^1/_2$ Std.

Tour auf einen Blick

Start: Alpengasthof Moassa, 1171 m, Parkplätze; Preiner Gscheid, 1070 m, Bushalt, Parkplätze
Zeit: $2^1/_2$ Std. vom Moassa bis zum Pkt. 1937
Höhenunterschied: 800 m
Kletter-Schwierigkeit: Einige Stellen bis max. I+
Ausrüstung: Alpine Grundausrüstung
Anforderungen: Ungesicherter alpiner Anstieg mit einer ausgesetzten Querung. Absolute Trittsicherheit und Schwindelfreiheit erforderlich. Wird in der Regel ohne Kletterseil (Gefährtensicherung) begangen. Im Abstieg nicht empfehlenswert. Trotz der geringen Kletterschwierigkeit nur für geübte und erfahrene Bergsteiger
Kinder: ab 14
Hunde: nein
Aussicht: Schneealpe, Mürzsteger Alpen, Stuhleck, Pretul, Hochlantsch
Orientierung: einfach. **Markierung**: gelb, dann blau
Einkehr: Alpengasthof Moassa, 1171 m; Karl-Ludwig-Haus, 1804 m
Eignung für den Abstieg: nein

Tipps

Abstiegsvarianten: Gamsecksteig/Schutzsteig, Großes Fuchsloch, Reißtalersteig, Gretchensteig, Raxenmäuersteig, Martinsteig, Karl-Kantner-Steig, Schlangenweg

Altenbergersteig

81

Moassa – Karreralm – Altenbergersteig – Gamseck

Kartenansicht Seite 227, 232, 233

Panorama vom Altenbergersteig nach Westen.

Der Altenbergersteig ist ein absolut zu Unrecht stiefmütterlich behandelter Rax-anstieg. Zu Unrecht, weil er einer der leichteren und kürzeren ist (über ihn werden die Kühe auf die Almen rund um den Bärengraben getrieben) und weil er beim Gamseck, also in unmittelbarer Nähe zur Heukuppe, auf die Hochfläche führt. Auch landschaftlich hat er allerhand zu bieten. Schritt für Schritt wächst die Aussicht über die Schneealpe hinweg gegen die Kalkalpen und steigt die Hoffnung und die Erwartung, ob denn die Luft klar genug sein wird, um hinter Hochschwab, Gesäuse und Totem Gebirge sogar den Dachstein erblicken zu können!

Warum also das Linksliegenlassen? Weil das Preiner Gscheid für die aus Niederösterreich anreisenden Rax-Aspiranten wie eine unüberwindbare Barriere wirkt und weil die Rax für die „Bergsteirer" nichts Besonderes darstellt. Da aber der Altenbergersteig bereits am Ausgangspunkt, dem beliebten Alpengasthof Moassa, mit einer besonders empfehlenswerten Einkehrmöglichkeit aufwartet und in seiner ganzen Länge besonders schön ist, sei er hiermit jedem Rax-Besucher wieder in Erinnerung gebracht!

Route

Vom Alpengasthof Moassa leicht ansteigend und den roten Markierungen folgend durch ein Waldstück und das grüne Pistenband entlang hinauf zur Bergstation des Schlepplifts (rechts die private Jahnhütte). Am Starthäuschen links vorbei und auf dem Forstweg (zuletzt zwei Kehren) zur Karreralm. $1/2$ Std.

Tour auf einen Blick

Betreuung: Alpine Gesellschaft Reißtaler, Wien
Start: Alpengasthof Moassa, 1172 m, Parkplätze
Zeiten: 2 Std. bis zum Gamseck. Übergang zum Karl-Ludwig-Haus $^1/_2$ Std.
Höhenunterschied: 700 m bis zum Gamseck
Anforderungen: Bergwanderung ohne besondere technische Schwierigkeiten. Einige kurze harmlose Geländer-Sicherungen. Im oberen Teil im Geröll etwas mühsam
Ausrüstung: Alpine Grundausrüstung
Kinder: ab 8 Jahre
Hunde: ja
Aussicht: Mürzsteger Alpen, Schneealpe, Altenbergtal
Orientierung: einfach. *Markierung:* rot
Einkehr: Alpengasthof Moassa, 1172 m; Karl-Ludwig-Haus, 1804 m
Eignung für den Abstieg: ja

In nördlicher Richtung gemütlich weiter, zunächst durch Wald, dann über ein Geröllfeld (Blick zu den Felsabstürzen) zu einem Waldrücken (Lärchen). Über diesen steiler bergan und hinaus zum Grat, der vom Gsolriegel zum Hohen Stein hinaufzieht. Jenseits reizvolle aussichtsreiche Querung (Gatter, Geländer), dann hinauf auf einen weiteren breiten Rücken (schöner Tiefblick ins Altenbergtal) und auf teils gerölligem Steig in Kehren hinauf zum Pkt. 1849 beim Gamseck. 1$^1/_2$ Std.

Günstigster Weiterweg: entweder über die Heukuppe (rote Markierung) oder nördlich am Hang querend (blaue Markierung) zum Karl-Ludwig-Haus.

Auf dem Altenberger-steig.

Tipps

✗ Abstiegsvarianten: Gamsecksteig/Schutzsteig, Großes Fuchsloch, Reißtalersteig, Gretchensteig, Martinsteig, Raxenmäuersteig, Karl-Kantner-Steig, Schlangenweg

230

Gamsecksteig

82

Hinternasswald oder Altenbergtal – Nasskamm – Gamsecksteig

Kartenansicht Seite 232, 233

Der Gamsecksteig bildet die einfachste Möglichkeit, um aus den Rax-Hinterstüberln, sei es von Hinternasswald oder aus dem Altenbergtal, in einem Zug in die höchsten Höhen des Raxplateaus vorzudringen. Er ist einer der ersten Raxsteige, die mittels Sicherungen erschlossen und begehbar gemacht worden sind. Heute strahlt der Steig daher viel Nostalgie aus und zeugt vom Sinn der Erbauer, leichte Durchstiegsmöglichkeiten durch eine wilde Landschaft zu schaffen.

In der winterlichen Felsenwelt des Gamsecksteigs.

Route

Zustieg von Hinternasswald:

Wie beim Kaisersteig zur Materialseilbahn des Habsburghauses (Wegweiser). Rechts zum nahen Waldrand und unter einigen Lärchen Beginn des Steilanstiegs zum Nasskamm. Über den stimmungsvollen Waldrücken des Nassriegels zunehmend schweißnass empor zum Schusterbründl, dann in einer Hangquerung hinaus zum Nasskamm. $1^1/_2$ Std.

Zustieg aus dem Altenbergtal:

Vom Parkplatz am Ende der öffentlich befahrbaren Straße mit den roten Markierungen zunächst auf einer Forststraße, dann auf einem gut angelegten Waldsteig in zahlreichen Kehren zur Höflerquelle und weiter zum Nasskamm. $^1/_2$ Std.

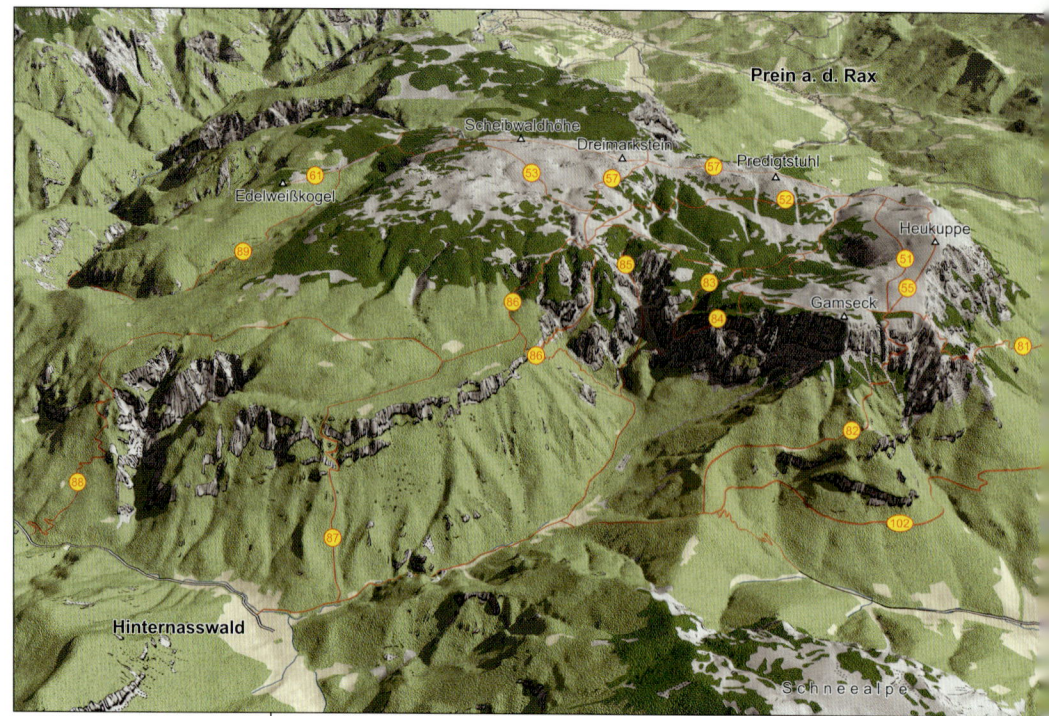

Tour auf einen Blick

Errichtet: 1875

Betreuung: ÖTK-Sektion Raxgmoa, Wien

Start: Hinternassswald, 711 m, Bushalt, Parkplätze; Altenbergtal, 981 m, Parkplatz

Zeit: je nach Ausgangspunkt 3 bis 3^1/$_2$ Std. bis zum Gamseck. Übergang zum Karl-Ludwig-Haus ^{1}/$_2$ Std.

Höhenunterschied: 1150 m bis zum Gamseck

Anforderungen: Alpiner, teils gesicherter Anstieg mit großem Höhenunterschied. Wird in der Regel ohne Klettersteig-Selbstsicherung begangen. Trittsicherheit und Schwindelfreiheit erforderlich, auch im „Gehgelände"

Klettersteig-Schwierigkeit: A-B, Stahlseile zum Teil recht locker gespannt.

Sicherungen: Stahlseil, Eisenleiter, Tritteisen

Ausrüstung: Alpine Grundausrüstung

Kinder: ab 12 Jahre

Hunde: nein

Aussicht: Kahlmäuer, Schneealpe, Mürzsteger Alpen, Altenbergtal

Orientierung: einfach. *Markierung:* rot

Einkehr: Karl-Ludwig-Haus, 1804 m; Habsburghaus, 1785 m

Eignung für den Abstieg: ja

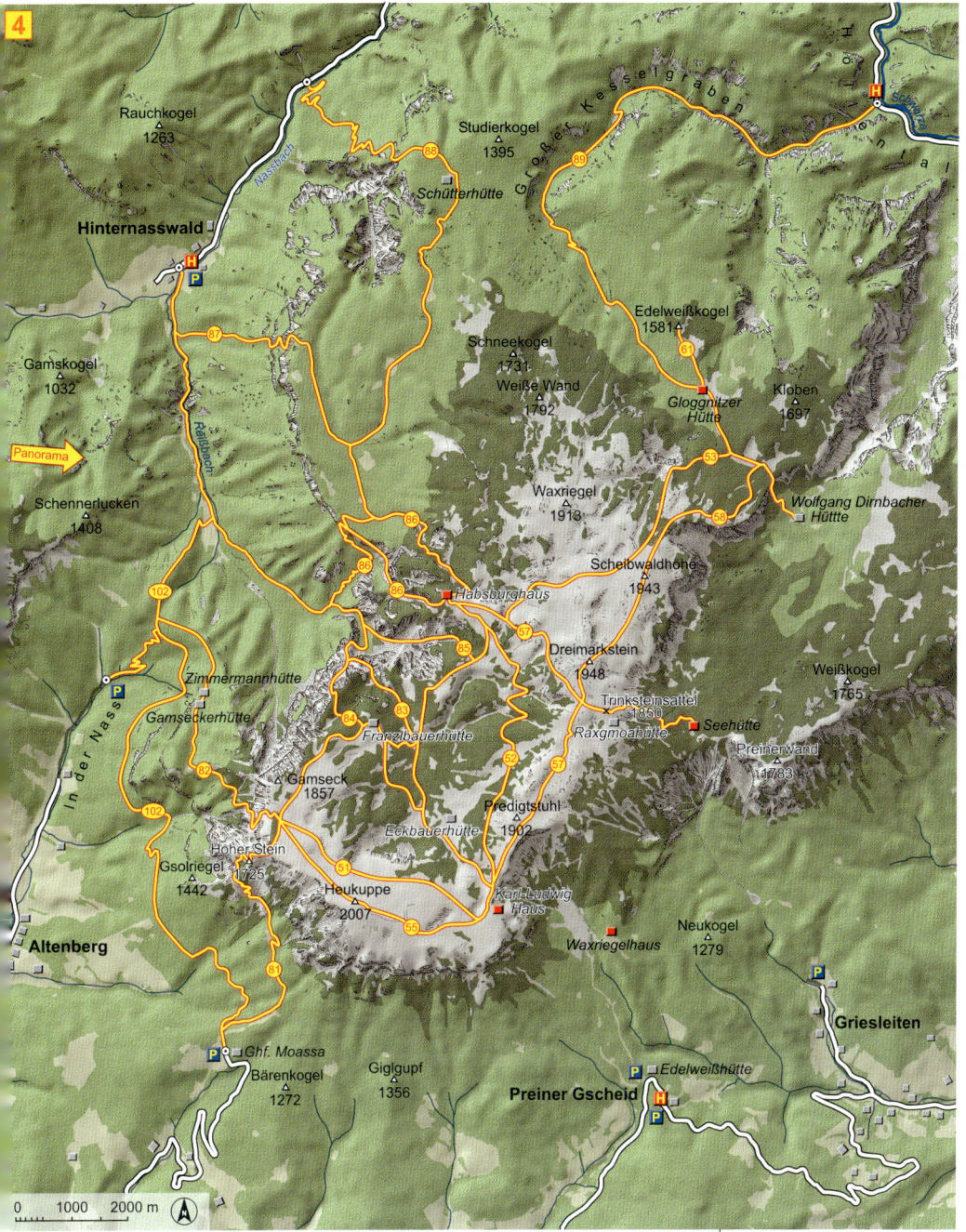

Gemeinsamer Weiterweg:

Von der Forststraße in südöstlicher Richtung über einen Waldrücken zu einem Holzlagerplatz. Sanft ansteigend im Hochwald weiter zur Zimmermann-Hütte (Schild: „Freiwillig geöffneter Unterkunftsraum und Veranda"). Innen ist's so richtig muffig und feucht, ein längerer Aufenthalt (vier Matratzen stehen zur Verfügung) also nur in Notfällen anzuraten. Unweit steht eine schöne private Jagdhütte am Wiesenrand, die Gamseckerhütte. Am Ende der Lichtung wieder deutlich aufwärts, neben einem Rinnsal durch einen Graben (einzelne Verkarstungsformen) und in den so genannten Gupfsattel. Dort erster Blick in die wilde Felslandschaft, durch die sich der Gamsecksteig zur Hochfläche durchschlängelt. 1 Std.

Weiter ohne Höhengewinn über einen Waldhang zur „Einstiegstafel". Über eine große Geröllhalde (Blick zum Gamseck) zu einer ersten gesicherten Stelle (Platte mit Tritteisen, Umgehung möglich). Durch Latschen zu einem Grat (Aussicht) und jenseits (Stahlseil) auf ein weiteres Geröllfeld Marke „ein Schritt vor, zwei zurück". Dieses empor, rechts um einen plattigen Gratvorsprung in eine stark erodierende Nachbarrinne und in Kehren mühsam in ein Schartl. Jenseits in einem Felskessel zwei Rinnen überqueren (nicht durchgehend gesichert, Vorsicht!) und über eine rustikale verbogene Doppelleiter auf einen Absatz. In einer längeren Querung nach links unter Wänden zu einem Felskessel. Links davon über den Schrofenvorbau die Sicherungen entlang zum Ausstieg, dann in Kehren zwischen Latschenflecken zur Wegkreuzung beim Pkt. 1849. 1$^1/_2$ Std.

Weiterweg: entweder über die Heukuppe (rote Markierung) oder nördlich die Heukuppenleiten querend (blaue Markierung) zum Karl-Ludwig-Haus.

Tipps

✖ Aus dem Gupfsattel überaus lohnender Abstecher auf den nahen aussichtsreichen Grabnergupf (steiler Rasenanstieg, 70 Hm, Zeitaufwand 10 Min. im Aufstieg). Aussicht: Habsburghaus, Altenbergtal, Schneealpe, Veitsch, Hochlantsch, Reisalpe, Sonnleitstein.

✖ Aus dem Gupfsattel über den nach Osten ziehenden Rücken Zustieg (Steiglein) zum Wilden Gamseck, einem beliebten ungesicherten Anstieg (Stellen II, rote Farbpunkte) auf das Gamseck. Das Wilde Gamseck bildet übrigens den einzigen Gratanstieg der Rax.

✖ Abstiegsvarianten: Altenbergersteig, Kaisersteig, Bärenloch, Wildfährte, Peter-Jokel-Steig

✖ Abstiege für Öffi-Benutzer:
  – zum Preiner Gscheid (via Karl-Ludwig-Haus, Seehütte, Waxriegelhaus)
  – nach Prein an der Rax (via Seehütte)
  – nach Hirschwang oder Edlach (via Otto-Haus und Seilbahn-Bergstation)
  – nach Kaiserbrunn (via Otto-Haus und Brandschneide)
  – ins Höllental durch einen der gesicherten Steige

Bärenlochsteig

83

Hinternasswald – Bärenloch –
Karl-Ludwig-Haus/Habsburghaus

Kartenansicht Seite 232, 233

Blick vom Bärenloch-
steig Richtung
Habsburghaus.

Die Kahlmäuer waren das Top-Klettergebiet in den Anfängen der alpinen Erschließung der Rax um ca. 1875. Hier holten sich verwegene Burschen (Zsig-mondy, Lammer etc.) in den sicherlich schon damals recht brüchigen Wänden durch ihre viel beachteten Erstbegehungen das Rüstzeug für die ganz großen Herausforderungen in den Alpen. Inzwischen hat sich das Interesse an den Kahl-mäuern stark reduziert, lediglich unter Klettersteiggehern haben sie weiterhin einen guten Ruf. Bärenlochsteig und Wildfährte heißen die beiden Klassiker, die zur Auswahl stehen. Wer will, kann natürlich auch beide kombinieren. Unter-schätzen sollte er sie trotz ihrer relativ geringen Klettersteig-Schwierigkeit nicht. Die Kriterien liegen mehr in der Länge der Touren und im alpinen Gesamtcha-rakter. Auch die ungesicherten Abschnitte, also das so genannte „Gehgelände", verlangen Konzentration und etwas Kletterkönnen. Wer den Anforderungen gewachsen ist, dem steht für ein faszinierendes Bergerlebnis in einer wilden Fels-kulisse nichts mehr im Weg!

Route

Wie beim Kaisersteig zur Talstation der Materialseilbahn zum Habsburghaus (Wegweiser). Links weiter Richtung Habsburghaus, zunächst kurz auf einem Steiglein, dann auf der Forststraße sanft ansteigend über den Rehboden zur Abzweigung des Kaisersteigs. 1 Std.

Kahlmäuer.

Rechts dem Wegweiser zur Wildfährte und zum Bärenloch folgen. In einem stimmungsvollen Hochwald zunehmend steil aufwärts durch eine von hohen Wänden gebildete Felsschlucht. Weiter auf teils gerölligem Steig und vorbei an großen Felsblöcken. Aus dem Wald heraus (das Große Gries zieht links empor)

Tour auf einen Blick

Erstbegehung: *1877 (damals noch ohne Sicherungen)*
Betreuung: *Alpine Gesellschaft Reißtaler, Wien*
Start: *Hinternasswald, 711 m, Bushalt, Parkplätze*
Zeiten: *3$^1/_2$ Std. bis zum Karl-Ludwig-Haus bzw. zum Habsburghaus.*
Höhenunterschied: *1100 m bis zum Karl-Ludwig-Haus bzw. zum Habsburg-haus*
Anforderungen: *Teils gesicherter Anstieg mit großem Höhenunterschied und alpinem Charakter. Trittsicherheit und Schwindelfreiheit erforderlich*
Klettersteig-Schwierigkeit: *B, dazwischen auch ungesicherte Abschnitte, die leichte Kletterei (I) erfordern*
Sicherungen: *Stahlseil, Eisenkette, Tritteisen*
Ausrüstung: *Alpine Grundausrüstung, komplette Klettersteig-Selbstsicherung*
Kinder: *ab 14 Jahre*
Hunde: *nein*
Aussicht: *Kahlmäuer, Schneealpe*
Orientierung: *einfach.* **Markierung:** *rot, dann grün*
Einkehr: *Karl-Ludwig-Haus, 1804 m; Habsburghaus, 1785 m*
Eignung für den Abstieg: *ja, aber Vorsicht besonderes im Bereich der „Wur-zel-Passage" und in der Einstiegsrinne*

und unter den überwältigenden Abstürzen der senkrechten glatten Bären-lochwand rechts haltend auf einem Geröllsteig zum Wandfuß. Durch eine gut gegliederte Rinne in leichter Kletterei (I, bei Nässe unangenehm) in einen Sattel auf ca. 1300 m und damit zum Einstieg. $^1/_2$ Std.

Auf halber Höhe ausgesetzt um einen Turm (Eisenkette) und in ein Schartl. Über den baumbestandenen Rücken teilweise mithilfe der Wurzeln höher, dann über eine Platte mit Tritteisen. Weiter durch eine steile Rinne zur Abzweigung der Wildfährte. Links, nun den grünen Markierungen folgend, in eine Rinne. Durch diese kurz hinab und durch die Nachbarrinne aufwärts (Achtung, keine Steine abtreten!). Querung nach rechts in einen engen steilen Kamin, diesen empor (geschlagene Tritte), dann hinter dem Turm (toller Blick zum Habsburghaus) kurzer Abstieg durch eine weitere Rinne (Ende der Sicherungen, ca. 1500 m). Übergang in den Bärengraben und durch diesen aufwärts. Ein Felsentor bildet das Entrée, lustige Markierungen sorgen für Abwechslung. Allmählich wird die Umgebung sanfter und grüner. Durch den im Sommer stark verwachsenen Graben (Steig mitunter überwuchert, Achtung auf Verknöcheln!) zu einer Wegkreuzung. $^1/_2$ Std.

Weiterweg:

- durch den oberen Bärengraben über die Ebnerhütte (ab dort besserer Alm-weg) zum Karl-Ludwig-Haus (grüne Markierung, $^1/_2$ Std.)

- links über die einfache Ochsenhalthütte zum Habsburghaus (gelbe, zuletzt blaue Markierung, $^3/_4$ Std.)

- rechts (rote Markierung) über die Grasbodenalm zur Einmündung der Wildfährte und zu Gamseck und Heukuppe.

Tipps

✘ Abstiegsvarian-ten: Kaiser-steig, Gams-ecksteig, Wildfährte, Peter-Jokel-Steig

✘ Übergänge für Öffi-Benutzer: zum Preiner Gscheid (Bus), nach Prein oder Edlach (Bus), zur Rax-Seilbahn, ins Höllental (Bus)

Immer wieder aufs Neue: Waldanstieg, dann erst die offene Felsenwelt.

237

Wildfährte

Hinternasswald – Wildfährte – Karl-Ludwig-Haus

Kartenansicht Seite 232, 233

Die Wildfährte ist die große Schwester des Bärenlochsteigs. Beide leben von der spektakulären Felsszenerie der Kahlmäuer und profitieren von der Anziehungskraft, die sie auf Klettersteiggeher mit Sinn für das etwas ernstere alpine Ambiente ausüben. Zusätzlich eignen sich die Steige ideal für Hinternasswalder Kombinations-Glücksspiele. Gamsecksteig, Wildfährte, Bärenloch, Kaisersteig und auch Peter-Jokel-Steig heißen die Gewinner. Jeder, der mitspielt, gewinnt! Denn alle Ergebnisse sind lohnend und bescheren dem Begeher einen abwechslungsreichen Tag in einer herrlichen Berglandschaft. Spielen auch Sie mit!

Route

Wie beim Bärenlochsteig zum Beginn der Sicherungen (ca. 1300 m). 1$^1/_2$ Std. Diesen folgend zur Abzweigung der Wildfährte. Nun mit den roten Markierungen höher und auf eine lang gezogene Rampe, welche die gesamten Kahlmäuer durchzieht und den überaus aussichtsreichen weiteren Durchstieg vermittelt. Im Gehgelände höher in ein Schartl. Die Diagonale fortsetzend über

Tour auf einen Blick

Erstbegehung: 1877 *(damals noch keine Sicherungen)*
Betreuung: Alpine Gesellschaft Reißtaler, Wien
Start: Hinternasswald, 711 m, Bushalt, Parkplätze
Zeiten: 3$^1/_2$ *Std. bis zum Karl-Ludwig-Haus bzw. zum Habsburghaus*
Höhenunterschied: 1150 m zum Karl-Ludwig-Haus, 1200 m zum Habsburghaus
Anforderungen: Teils gesicherter Anstieg mit großem Höhenunterschied und alpinem Charakter. Trittsicherheit und Schwindelfreiheit, auch im Gehgelände, erforderlich
Klettersteig-Schwierigkeit: B. Dazwischen auch ungesicherte Abschnitte mit ganz leichter Kletterei (bis I)
Sicherungen: Eisengliederkette, Stahlseil, Tritteisen
Ausrüstung: Alpine Grundausrüstung, komplette Klettersteig-Selbstsicherung
Kinder: ab 14 Jahre
Hunde: nein
Aussicht: Kahlmäuer, Schneealpe
Orientierung: einfach. Markierung: rot
Einkehr: Karl-Ludwig-Haus, 1804 m; Habsburghaus, 1785 m
Eignung für den Abstieg: ja, aber Vorsicht besonderes im Bereich der „Wurzel-Passage" und der Einstiegsrinne

mehrere Grate hinweg, teils in ganz leichter Kletterei, teils mithilfe von Sicherungen zu einer Nische vor der steilen Schlusswand. Durch diese im Zickzack empor, zuletzt nach links über ein ausgesetztes Band zum Ausstieg an der Geländekante (Pkt. 1666). 1 Std.

Durch Latschengassen einen Graben ausgehend zur Grasbodenalm. Von dort

■ Übergang zur Ebnerhütte und durch den oberen Bärengraben zum Karl-Ludwig-Haus (rote, dann grüne Markierung, 1 Std.)

■ hinunter in den Bärengraben und Gegensteigung zum Habsburghaus (rote, dann gelbe, zuletzt blaue Markierung, 1 Std.)

■ rechts ansteigend zum Gamseck und zur Heukuppe (rote Markierung, $^1/_2$ Std. bzw. 1 Std.).

Unterwegs auf der Wildfährte, hinten die Scheibwaldmauer und der Durchschlupf des Kaisersteigs.

Tipps

✗ Abstiegsvarianten: Gamsecksteig, Bärenlochsteig, Kaisersteig, Peter-Jokel-Steig

✗ Abstiege für Öffi-Benutzer:
– zum Preiner Gscheid (via Karl-Ludwig-Haus, Waxriegelhaus, Seehütte)
– nach Prein an der Rax (via Seehütte)
– nach Hirschwang oder Edlach (via Otto-Haus und Seilbahn-Bergstation)
– nach Kaiserbrunn (via Otto-Haus und Brandschneide)
– ins Große Höllental

Großes Gries

Habsburghaus –
Großes Gries – Hinternasswald

Kartenansicht Seite 232, 233

Die Rax ist überreich mit spektakulären und atemberaubenden Felslandschaf-
ten gesegnet. Die meisten davon sind auch auf markierten Wegen zugänglich.
Ausnahmen bestätigen die Regel: Das Große Gries ist eine großartige einmalig
wilde Schlucht, die zwar durchaus bekannt, aber heute touristisch nicht mehr
erschlossen ist. Ein Genuss ist es speziell im Abstieg (oder im Winter als
anspruchsvolle Skitouren-Abfahrt) für den, der gut und gerne über die lockeren
Geröllhalden mühelos bergab laufen kann und will. Allerdings gilt es vorher, die
Schlüsselstelle, eine unangenehme, den Graben unterbrechende Schrofenzone,
zu bewältigen!

Route im Abstieg

Vom Habsburghaus den blauen Markierungen folgend in südöstlicher Richtung auf gutem Weg Richtung Karl-Ludwig-Haus bis zu einer Stange, die
auch ein gelbe Markierung trägt. Rechts ab Richtung Bärengraben in einen
weiten Sattel, kurz davor eine Gedenktafel für „Erw. List", mit der Inschrift

Führt einmal, Kameraden
Euch hier der Weg vorbei,
denkt, im Leben wie im Sterben
war ich den Bergen treu.

Tour auf einen Blick

Start: *Habsburghaus, 1786 m*
Zeiten: *2 Std. nach Hinternasswald*
Höhenunterschied: *1100 m*
Anforderungen: *Alpiner Abstieg mit einer Unterbrecherstelle, die leichte, aber*
unangenehme Kletterei bietet. Absolute Trittsicherheit erforderlich.
Anschließend lange Geröllhalden-Runs für Geübte
Ausrüstung: *Alpine Grundausrüstung*
Kinder: *ab 14 Jahre*
Hunde: *nein*
Aussicht: *Kahlmäuer, Schneealpe*
Orientierung: *einfach.* **Markierung:** *zunächst blau, dann gelb, im Großen*
Gries unmarkiert. Zuletzt rot
Einkehr: *Habsburghaus, 1786 m*
Eignung für den Aufstieg: *ja, aber wegen der Geröllhalden sehr mühsam*
und nicht lohnend

Blick aus dem Großen Gries Richtung Schneealpe.

Rechts abzweigen in den sich allmählich ausbildenden so genannten Rotwandgraben und immer im Grabengrund (teils nur schwach ausgeprägte Steigspuren) nach einem Linksbogen zu einer Engstelle (Abseilstelle mit Bügel). Achtung: nicht zu den rechts befindlichen Stangen hinausqueren! Links von der Abseilstelle über unangenehm splittrige Schrofen vorsichtig abwärts zum oberster Punkt der darunter ansetzenden Geröllhalde. Ab dort, immer eher an der rechten Schluchtbegrenzung entlang, die Geröllhalden zunächst noch etwas zögernd, dann immer müheloser und genussvoller abwärts. An einem Latschenfeld rechts vorbei, dann links hinunter in den bewaldeten Schluchtgrund. Auf dem rot markierten Steig (Zugang zu Wildfährte und Bärenloch) hinaus zur Einmündung in den Kaisersteig. $1^1/_2$ Std. Über den Rehboden zur Talstation der Materialseilbahn des Habsburghauses und weiter durch die Reißtalklamm hinaus nach Hinternasswald. 1 Std .

Tipps

✗ Aufstieg: Kaisersteig, Peter-Jokel-Steig, Schüttersteig
✗ Aufstiege für Öffi-Benutzer:
 – zum Preiner Gscheid
 – aus dem Höllental
 – von der Rax-Seilbahn

Kaisersteig

Hinternasswald – Kaisersteig – Habsburghaus
Variante durch das Kleine Gries

Kartenansicht Seite 232, 233

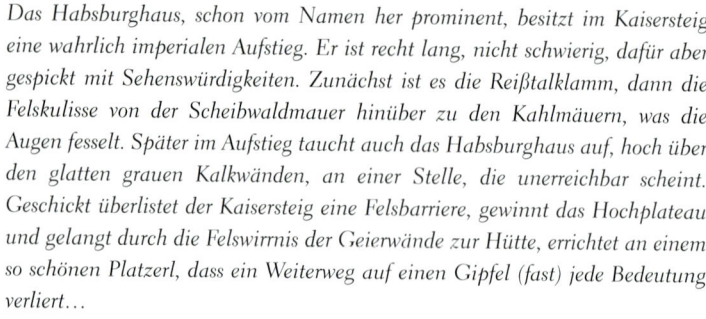

Das Habsburghaus, schon vom Namen her prominent, besitzt im Kaisersteig eine wahrlich imperialen Aufstieg. Er ist recht lang, nicht schwierig, dafür aber gespickt mit Sehenswürdigkeiten. Zunächst ist es die Reißtalklamm, dann die Felskulisse von der Scheibwaldmauer hinüber zu den Kahlmäuern, was die Augen fesselt. Später im Aufstieg taucht auch das Habsburghaus auf, hoch über den glatten grauen Kalkwänden, an einer Stelle, die unerreichbar scheint. Geschickt überlistet der Kaisersteig eine Felsbarriere, gewinnt das Hochplateau und gelangt durch die Felswirrnis der Geierwände zur Hütte, errichtet an einem so schönen Platzerl, dass ein Weiterweg auf einen Gipfel (fast) jede Bedeutung verliert…

Route

Vom Parkplatz den roten Markierungen Richtung Habsburghaus folgend links über die Brücke und in südlicher Richtung gemütlich auf der Forststraße talein. Vorbei an den Abzweigungen zur Schneealpe (rechts) und zum Peter-Jokel-Steig (links). Über den Reißbach und durch die eindrucksvolle kurze Reißtalklamm wieder hinaus ans Licht mit Blick zu den Kahlmäuern (rechts Rastplatz mit Gedenktafeln für Konrad Kain). Weiter talein zur großen Wiese mit der Talstation der Materialseilbahn zum Habsburghaus (Wegweiser, Standort des abgetragenen Binder-Wirtshauses). Links weiter, zunächst kurz auf einem Steiglein, dann auf der Forststraße sanft ansteigend über den Reh-boden zur Abzweigung der Wildfährte und des Bärenlochsteigs. 1 Std.

Tour auf einen Blick

Betreuung: *OeAV-Sektion Österreichischer Gebirgsverein, Wien*
Start: *Hinternasswald, 711 m, Bushalt, Parkplätze*
Zeiten: *3^1/$_2$ Std. bis zum Habsburghaus*
Höhenunterschied: *1100 m*
Anforderungen: *Anstieg mit großem Höhenunterschied und einer leichten, mit Stahlseil gesicherten Stelle. Trittsicherheit erforderlich*
Ausrüstung: *Alpine Grundausrüstung*
Kinder: *ab 12 Jahre*
Hunde: *ja*
Aussicht: *Kahlmäuer, Schneealpe, Mürzsteger Alpen*
Orientierung: *einfach.* **Markierung:** *rot*
Einkehr: *Habsburghaus, 1786 m*
Eignung für den Abstieg: *ja*

Rückblick vom Kaisersteig zur Schneealpe.

Blick vom Kaisersteig
zum Habsburghaus.

Zunehmend steil durch einen Hochwald in zahlreichen Kehren höher, dann
bei einem Wegweiser nach links und in einer langen Querung zur gesicherten
Rampe, die unter den Wänden zur Geländekante beim Steiger (prächtiger
Blick zu den Kahlmäuern) führt. Nahezu eben hinüber zur Einmündung der
Verbindungen zum Peter-Jokel-Steig und zum Schüttersteig. $1^1/_2$ Std.

Durch den sich allmählich ausprägenden Zickafahnlgraben bergan, dann
scharf rechts und im Zickzack steil hinauf auf einen Latschenrücken. Kurz
höher, dann Querung in einen Graben, der bald flach ausklingt (Standort der
aufgelassenen Pehoferalm). Auf flachen Rasenböden weiter und aus einem
Tälchen rechts hinaus zum Habsburghaus. $^1/_2$ Std.

Tipps

✗ Abstiegsvarianten: Peter-Jokel-Steig, Bärenlochsteig, Wildfährte,
  Gamsecksteig
✗ Abstiege für Öffi-Benutzer:
  – zum Preiner Gscheid (via Seehütte, Waxriegelhaus, Karl-Ludwig-
    Haus)
  – nach Prein an der Rax (via Seehütte)
  – nach Hirschwang oder Edlach (via Otto-Haus und Seilbahn-
    Bergstation)
  – nach Kaiserbrunn (via Otto-Haus und Brandschneide)

Variante durch das Kleine Gries

Höhle im Aufstieg durch das Kleine Gries.

Einsames Rax-Erlebnis Kleines Gries.

Das Kleine Gries bildet eine direkte Verbindung vom Steiger zum Habsburghaus. Der Anstieg führt teils über Geröllhalden, teils über Latschenrücken und ist nur schwer zu finden. Die landschaftlichen Eindrücke sind aber überwältigend und lohnen absolut den erhöhten Aufwand. Allerdings sollten sich nur geübte und ausdauernde Bergsteiger an das kleine Abenteuer heranwagen.

Route:

Auf dem Kaisersteig bis unter die gesicherte Rampe, die auf die Hochfläche beim Steiger führt. Rechtshaltend immer direkt unter den senkrechten bis überhängenden glatten Wänden auf Steiglein absteigen bis ca. 1260 m. Nun querender Anstieg zwischen Wänden und einem Latschenfeld, dann rechts zu einem Geröllfeld (unterhalb einer auffälligen Höhle). Einen Felsbereich umgehen, dann in einem Wäldchen unter einem Wandvorbau auf schwach ausgeprägtem Steig höher. Am linken Rand eines großen Geröllfelds mühsam aufwärts, auf halber Höhe rechts hinüber und im Lärchenwald unter Felswänden nach rechts in den Grünen Sattel, 1455 m. Links über den Rücken durch die Latschen raus auf ein Geröllfeld, an seinem rechten Rand mühsam höher, dann rechts in eine Nachbarrinne und auf einen Rücken (Tiefblick ins Große Gries). In ausgesetzter leichter Kletterei (kurz, aber unangenehm splittrig) höher, dann an der Geländekante entlang und in einem Linksbogen in eine Rasenmulde hinein. Durch diese aufwärts, dann links durch Latschen und eine Latschengasse zur Hütte. Vom Steiger 2 Std.

Peter-Jokel-Steig

Hinternasswald – Peter-Jokel-Steig – Habsburghaus

Kartenansicht Seite 232, 233

Letztes Sonnenlicht auf dem Jokelsteig.

Ein Steig, der die Gemüter erhitzt und die Lager spaltet! Im Aufstieg ist er im Wesentlichen Schweiß treibend steil, und im Abstieg hat er das Zeug zum Knie-schinder, wenn nicht sogar zum Kniekiller. So viel zum Negativen. Das Positive sind gewisse landschaftliche Reize im oberen Steigabschnitt, die aber zugegebe-nermaßen auf der Rax an vielen anderen Stellen größer sind. Auch die bergstei-gerische Herausforderung hält sich in Grenzen, selbst wenn Trittsicherheit und Schwindelfreiheit für eine sichere Begehung absolut erforderlich sind. Bleibt also der Umstand, dass er den schnellsten Aufstieg von Hinternasswald zur Hochfläche vermittelt. Ist das was? Nicht unbedingt, denn das Habsburghaus ist z. B. trotz-dem noch ein ganz schönes Stück entfernt. Nehmen wir den „Peternjoglsteig", wie er auf einem alten Wegweiser bezeichnet wird, so wie er ist, und nehmen wir ihn als eine Möglichkeit, die sich nicht gerade anbiedert und aufdrängt. Lohnend ist der Steig aber trotzdem, meint der Autor!

Route

Wie beim Kaisersteig bis zur Abzweigung des Peter-Jokel-Steigs bald nach der gefassten Reißtalquelle. Links ab und auf dem rot markierten Steiglein durch zunächst lichten Hochwald zunehmend steil höher. Nach der Kreuzung einer Forststraße nimmt die Steilheit nochmals zu, und auf ca. 1150 m

245

Tour auf einen Blick

beginnt es auch felsig zu werden. Ausgehend von einem Waldrücken und einer Querung nach rechts zwischen den einzelnen Wandzonen der Scheibwaldmauer (einige heiklere Stellen sind gesichert, andere nicht) höher. Unterwegs vorbei an einer Höhle, dann durch Geröll und auf einem Waldboden weiter steil aufwärts, und durch eine schrofige Rinne in ein Schartl. Nach einer gesicherten Querung und einem Gratabschnitt steiler weicher Waldboden bis zum Ausstieg an der Geländekante. $1^1/_2$ Std.

Den Markierungen folgend in allgemein südlicher Richtung oberhalb des Eisenbahngrabens eben dahin, teils auf Pfad, teils auf einem Fahrweg. Nach einem Linksbogen die Vereinigung mit dem Übergang zum Schüttersteig. Leicht ansteigend auf der Forststraße zu einem Umkehrplatz und auf stimmungsvollem Steiglein in Kürze zur Einmündung in den Kaisersteig. $^1/_2$ Std. Durch den sich allmählich ausprägenden Zickafahnlgraben bergan, dann scharf rechts und im Zickzack steil hinauf auf einen Latschenrücken. Kurz höher, dann Querung in einen Graben, der bald flach ausklingt (Standort der aufgelassenen Pehoferalm). Auf flachen Rasenböden weiter und aus einem Tälchen rechts hinaus zum Habsburghaus. $^1/_2$ Std.

Tipps

✘ Abstiegsvarianten: Kaisersteig, Bärenlochsteig, Wildfährte, Gamsecksteig
✘ Abstiege für Öffi-Benutzer:
- zum Preiner Gscheid (via Seehütte, Waxriegelhaus, Karl-Ludwig-Haus)
- nach Prein an der Rax (via Seehütte)
- nach Hirschwang oder Edlach (via Otto-Haus und Seilbahn-Bergstation)
- nach Kaiserbrunn (via Otto-Haus und Brandschneide)
- ins Höllental

Schüttersteig

88

Nasswald – Schüttersteig – Habsburghaus

Kartenansicht Seite 232, 233

Nicht nur Römerquelle belebt die Sinne!

Unter den weniger bekannten Rax-Steigen ist der Schüttersteig sicher der unbe-
kannteste. Und dafür gibt es auch gute Gründe: Der Ausgangspunkt liegt irgend-
wo im Niemandsland zwischen Nasswald und Hinternasswald. Am Start gibt es
eine kleine Parkmöglichkeit – sonst nichts! Der Steig selbst hat abgesehen von
einem Blick in die Wildnis des Großen Übeltals keine nennenswerten Attraktio-
nen zu bieten. Und auch keine Schwierigkeiten. Der Übergang über den Scheib-
wald Richtung Habsburghaus ist von einigen forstwirtschaftlichen Spuren – die
Rax hat auch so ein Gesicht – gekennzeichnet, die Markierung führt meist eine
Forststraße entlang. Die Aussicht wird zwar mit zunehmender Höhe besser, aber
nicht überwältigend. Eines scheint somit sicher: Rax-Einsteiger werden kaum mit
dem Schüttersteig anfangen. Aber die passionierten Rax-Enthusiasten werden an
ihm nicht vorbeikommen. Schon allein wegen ihrer Neugier und der Lücke in der
Sammlung! Aber keine Sorge: „Schlecht" ist der Schüttersteig keinesfalls. Wer
ihn nicht mit den höchsten Erwartungen angeht, kann nur positiv überrascht
werden, vor allem von der Ruhe und Einsamkeit.

Route

Auf der Brücke über den Nassbach und mit den roten Markierungen „zum Auf-
wärmen" einige Kehren der Forststraße entlang. An bezeichneter Stelle links ab
und auf schönem abwechslungsreichen Waldsteig zunächst bequem, nach der
Kreuzung der Forststraße etwas steiler aufwärts (Rückblick auf die eindrucksvollen Felsabstürze der Vogelkirchen). In angenehmer Steigung in Kehren zu

Tour auf einen Blick

Betreuung: *OeAV-Sektion Österreichischer Gebirgsverein, Wien*
Start: *An der Straße zwischen Nasswald und Hinternasswald, Pkt. 656 m, kleiner Parkplatz. Bus bleibt bei Bedarf stehen*
Zeit: *3¹/₂ Std. bis zum Habsburghaus*
Höhenunterschied: *700 m bis zur Schütterhütte, 1350 m zum Habsburghaus*
Anforderungen: *Gut angelegter Anstieg mit insgesamt großem Höhenunterschied*
Ausrüstung: *Alpine Grundausrüstung*
Kinder: *ab 12 Jahre*
Hunde: *ja*
Aussicht: *Schneealpe, Sonnleitstein, Obersberg, Preineckkogel*
Orientierung: *einfach.* **Markierung:** *rot, Wegnummer 45*
Einkehr: *Habsburghaus, 1785 m*
Eignung für den Abstieg: *ja*

den Felsen der Poldischneid, an diesen links entlang und auf ca. 1200 m in einen Sattel mit Blick in die Felswildnis des Großen Übeltals. 1¹/₂ Std. Von diesem Sattel lohnender Abstecher (Aussicht zu Schneealpe, Sonnleitstein etc.) auf einen nahen Gratvorsprung, Pkt. 1182 (Trittsicherheit erforderlich).

Weiter in östlicher Richtung und nach einem kurzen Steilstück Querung hinaus an den Plateaurand und Übergang zur nahen Schütterhütte (private Jagdhütte, Wasserstelle!). In der Folge abwechselnd auf Steigen und auf einer Forststraße gemütlich ansteigend in einen Sattel Pkt. 1530 (von dort kurzer lohnender wegloser Abstecher zum Pkt. 1548 der Raunerkögel, Aussicht). Auf der Forststraße hinunter zur Einmündung des Peter-Jokel-Steigs, leicht ansteigend zu einem Umkehrplatz und auf stimmungsvollem Steiglein zur Einmündung in den Kaisersteig. 1¹/₂ Std.

Durch den sich allmählich ausprägenden Zickafahnlgraben bergan, dann scharf rechts und im Zickzack steil hinauf auf einen Latschenrücken. Kurz höher, dann Querung in einen Graben, der bald flach ausklingt (Standort der aufgelassenen Pehoferalm). Auf flachen Rasenböden weiter und aus einem Tälchen rechts hinaus zum Habsburghaus. ¹/₂ Std.

Tipps

✗ Abstiegsvarianten: Kaisersteig, Peter-Jokel-Steig, Bärenlochsteig. Jeweils von Hinternasswald ca. 2 km auf der Straße zurück zum Ausgangspunkt.
✗ Abstiege für Öffi-Benutzer:
  – ins Höllental durch den Großen Kesselgraben: von der Schütterhütte auf Forststraße Übergang via Lochhütte in den Großen Kesselgraben und durch diesen Abstieg ins Höllental
  – zum Preiner Gscheid (via Seehütte, Waxriegelhaus, Karl-Ludwig-Haus)
  – nach Prein an der Rax (via Seehütte)
  – nach Hirschwang oder Edlach (via Otto-Haus und Seilbahn-Bergstation)
  – nach Kaiserbrunn (via Otto-Haus und Brandschneide)

Großer Kesselgraben

Höllental – Großer Kesselgraben – Gloggnitzer Hütte

Kartenansicht Seite 232, 255

Jetzt sind wir bei einem der absoluten landschaftlichen Highlights der Rax ange-langt. Auf insgesamt 7 Kilometern Länge werden 1000 Höhenmeter überwun-den, großteils in einer faszinierenden, tief eingeschnittenen Felsschlucht, in der im Frühsommer eine herrliche Blumenvielfalt das Bild zusätzlich verschönert. Bei der an Sommerwochenenden einfach bewirtschafteten Gloggnitzer Hütte endet der Graben, nicht aber die Tour. Überaus lohnend ist ein Abstecher zum nahen Edelweißkogel, und das gesamte Raxplateau steht für eine Fortsetzung und für den Abstieg zur Verfügung. Natürlich darf man auch durch den Kessel-graben wieder zurück an der Start! Und wer auf die Idee kommt, dort im Winter abzufahren, sollte dieses Vorhaben – bei entsprechender Schneelage bis ins Höl-lental – unbedingt realisieren. Es ist einfach spitze!

"Trekking"-Feeling im Großen Kesselgraben.

Route

Um oder über den Schranken und auf dem Steiglein über eine Lichtung in den Graben. Mehrere Aufschwünge wechseln sich mit flacheren Passagen ab, mal ist der Graben eng, mal weitet er sich. Links und rechts ziehen die Fels-wände und Sekundärgräben vorbei, und über Stock und Stein gewinnt der

Tour auf einen Blick

Betreuung: OeAV-Sektion Österreichischer Gebirgsverein, Wien
Start: Höllental, Eingang Kesselgraben, 559 m, Bushalt, kleiner Parkplatz
Zeiten: 3$^{1}/_{2}$ Std. zur Gloggnitzer Hütte
Höhenunterschied: 1000 m bis zur Gloggnitzer Hütte
Anforderungen: Langer und bequemer Grabenanstieg mit großem Höhenunterschied
Ausrüstung: Alpine Grundausrüstung
Kinder: ab 10 Jahre
Hunde: ja
Aussicht: erst bei der Gloggnitzer Hütte, viel besser vom nahen Edelweißkogel
Orientierung: einfach
Markierung: blau
Einkehr: Gloggnitzer Hütte, 1550 m
Eignung für den Abstieg: ja

Steig gleichmäßig an Höhe. Auf ca. 800 m bei der Einmündung des Kleinen Kesselgrabens (auch Klobengraben genannt) ein deutlicher Rechtsknick. Auf ca. 1000 m zwei Kehren im Bereich einer Geröllhalde. Dort endet der schönste Grabenabschnitt. 1$^{1}/_{2}$ Std.

Weiter im Grabengrund vorbei an einigen gelichteten Waldflächen. Nach einem Linksbogen eine abschließende steile Engstelle, das so genannte Gatterl. Beim Pkt. 1360 über die Forststraße und in einem stimmungsvollen Nadelwald zur schönen Lichtung mit der Gloggnitzer Hütte. 1$^{1}/_{2}$ Std.

Tipps

✗ Kombination mit einem Abstieg über den Schüttersteig (aus dem Kesselgraben beim Pkt. 1360 Übergang auf einer Forststraße zur Schütterhütte)
✗ Gipfelabstecher Edelweißkogel siehe Seite 186
✗ Abstiegsvarianten: Hoyossteig, Rudolfssteig, Gaislochsteig.
✗ Abstiege für Öffi-Benutzer:
 – nach Hinternasswald (via Habsburghaus)
 – zum Preiner Gscheid (via Seehütte, Waxriegelhaus, Karl-Ludwig-Haus)
 – nach Prein an der Rax (via Seehütte)
 – nach Hirschwang oder Edlach (via Otto-Haus und Seilbahn-Bergstation)
 – nach Kaiserbrunn (via Otto-Haus und Brandschneide)

Rudolfsteig

Weichtalhaus – Rudolfsteig – Klobentörl

Kartenansicht Seite 255

Blick vom tief
verschneiten oberen
Rudolfsteig
zum Schneeberg.

Der Rudolfsteig verläuft über den Trennrücken zwischen Kleinem und Großem Höllental. Damit bildet er das Pendant zum Wachthüttelkammsteig, der hoch über den Loswänden die Ostseite des Großen Höllentals erschließt. Der Rudolfsteig besitzt keine berühmten und spektakulären Einzelstellen. Er ist kein Klettersteig, und – auch das muss gesagt werden – er ist nicht gerade ein Genuss-Anstieg. Freunde großer Einsamkeit, alpiner, um nicht zu sagen wilder Bergatmosphäre und eines Schusses Herausforderung in einer landschaftlich reizvollen Umgebung werden in ihm aber eine wertvolle Entdeckung machen und seine Vorzüge sicher zu schätzen wissen. Aber Vorsicht: die Warnung beim Steigbeginn im Höllental ist gut, aber auch ernst gemeint: Alpine Erfahrung, Trittsicherheit und Schwindelfreiheit erforderlich!

Route

Anreisende mit dem Bus gehen von der Haltestelle Weichtalhaus auf der Bundesstraße weiter taleinwärts, durch die Straßengalerie hindurch und erreichen nach einer Linkskurve bei einem Parkplatz (gute Parkmöglichkeit) den Beginn des Rudolfsteigs. $^1/_2$ Std.

Auf der Forststraße zwei Kehren höher und in der folgenden Linkskurve links ab auf einem Steiglein. Zur Einstimmung bis zum Erreichen der ersten felsdurchsetzten Abschnitte schwarzerdig-rutschiges Wald- und Gebüschgelände! Erster Höhepunkt des Steigs ist dann auf ca. 800 m eine Einschartung (alter Stacheldrahtzaun) mit einem wilden Tiefblick in eine Felsrinne. Es folgt eine

Tour auf einen Blick

Windbruchzone mit kreuz und quer liegenden Baumstämmen. Dann wieder
ein Abschnitt mit Atem beraubenden und Schwindel erregenden Tiefblicken
ins Höllental und weiter im Wald zu einer gesicherten Steilrampe (Steigbuch).
Zwischen Felsformationen am Grat mal links, mal rechts die Schneide entlang. Föhrenbestände mischen sich ins Bild, das Gelände legt sich etwas
zurück. Es folgt eine ausgesetzte westseitige Querung (kurze Sicherung), die
den felsigen Pkt. 1207 umgeht und dahinter in eine Scharte führt. Es folgt steiles ursprüngliches Waldgelände, mit weichem, bei Nässe sehr rutschigem Erd-
reich und mit zum Teil nur schwach ausgeprägten Steigspuren, sodass man
genau auf die Markierungen achten muss. Wieder liegen Baumstämme
herum, einige glatte Felsplatten sind zu überwinden. Das Gelände steilt sich
noch weiter auf, bis endlich der Ausstieg am Rand einer ausgedehnten Windbruchzone erreicht ist. 2 Std.
Gemütlich und aussichtsreich weiter über die freie Fläche (auf Wegverlauf
achten), dann wieder in den Wald hinein und zur Einmündung in den Hoyossteig. Weiter durch schöne Wälder, dann durch Latschenfelder am Kloben östlich entlang (Blick über den Grünschacher hinweg zum Kamm Jakobskogel –
Preinerwand sowie zum Dreimarkstein), zuletzt über eine Wiesenflächen hinauf zum Klobentörl (Wegweiser). $^1/_2$ Std.

Tipps

✗ Abstiegsvarianten: Kesselgraben, Hoyossteig, Gaislochsteig, AV-Steig,
Teufelsbadstubensteig, Wachthüttelkammsteig
✗ Abstiege für Öffi-Benutzer:
  – nach Hinternasswald (via Habsburghaus)
  – zum Preiner Gscheid (via Seehütte, Waxriegelhaus, Karl-Ludwig-Haus)
  – nach Prein an der Rax (via Seehütte)
  – nach Hirschwang oder Edlach (via Otto-Haus und Seilbahn-Bergstation)
  – nach Kaiserbrunn (via Otto-Haus und Brandschneide)

Hoyossteig

Weichtalhaus – Großes Höllental – Hoyossteig – Klobentörl

Kartenansicht Seite 255

Das Einstiegswandl des Hoyossteigs.

Im Großen Höllental ist manches anders: Durch die schattig-kühlen Nordab-stürze führen unzählige Kletterrouten in allen Schwierigkeitsgraden und auch einige Klettersteige. Auf der sonnigen Südseite tut sich hingegen wenig. Die Fels-qualität ist meist schlecht, die Anziehungskraft daher gering. Für Klettersteig-geher gibt es aber trotzdem einen interessanten, nicht allzu schwierigen Lecker-bissen als Empfehlung. Die Route führt durch den hinteren, stark gegliederten Teil der Klobenwände, weist im unteren Abschnitt gesicherte Passagen auf und sucht dann durch unberührte Nadelwälder ihren Weg auf die Hochfläche. Der Landschaftsgenuss ist garantiert, und die wärmenden Sonnenstrahlen machen den Hoyossteig zu einem idealen Frühsommer- oder Spätherbst-Tipp.

Route

Wie beim Gaislochsteig in den Talschluss des Großen Höllentals und zur Abzweigung des Hoyossteigs, ca. 800 m, Wegweiser. $^1/_2$ Std.

Der weitere Anstieg ist rot markiert. Das Steiglein führt zunächst eben durch einen Jungwald und quert eine Schuttrinne. Die nächsten ca. 200 Hm durch eine steile, Schweiß treibende und mühsame Waldflanke. Eindrucksvolle Blicke hinüber zu Teufelsbadstubensteig, AV-Steig und Gaislochsteig. Der Einstieg des Hoyossteigs befindet sich am rechten unteren Rand eines Fels-kessels. $^1/_2$ Std.

Das Einstiegswandl ist leichter, als es den Anschein hat. Es folgt eine kurze Leiter, dann großteils Gehgelände mit einigen kurzen gesicherten Abschnitten hinauf in ein Schartl (Schneebergblick, spektakulärer Tiefblick ins Höllental).

253

Tour auf einen Blick

Errichtet: 1912

Betreuung: OeAV-Sektion Österreichischer Gebirgsverein, Wien

Start: Höllental, Weichtalhaus, 547 m, Bushalt, Parkplätze

Zeiten: Zustieg $1^1/_2$ Std., Steig $1^1/_2$ Std. Weiter ins Klobentörl $^1/_2$ Std.

Höhenunterschied: 1000 m bis zur Einmündung des Rudolfsteigs, 1100 m ins Klobentörl

Anforderungen: Ab der Abzweigung im Großen Höllental steiler, recht mühsamer Zustieg. Absolute Trittsicherheit auch in den ungesicherten Abschnitten des Hoyossteigs erforderlich

Klettersteig-Schwierigkeit: A-B, großteils A. Viel Gehgelände

Sicherungen: Stahlseil, Trittstifte, Eisenleitern

Ausrüstung: Alpine Grundausrüstung. Helm empfehlenswert. Der Hoyossteig wird in der Regel ohne Klettersteig-Selbstsicherung begangen. Für weniger Geübte sei eine solche aber empfohlen

Sicherungen: Handlauf, künstlich geschlagene Tritte, Leitern

Kinder: ab 12 Jahre bei Unterstützung durch Begleitperson

Hunde: nein

Aussicht: Großes Höllental (Loswand), Schneeberg

Orientierung: einfach. Nach dem Ausstieg auf Wegverlauf achten

Markierung: rot

Einkehr: Weichtalhaus, 547 m; Otto-Haus, 1642 m

Eignung für den Abstieg: ja, für geübte Bergsteiger

Jenseits kurz runter, dann in etwas ausgesetzter Querung weiter zu einer filigran wirkenden angelehnten Leiter. Nach einer weiteren Querung eine Felsecke, hinter der eine unangenehme Rampe höher führt. Jenseits der Rinne über eine ausgesetzte Platte, dann wieder Waldgelände. Steil ansteigen, und auf ca. 1300 m eine Einschartung, die sich ideal als Rastplatz eignet. Es folgen noch zwei kurze gesicherte Stellen, dann die Ausstiegstafeln am Rand einer ausgedehnten Windbruchzone. $1^1/_2$ Std.

Dort deutlich flacher auf dem schwach ausgeprägten Steig (Achtung vor allem im Abstieg auf Wegverlauf und Markierungen) über die Lichtung, mit mehreren markanten Richtungsänderungen zum Waldrand und in Kürze zur Einmündung des Rudolfsteigs. Weiter durch schöne Wälder, dann durch Latschenfelder am Kloben östlich entlang (Blick über den Grünschacher hinweg zum Kamm Jakobskogel – Preinerwand sowie zum Dreimarkstein), zuletzt über eine Wiesenfläche ins Klobentörl (Wegweiser). $^1/_2$ Std.

Tipps

✗ Abstiegsvarianten: Kesselgraben, Rudolfsteig, Gaislochsteig, AV-Steig, Teufelsbadstubensteig, Wachthüttelkammsteig

✗ Abstiege für Öffi-Benutzer:
  - nach Hinternasswald (via Habsburghaus)
  - zum Preiner Gscheid (via Seehütte, Waxriegelhaus, Karl-Ludwig-Haus)
  - nach Prein an der Rax (via Seehütte)
  - nach Hirschwang oder Edlach (via Otto-Haus und Seilbahn-Bergstation)
  - nach Kaiserbrunn (via Otto-Haus und Brandschneide)

Prein a. d. Rax

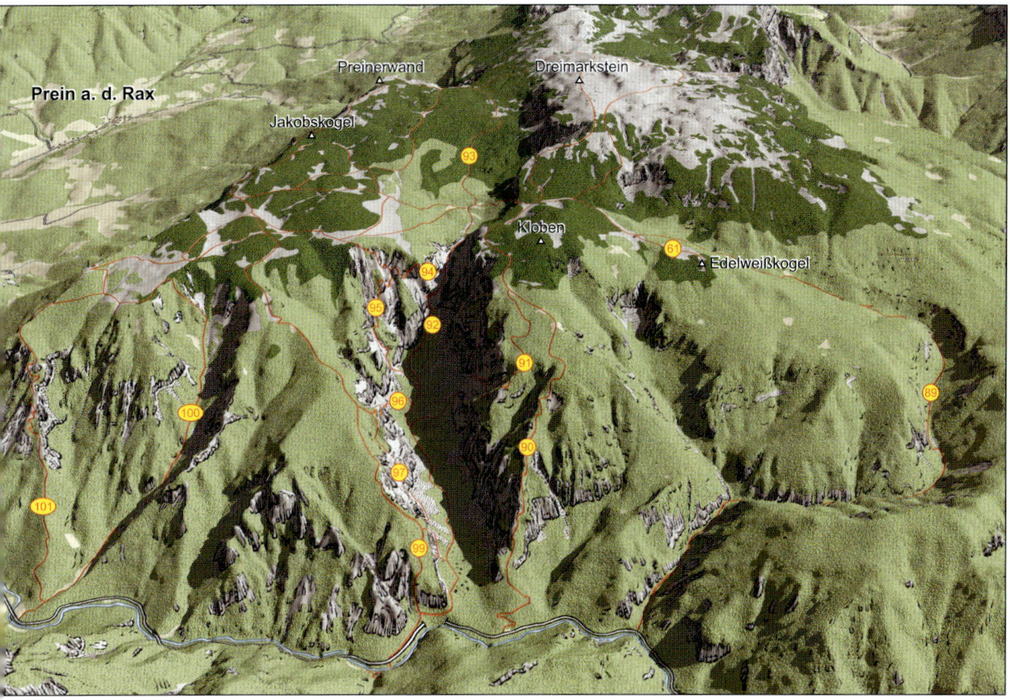

Preinerwand

Dreimarkstein

Jakobskogel

Kloben

Edelweißkogel

93

94

95

92

91

96

89

100

90

97

99

101

98

Karte Rax Höllental

1

Hainboden
△ 1268

Panorama

H

P

Weichtalhaus

Studierkogel
△ 1395

Großer Kesselgraben

89

Schütterhütte

P

H

P

Schwarza

Kaiserbrunn

P

H

98

97

99

Großes Höllental

90

91

Edelweißkogel
1581 △

61

96

Schneekogel
△ 1731

Weiße Wand
△ 1792

Gloggnitzer
Hütte

Kloben
△ 1697

92

95

94

Höllental-Aussicht
△ 1620

Höllental

Weichtal

100

101

Kaiserbrunn-Aussicht
△ 1484

Waxriegel
△ 1913

53

58

Wolfgang-
Dirnbacher-Hütte

Kerschbändl

54

Praterstern

Rax - Seilbahn

Habsburghaus

Scheibwaldhöhe
△ 1943

93

50

1688

1624

64

Ghf. Bergstation

Dreimarkstein
△ 1948

45

54

Jakobskogel
△ 1737

Otto-Schutzhaus

Sengerkogel
△ 1264

57

Trinksteinsattel
1850 Seehütte

Weißkogel
△ 1765

49

Knappenberg

Raxgmoahütte

Preinerwand
△ 1783

Schwarzkogel
△ 1025

Schendleck
△ 876

Kleinau

1000   2000 m

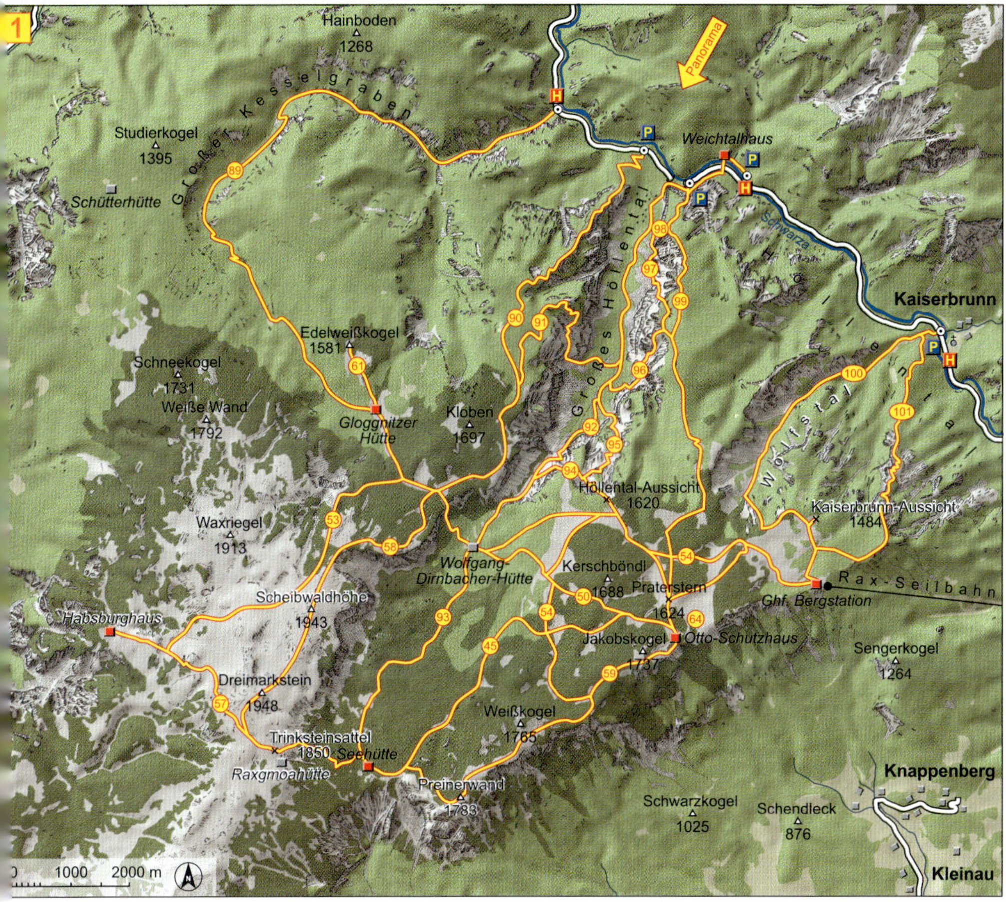

Gaislochsteig

Weichtalhaus – Großes Höllental – Gaislochsteig – Dirnbacher-Hütte

Kartenansicht Seite 255

Was wäre das Große Höllental ohne das Gaisloch? Sicher um eine Attraktion ärmer. Das Gaisloch, durch den Gaislochsteig erschlossen, bildet den markanten felsigen Talschluss des Großen Höllentals. Ein senkrechter Felsabbruch, beiderseits überragt von hohen Wänden und scheinbar unbegehbar. Der Gaislochsteig nutzt die niedrigste Wandstelle und überwindet sie mittels einer nahezu senkrechten Eisenleiter. Eine Quelle sorgt für permanente feucht-kalte Berieselung, im Winter für einen unterschiedlich dicken Eispanzer – zur Freude der Eiskletterer. Davor geht es durch eine roterdig-feuchte Höhle, die man über ein steiles Schüttfeld erreicht. Und danach geht es gemütlich weiter hinaus auf die Rax-Hochfläche. Zunächst zur lieblichen Wiese mit der Dirnbacher-Hütte, dann je nach Geschmack weiter und weiter…

Route

Vom Weichtalhaus oder einem der Parkplätze an der Bundesstraße zur Straßengalerie und direkt davor links ab (Wegweiser). Kurz steil ansteigen, dann rechts längere Querung unter Felswänden (Geländer) zur Schönbrunnerstiege. Die lange angelehnte Eisenleiter geduldig hinauf zu einer Fels-

Tour auf einen Blick

Errichtet: 1871 durch Guido List
Betreuung: ÖTK-Sektion Raxgmoa, Wien
Start: Höllental, Weichtalhaus, 547 m, Bushalt, Parkplätze
Zeiten: Zustieg $1^1/_2$ Std., Steig $^3/_4$ Std. Weiter zur Dirnbacher-Hütte $^1/_2$ Std.
Höhenunterschied: 700 m bis zum Ausstieg, 900 m zur Dirnbacher-Hütte.
Anforderungen: Kurzer gesicherter Klettersteig. Absolute Trittsicherheit und Schwindelfreiheit erforderlich. Eine sehr ausgesetzte Eisenleiter. Rutschgefahr im meist nassen Gelände
Klettersteig-Schwierigkeit: B, gesamter Steig meist feucht und rutschig
Sicherungen: Stahlseil, Eisenleiter, künstliche Tritte
Ausrüstung: für Ungeübte unbedingt Klettersteig-Selbstsicherung, selbst wenn diese aufgrund der Kürze des Steigs ungern und von den meisten Begehern nicht mitgeführt wird
Kinder: ab 10 Jahre mit Seil- oder Selbstsicherung
Hunde: nein
Aussicht: Großes Höllental (Klobenwand, Loswand), Schneeberg
Orientierung: einfach. *Markierung*: gelb
Einkehr: Weichtalhaus, 547 m; Otto-Haus, 1642 m
Eignung für den Abstieg: ja, für absolut schwindelfreie Bergsteiger

lücke. Durch sie hindurch (erster schöner Höllental-Blick) und auf einem guten Gehweg weiter. Im Talgrund des Großen Höllentals zunächst flach, dann ansteigend in einen lauschigen Hochwald. Vorbei an den Abzweigungen des Hoyossteigs (nach rechts) und des Teufelsbadstubensteigs (nach links) zu jener des AV-Steigs (ca. 880 m). 1^1/$_2$ Std.

Rechts ab über eine Geröllrinne, dann zunehmend steil und auch mühsam zunächst durch Wald, dann über ein Geröllfeld aufwärts. Am rechten Rand eines Plattenschusses weiter und über eine meist rutschige Rampe (rote Erde) in die markante große Höhle.

War edel unser Streben
ob's auch mißlang zuletzt
so ist verspielt das Leben
doch ehrlich eingesetzt

(Inschrift auf einer im Gaisloch angebrachten Gedenktafel für Josef Lusakowsky, tödlich abgestürzt am 11. 2. 1923 im Alter von 21 Jahren wegen Eispickelbruchs)

Rechts aus der Höhle hinaus (schöner fotogener Schneeberg-Blick) zur ersten senkrechten Leiter. Nach dieser rechts und eine meist nasse Rampe mit künstlichen Tritten höher (links eindrucksvoller, wasserüberronnener, von Moos bedeckter Felsblock). Kurz nach links (Regenschirm?) und nach den finalen Sicherungen in den unteren Gaislochboden (ca. 1280 m). 1 Std.

Zustieg zum Gaisloch unter den wilden Wänden des Großen Höllentals.

Im von wilden Wänden flankierten unteren Gaislochboden gemütlich aufwärts, vorbei an der Abzweigung des Gustav-Jahn-Steigs, dann über eine kurze Steilstufe in den oberen Gaislochboden und weiter zur Dirnbacher-Hütte. ^{1}/$_2$ Std.

Tipps

✘ Besonders lohnende Kombination Gaislochsteig – Gustav-Jahn-Steig – oberer AV-Steig.

✘ Abstiege: Großer Kesselgraben, Hoyossteig, Teufelsbadstubensteig, AV-Steig, Wachthüttelkammsteig.

✘ Abstiege für Öffi-Benutzer:
 – nach Hinternasswald (via Habsburghaus)
 – zum Preiner Gscheid (via Seehütte, Waxriegelhaus, Karl-Ludwig-Haus)
 – nach Prein an der Rax (via Seehütte)
 – nach Hirschwang oder Edlach (via Otto-Haus und Seilbahn-Bergstation)
 – nach Kaiserbrunn (via Otto-Haus und Brandschneide)

„Ho-Chi-Minh-Pfad"

Dirnbacher Hütte – „Ho-Chi-Minh-Pfad" – Seehütte

Kartenansicht Seite 201, 255

Der Name macht natürlich neugierig. In Zeiten des Vietnam-Kriegs war der Name in aller Munde. Ho Chi Minh war der Führer der vietnamesischen Befreiungsbewegung in den Indochina-Kriegen. Als Ho-Chi-Minh-Pfad gingen die Nachschubwege des Vietcong im Grenzbereich zwischen Vietnam und Laos in die Geschichte ein. Wie diese Bezeichnung seinen Weg auf die Rax und zum Grünschacher-Plateau gefunden hat und heute für den einstigen Verbindungsweg zwischen der Dirnbacher-Hütte und der Seehütte angewendet wird, entzieht sich jeder Kenntnis. Sicher ist, dass sie treffend ist, was die Art des Weges betrifft. Dieser führt großteils durch ausgedehnte übermannshohe Latschenfelder, ist nicht markiert, wird aber doch in bescheidenem Maß in Stand gehalten, wie deutliche Sägespuren beweisen. Ohne Bücken und Durchwühlen geht da nix, und wer die Sache ärmellos und mit kurzen Hosen angeht, wird dies garantiert büßen und bereuen. „Kratzfestigkeit" ist gefragt, und auch auf die Augen sollte man aufpassen! Für Freunde origineller Wegstrecken ist der „Ho-Chi-Minh-Pfad" ein kleines und feines Abenteuer abseits des nahen Raxtrubels.

Route

Von der Dirnbacher-Hütte in westlicher Richtung auf einem Steiglein zwischen vereinzelten Latschen, dann bei einer ersten Gabelung auf dem rechten

Tour auf einen Blick

Start: *Dirnbacher-Hütte, 1477 m. Zugänge u.a. über Seilbahn-Bergstation, Ottohaus, Großes Höllental oder Kesselgraben*
Zeiten: *1 Std. bis zur Seehütte*
Höhenunterschied: *180 m*
Anforderungen: *Unmarkierter Steig, großteils durch eine hochstämmige Latschenwildnis. Technisch einfaches Gehgelände mit Orientierungsaufgaben. Im Hochsommer in den Latschen Backofenhitze!*
Ausrüstung: *Alpine Grundausrüstung*
Kinder: *ab 10 Jahre*
Hunde: *ja*
Orientierung: *Unmarkierter Steig. Im ersten Abschnitt von der Dirnbacher-Hütte bis in die Latschenzone guter Orientierungssinn erforderlich. In den Latschen Wegverlauf beachten.* **Markierung:** *Keine. Einige stark verblasste alte gelbe Markierungen (teilweise grau übermalt)*
Aussicht: *Lechnermauern*
Einkehr: *Gloggnitzer Hütte, 1550 m; Ottohaus, 1642 m; Seehütte, 1643 m*
Eignung für die Gegenrichtung: *ja*

Wo sind die anderen?

Ast in eine schwach ausgeprägte Mulde und zu einer kleiner Lichtung. Auf dieser bald scharf links und zunächst sanft, dann deutlicher ansteigend zum Beginn der großen Latschenzone. Diese Stelle muss unbedingt gefunden werden, ansonsten ist der weitere Gang durch die Latschen praktisch unmöglich! In der Latschengasse in allgemein südwestlicher Richtung durch einen seichten Graben höher, dann ein ebener Bereich mit Nadelbäumen, dann wieder eine Grabenmulde, in der das Ho-Chi-Minh-Feeling so richtig durchschlägt! Auf ca. 1600 m ein deutlicher Rechtsschwenk in westliche Richtung, dann weiter nach Süden auf eine erste Lichtung und bald leicht fallend hinaus auf eine große Lichtung. Ende des Latschen-Infights!

In südlicher Richtung auf dem Steiglein zunächst sanft ansteigend, dann eben weiter zur Wegkreuzung (Wegweiser) und mit wenigen Schritte zur Seehütte. 1 Std.

In der Gegenrichtung: Von der Seehütte mit wenigen Schritten nach Norden zur Wegkreuzung (großer Wegweiser). Gerade weiter auf einem zunächst ebenen, dann sanft fallenden unmarkierten Steiglein zwischen engen Latschengassen dahin und nach ca. 500 Meter an den südlichen Rand einer großen Lichtung. Leicht rechts haltend hinauf zu den Latschen. Das deutliche Steiglein, welches in die Latschen hineinführt, muss unbedingt gefunden werden! Auf diesem wie oben in der Gegenrichtung zur Dirnbacher-Hütte. 1 Std.

Tipps

✘ Der Grünschacher ist sensibles Quellschutzgebiet. Besucher sind daher aufgefordert – noch mehr als sonst in den Bergen – Verunreinigung jeglicher Art zu vermeiden.

✘ Bei Orientierungsproblemen ja nicht versuchen, wild durch die Latschen zu steigen. Ein Vorwärtskommen ist extrem mühsam und Zeit raubend.

259

Gustav-Jahn-Steig

Weichtalhaus – Großes Höllental – Gaislochsteig – Gustav-Jahn-Steig – AV-Steig – Ottohaus

Kartenansicht Seite 255

Der Gustav-Jahn-Steig ist eine Zwischenlösung. Für sich allein kann er nicht begangen werden. In Kombination mit dem Gaislochsteig und dem oberen AV-Steig ergibt er aber eine überaus lohnende Aneinanderreihung ganz unterschiedlich gearteter Wegstrecken, die den kesselartigen Abschluss des Großen Höllentals erschließen. Der Gustav-Jahn-Steig stellt dabei den eindeutig anspruchsvollsten Abschnitt dar. Wegen der schweren Einzelstellen, wegen der alpinen Umgebung mit nicht immer zuverlässig festem Gestein und wegen des auch in den ungesicherten Abschnitten absolute Konzentration erfordernden Geländes. Er ist somit etwas für den kompletten Bergsteiger, der mit diesen Verhältnissen zurecht kommt und darin sicher unterwegs ist. Als Belohnung gibt es grandiose Ausblicke zum Schneeberg und Atem beraubende Tiefblicke in das Gaisloch.

Tour auf einen Blick

Errichtet: 1911, renoviert 1987

Betreuung: TVN, Ortsgruppe Wien-Währing

Start: Höllental, Weichtalhaus, 547 m, Bushalt, Parkplätze

Zeiten: Zustieg durch das Große Höllental 1^1/$_2$ Std. Von der Dirnbacher-Hütte ^{1}/$_2$ Std. Steig ^{1}/$_2$ Std. Weiter über den AV-Steig zur Höllental-Aussicht ^{1}/$_2$ Std., von dort zum Ottohaus ^{1}/$_2$ Std.

Höhenunterschied: aus dem Höllental 700 m bis zum Ausstieg, 900 m zur Dirnbacher-Hütte

Anforderungen: Alpine, zum Teil sogar „ernste" Umgebung. Absolute Trittsicherheit und Schwindelfreiheit erforderlich, auch im ungesicherten Gehgelände. Nicht immer fester Fels. An einigen Stellen erhöhte Rutschgefahr, vor allem bei Nässe

Klettersteig-Schwierigkeit: B-C

Sicherungen: Stahlseil, Eisenkette, Trittstifte

Ausrüstung: Alpine Grundausrüstung. Komplette Klettersteig-Selbstsicherung

Kinder: ab 14 Jahre

Hunde: nein

Aussicht: Großes Höllental (Klobenwand, Loswand), Schneeberg

Orientierung: einfach

Markierung: rot

Einkehr: Weichtalhaus, 547 m; Ottohaus, 1642 m

Luft unter den Sohlen auf dem Gustav-Jahn-Steig.

Route

Wie beim Anstieg durch das Gaisloch – oder von der Dirnbacher-Hütte kommend – in den von hohen Wänden eingefassten unteren Gaislochboden und zur beschilderten Abzweigung des Gustav-Jahn-Steigs. Auf einem Steiglein kurz aufwärts, dann unter Wänden links hinüber zu einem schrofigen Vorsprung. Kurz hinauf zur Wand und jenseits (Beginn der Sicherungen) abwärts in einen Kessel, der gequert wird. Über eine Kante hinweg, dann in einer längeren Querung zu einem Eck und dahinter hinab zum Steigbuch. In einer unangenehmen, mitunter rutschigen Querung (teilweise ungesichert) zu einer Rinne hinunter (schadhafte Kette). Nach einem kurzen steilen Gratanstieg durch eine Rinne zu einem Absatz (Ende der Sicherungen). Querung in bedeutend freundlicherem Gelände, dann aber nochmals Nervenkitzel unmittelbar vor der Einmündung in den AV-Steig (Geröllfeld, rötlicher frischer Wandausbruch). $^1/_2$ Std. Weiterweg siehe AV-Steig (Seite 262).

Tipps

✗ Kann selbstverständlich auch in der Gegenrichtung begangen werden.
✗ Abstiegsvarianten: Teufelsbadstubensteig, AV-Steig, Wachthüttelkammsteig
✗ Abstiege für Öffi-Benutzer:
  – zum Preiner Gscheid (via Seehütte, Waxriegelhaus, Karl-Ludwig-Haus)
  – nach Prein an der Rax (via Seehütte)
  – nach Hirschwang oder Edlach (via Ottohaus und Seilbahn-Bergstation)
  – nach Kaiserbrunn (via Ottohaus und Brandschneide)

Alpenvereinssteig

Weichtalhaus – Großes Höllental – Alpenvereinssteig – Höllental-Aussicht – Ottohaus

Kartenansicht Seite 255

Alpenvereinssteig:
So sonnig nur im
Hochsommer!

Im hintersten Winkel des Großen Höllentals reichen die Felswände am höchsten in den Himmel. Für einen gesicherten Durchstieg – noch dazu in einer faszinierend wilden Felsenwelt – sind sie geradezu ideal. Das dachte sich auch Camillo Kronich, der (geschäfts-)tüchtige Hüttenwirt des Ottohauses, der sich eine direkte Verbindung aus dem Großen Höllental (unter Umgehung der inzwischen abgetragenen Speckbacherhütte) zu seiner Hütte wünschte und diesen Wunsch bei August Cepl zur Realisierung in Auftrag gab.

Der Steig bietet keine allzu großen Klettersteig-Schwierigkeiten, ist aber trotzdem eine alpine Herausforderung. Die Einstiegsleitern sind mehr spektakulär als schwierig, die weiteren gesicherten Stellen halten sich in Grenzen. Unterwegs lauert aber viel Gehgelände, wo im wahrsten Sinn Trittsicherheit gefragt ist. Fehltritte dürfen nicht passieren! Darüber hinaus halten sich im Frühjahr lange gefährliche Altschneefelder in den zu querenden zahlreichen Steilrinnen. Der Alpenvereinssteig (kurz AV-Steig) ist ziemlich unfallträchtig und darf – auch wegen seiner Länge – nicht unterschätzt werden!

Tour auf einen Blick

Errichtet: 1910

Betreuung: OeAV-Sektion, Reichenau an der Rax

Start: Höllental, Weichtalhaus, 547 m, Bushalt, Parkplätze

Zeiten: Gesamt 4 Std. (Zustieg $1^1/_2$ Std., Steig 2 Std., zum Ottohaus $^1/_2$ Std.)

Höhenunterschied: 1100 m bis zum Ottohaus

Anforderungen: Lange Tour. Absolute Trittsicherheit auch in den ungesicherten Abschnitten unbedingt erforderlich. Absolute Schwindelfreiheit wegen der Einstiegsleitern. Im Frühjahr unbedingt meiden!

Klettersteig-Schwierigkeit: B, großteils A, viel Gehgelände

Sicherungen: Stahlseile, Tritteisen, Eisenleitern

Ausrüstung: Alpine Grundausrüstung. Unbedingt Helm. Der AV-Steig wird oft ohne Klettersteig-Selbstsicherung begangen. Ihre Verwendung ist aber dringend anzuraten!

Kinder: ab 14 Jahre

Hunde: nein

Aussicht: Großes Höllental, Schneeberg

Orientierung: einfach. Im Übergang von der Höllental-Aussicht zum Otto-Schutzhaus auf Wegverlauf achten. **Markierung**: rot, dann blau

Einkehr: Weichtalhaus, 547 m; Ottohaus, 1642 m

Eignung für den Abstieg: ja, bei entsprechender Vorsicht. Nicht bei Nässe!

Der Ausstieg befindet sich direkt bei der großartigen Höllental-Aussicht, einem der zweifelsfrei schönsten Punkte der Rax, mit herrlichem Tiefblick ins Große Höllental und hinüber zum Schneeberg.

Route

Wie beim Gaislochsteig in den Talschluss des Großen Höllentals und zur Abzweigung des AV-Steigs, ca. 880 m. Mit den blauen Markierungen am Waldrand neben der Geröllrinne weiter und nach einem Linksknick in einer ansteigenden Querung zu einem schütter bewachsenen Rücken und in Kehren steil hinauf zum Einstieg. 1^1/$_2$ Std.

Die Einstiegswand („Ceplwand") wird über fünf abenteuerlich ausgesetzte, zum Teil gebogene Eisenleitern überwunden. Weiter über ein kurzes doppelläufig gesichertes Gratstück und über einen baumbestandenen steilen Rücken zu einer rötlichen Felsnische. In einer leicht ansteigenden Querung unter den wilden Wänden nach rechts (etwas heikel) über eine Rinne und in einen schmalen Sattel hinter einem kleinen Turm. In weiterer Folge über mehrere erosionsanfällige Rinnen, dazwischen auch einige felsige Passagen mit Sicherungen (Tritteisen,

Höllentalaussicht beim Ausstieg des Alpenvereinssteigs.

Stahlseil). Schließlich über einen Latschenrücken und um ein Eck in einen Kessel (eventuell Wasserdusche!). Dann eine abdrängende glatte Rampe (Tritteisen), die zu einer Leiter führt. Einmündung des Gustav-Jahn-Steigs (Tafel, ca. 1370 m). 1^1/$_2$ Std.

Über die steile Leiter zur Elsarast, bald darauf eine weitere kurze Leiter, dann nach rechts, über ein Rinne, und durch steiles, zum teil gerölliges Gelände im Zickzack zum Schlusswandl. Um dieses rechts herum und hinaus zur Plattform der Höllentalaussicht (1910 Hedwig Kronich gewidmet). ^{1}/$_2$ Std.

Auf dem blau markierten Weg in südöstlicher Richtung über sanfte Almböden zwischen Latschenfeldern hindurch zum Praterstern und in Kürze leicht ansteigend zum Ottohaus. ^{1}/$_2$ Std.

Tipps

✗ Abstiegsvarianten: Großer Kesselgraben, Rudolfsteig, Gaislochsteig, Hoyos-Steig, Teufelsbadstubensteig, Wachthüttelkammsteig

✗ Abstiege für Öffi-Benutzer:

– zum Preiner Gscheid (via Seehütte, Waxriegelhaus, Karl-Ludwig-Haus)
– nach Prein an der Rax (via Seehütte)
– nach Hirschwang oder Edlach (via Ottohaus und Seilbahn-Bergstation)
– nach Kaiserbrunn (via Ottohaus und Brandschneide)

Teufelsbadstubensteig

Weichtalhaus – Großes Höllental – Teufelsbadstubensteig – Ottohaus

Kartenansicht Seite 255

Teufelsbadstubensteig: leichter Klettersteig durch schaurig-steile Wandzonen.

Wer eine Mixt(o)ur aus historischer Steiganlage und landschaftlicher Schönheit liebt, dem sei der Teufelsbadstubensteig wärmstens empfohlen. Angelegt wurde der Ursteig bereits um 1800 als Jagdsteig im Auftrag von Erzherzog Johann. Für touristische Zwecke hat ihn der ÖTK 1894 wieder in Stand gesetzt. Schon der komplexe Name deutet auf eine Zeit hin, wo Berge noch geheimnisvolle mystische Stätten waren. Der Steig selbst ist eine echte landschaftliche Kostbarkeit. Die Sicherungen wurden 2001 erneuert, die alten Stahlglieder durch ein Stahlseil ersetzt. Dazu gibt es einige steile Leitern. Zu achten ist beim Teufelsbadstubensteig auf die an mehreren Stellen beträchtliche Steinschlaggefahr, die durch unachtsame Vorausgeher droht. Und auch wenn die Klettersteig-Schwierigkeiten relativ gering sind, die Umgebung ist „alpin" und daher ernst zu nehmen. Unfälle müssen ja nicht sein!

Tour auf einen Blick

Errichtet: 1894.

Betreuung: ÖTK-Zentrale, Wien

Start: Höllental, Weichtalhaus, 547 m, Bushalt, Parkplätze

Zeiten: Zustieg 1 Std. Steig 1^1/$_2$ Std. Weiter zum Ottohaus 1^1/$_2$ Std.

Höhenunterschied: 700 m bis zum Ausstieg, 1100 m zum Ottohaus

Anforderungen: Alpiner, längerer, gesicherter Klettersteig. Absolute Trittsicherheit und Schwindelfreiheit erforderlich. Einige sehr ausgesetzte Stellen. Vorsicht bei Nässe in den ungesicherten Passagen

Klettersteig-Schwierigkeit: B, meist A und A-B. Nach der steilen Einstiegsrampe und im oberen Teil ungesichertes Gehgelände

Sicherungen: Stahlseil, Leitern

Ausrüstung: Unbedingt Helm! Eine Klettersteig-Selbstsicherung sei jedem empfohlen, selbst wenn diese von so manchem Begeher nicht mitgeführt wird.

Kinder: ab 12 Jahre

Hunde: nein

Aussicht: Große Höllental (Klobenwand, Gaisloch)

Orientierung: einfach. **Markierung**: rot

Einkehr: Weichtalhaus, 547 m; Ottohaus, 1642 m

Eignung für den Abstieg: ja, aber nur für geübte Bergsteiger

Teufelsbadstubensteig
im Winter – noch vor
der Sanierung.

Route

Wie beim Gaislochsteig in den Talschluss des Großen Höllentals und zur Abzweigung des Teufelsbadstubensteigs, Wegweiser. In Kürze zum Wandfuß und zum Einstieg (ca. 880 m). 1 Std.

Eine steile und gut gesicherte Rampe führt hinauf in den eindrucksvollen Teufelsbadstubenkessel, der über ein Geröllfeld gequert wird. Es folgen eine steile längere Leiter in eine Höhle, dann eine Atem beraubende ausgesetzte Querung um ein Eck und der Anstieg auf einen Felsabsatz. Nach einem weiten Kamin über Geröll hinweg, dann auf einem Felsrücken zum Ende der Sicherungen. Im Gehgelände (eingelagerte Felsplatten) steil dahin, um eine Wandzone links herum und am Rand einer Geröllhalde weiter. Diese an einer Engstelle nach links überqueren (Vorsicht!) und über den schütter bewachsenen Waldrücken zum Ausstieg (ca. 1220 m, Einmündung von links des ebenfalls rot markierten Preintalersteigs). Schöner Rastplatz, Aussicht, toller Tiefblick ins Große Höllental. Den Markierungen folgend in Kürze zum Wachthüttelkammsteig (ca. 1260 m). 1^{1}/$_{2}$ Std.

Tipps

✘ Abstiegsvarianten: Kesselgraben, Hoyossteig, Gaislochsteig, AV-Steig, Wachthüttelkammsteig.
✘ Abstiege für Öffi-Benutzer:
  – nach Hinternasswald (via Habsburghaus)
  – zum Preiner Gscheid (via Seehütte, Waxriegelhaus, Karl-Ludwig-Haus)
  – nach Prein an der Rax (via Seehütte)
  – nach Hirschwang oder Edlach (via Ottohaus und Seilbahn-Bergstation)
  – nach Kaiserbrunn (via Ottohaus und Brandschneide)

265

Preintalersteig

Weichtalhaus – Großes Höllental – Preintalersteig – Ottohaus

Kartenansicht Seite 255

Kurze anregende
Kletterstelle auf dem
Preintalersteig.

Markierte Klettertouren sind eine Spezialität des östlichen Alpenrands. Auf der Hohen Wand und auf der Rax gibt es eine ganze Reihe von Anstiegen, die mit Punkten versehen und damit leichter auffindbar sind. Der Preintalersteig gehört auch in diese Reihe, mit der Besonderheit, dass er sogar in den Karten eingezeichnet ist, was bei Klettertouren an sich unüblich ist. Da seine Begehung auch lohnend ist, sei er hier vorgestellt, wobei betont werden muss, dass für eine sichere Begehung alpines Kletterkönnen und Kletterroutine Voraussetzung sind.

Route

Vom Weichtalhaus oder einem der Parkplätze an der Bundesstraße zur Straßengalerie und direkt davor links ab (Wegweiser). Kurz steil ansteigen, dann rechts längere Querung unter Felswänden (Sicherungen) zur Schönbrunnerstiege. Die lange, angelehnte Eisenleiter geduldig hinauf in eine von einem abgesetzten Felsblock gebildete Lücke (erster schöner Höllental-Blick). Durch sie hindurch und auf einem guten Gehweg eben in einem Linksbogen zu einem markanten Felsblock. Gleich darauf links über ein steiles Geröllfeld (Steigspuren) zum

Tour auf einen Blick

Erstbegehung: *1886 durch Hans Wödl*
Betreuung: *ÖTK-Zentrale, Wien*
Start: *Höllental, Weichtalhaus, 547 m, Bushalt, Parkplätze*
Zeiten: *Zustieg 1 Std., Steig 1³/₄ Std. Weiter zum Ottohaus 1¹/₄ Std.*
Höhenunterschied: *550 m bis zum Ausstieg, 1100 m zum Ottohaus*
Anforderungen: *Längere alpine Klettertour. Absolute Trittsicherheit und Schwindelfreiheit erforderlich. Einige ausgesetzte Stellen. Allgemein guter Fels*
Kletter-Schwierigkeit: *Stellen II. Zwischendurch auch Gehgelände*
Ausrüstung: *Unbedingt Helm! Gefährtensicherung (Kletterseil) empfehlenswert. Wird von geübten Kletterern aber auch gerne seilfrei begangen*
Kinder: *ab 14 Jahre*
Hunde: *nein*
Aussicht: *Großes Höllental (Klobenwand), Gaisloch*
Orientierung: *Im Zustieg Orientierungssinn erforderlich.*
Markierung: *Zustieg teils unmarkiert, Preintalersteig rot*
Einkehr: *Weichtalhaus, 547 m, Ottohaus, 1642 m*
Eignung für den Abstieg: *ja, nur für im Abstieg sehr geübte Kletterer. Vom Wandfuß kann über eine Geröllhalde genussvoll und rasch in den Talgrund des Großen Höllentals zum Pkt. 661 hinabgelaufen werden*

Spätherbst oder Frühwinter? – auf dem Preintalersteig.

nahen Wandfuß (Stegenitz-Tafel). Am Wandfuß rechts entlang zur Stransky-Tafel mit der Inschrift:

„Wohl fand er oft, was Herz und Auge ihm ergötzte,
doch nie, was seine Berge ihm ersetzte."

Steil und mühsam weiter am Wandfuß entlang. Nach einem Eck links ein Felskessel. Nun das Geröllfeld queren zu einem Gratansatz (dort erste rote Zustiegs-Markierung). Um den Grat leicht abwärts herum, dann nach einem weiteren Eck links wieder steil und mühsam hinauf. Links mündet eine kleine Schlucht ein. Unter dem Wandvorbau rechts entlang (im Geröllfeld viele Eisenstangen) und links hinüber zum Einstieg auf ca. 850 m. 1 Std.

Bald eine erste schöne Stelle (kurzer enger Kamin mit stark abgeglättetem Gestein). Dann ein schwach ausgeprägter Gratverlauf mit mehreren Absätzen, wobei Steilaufschwünge links umgangen werden. In diesem Bereich eine zweite schwerere Stelle (kurzes Wandl). Dann eine steile, etwas abdrängende Rampe mit einem unangenehmen Ausstieg. Weiter hinauf am Rand eines Geröllfelds zu einer Steilwand, an dieser rechts entlang zu einem Baum mit dem Steigbuch (Achtung beim Aufmachen der Kassette: Buch fällt leicht heraus!). Durch eine steile Schlucht in ein Schartl unter dem Preintaler Turm. Links steil empor die letzten Klettermeter zum Ausstieg (ca. 1100 m). Bald rechts der Rinne im wildromantischen Steilwald höher und in einer Querung zu einem Felsbereich. An diesem rechts vorbei und über einen Gratverlauf zur Vereinigung mit dem Teufelsbadstubensteig (schöner Rastplatz, Aussicht, toller Tiefblick ins Große Höllental). Den Markierungen folgend in Kürze zum Wachthüttelkammsteig (ca. 1260 m). 1^1/$_2$ Std.

Tipps

✗ Abstiegsvarianten: Wachthüttelkammsteig, Teufelsbadstubensteig, AV-Steig
✗ Abstiege für Öffi-Benutzer:
  – nach Hinternasswald (via Habsburghaus)
  – zum Preiner Gscheid (via Seehütte, Waxriegelhaus, Karl-Ludwig-Haus)
  – nach Prein an der Rax (via Seehütte)
  – nach Hirschwang oder Edlach (via Otto-Haus und Seilbahn-Bergstation)
  – nach Kaiserbrunn (via Otto-Haus und Brandschneide)

Blechmauernsteig

Weichtalhaus – Großes Höllental –
Blechmauernsteig – Wachthüttelkammsteig -
Weichtalhaus

Kartenansicht Seite 255 (unten)

Die Schönbrunner-
Stiege: berühmter
Zugang ins Große
Höllental.

Der Blechmauernsteig ist aus touristischer Sicht eher für Kletterer von Bedeutung, die nach einer Tour durch die Blechmauern wieder zum Wandfuß zurückkehren und dabei den Umweg über den Wachthüttelkammsteig vermeiden wollen. Der Steig ist markiert und hat seine Tücken. Er ist zwar nie schwierig, aber gerade im Abstieg alles andere als ein Genuss. Steile Schrofen mit Geröllauflage auf den Platten sind so richtig nicht nach dem Geschmack der Sportkletterer. Und die Vorstellung, dass sich unterhalb der Geländekante eine senkrechte Wand befindet, fördert auch nicht gerade die Moral. Kein Wunder also, dass heute Abseilrouten dem Blechmauernsteig den Rang abgelaufen haben und ihm eine trostlose Zukunft bescheren.

Route

Wie beim Zustieg zum Preintalersteig (Seite 266) zur Stegenitz-Tafel. Am Wandfuß rechts entlang zum Einstieg bei einer Nische (rote Aufschrift „Blm. St." (ca. 680 m) ½ Std.

Rote Punkte schräg links aufwärts (Vorsicht: die wenigen Bäume sind nicht alle als Griff geeignet!), dann über einen Plattenschuss hinauf zum Ausstieg (ca. 760 m). Im steilen Waldgelände auf Steigspuren zunächst durch eine

Tour auf einen Blick

Betreuung: *geheimnisvoll*
Start: *Höllental, Weichtalhaus, 547 m, Bushalt, Parkplätze*
Zeiten: *Zustieg* $^1/_2$ *Std., Steig* $^1/_2$ *Std., zurück zum Weichtalhaus* $^1/_2$ *Std.*
Höhenunterschied: *300 m bis zum Wachthüttelkammsteig*
Anforderungen: *Kurze alpine ungesicherte Kletterei. Absolute Trittsicherheit und Schwindelfreiheit erforderlich. Wird in der Regel seilfrei begangen. Weniger Geübte sollten ihn meiden!*
Kletter-Schwierigkeit: *Stellen I*
Ausrüstung: *Alpine Grundausrüstung, Helm*
Kinder: *ab 14 Jahre*
Hunde: *nein*
Aussicht: *Südseite des Großen Höllentals (Klobenwand), Gaisloch*
Orientierung: *Im Zustieg Orientierungssinn erforderlich*
Markierung: *zunächst gelb, Zustieg teils unmarkiert, Blechmauernsteig rot*
Einkehr: *Weichtalhaus, 547 m*
Eignung für den Abstieg: *Nur für im Abstieg sehr geübte Kletterer*

schwach ausgeprägte Geröllrinne, dann links von einer Felszone empor zu einem großen Steinmann und mit wenigen Schritten zum blau markierten Wachthüttelkammsteig (ca. 840 m). $^1/_2$ Std.

Es herbstelt im Großen Höllental.

Tipp

✗ Der Blechmauernsteig ist wohl nur in Kombination mit einem weiteren Anstieg über den Wachthüttelkammsteig von Interesse. Im Abstieg hat er keine Bedeutung und ist auch nicht empfehlenswert.

269

Wachthüttelkammsteig

Weichtalhaus – Wachthüttelkammsteig – Otto-Haus

Kartenansicht Seite 255

Im Umfeld des Großen Höllentals ist der Wachthüttelkammsteig die leichteste Anstiegsmöglichkeit Richtung Otto-Haus und in weiterer Folge auf die Hochflächen des Raxplateaus. Als solcher ist er auch entsprechend häufig begangen. Leicht im eigentlichen Bergwander-Sinn ist er aber nicht. Eine beachtliche Abfolge von Eisenleitern und gesicherten Stellen, steiles, bei Nässe rutschig-gefährliches Waldgelände mit einigen Stellen, wo sogar Absturzgefahr besteht, verlangen den geübten trittsicheren Geher. „Natürlich" wird der Wachthüttelkammsteig auch oft von weniger routinierten Begehern besucht, diese haben dann aber mehr mit den Anforderungen zu kämpfen und können ihre Aufmerksamkeit weniger auf die landschaftlichen Schönheiten richten – und das ist schade.

Route

Vom Weichtalhaus über die Schwarza oder von einem der Parkplätze an der Bundesstraße zur nahen Straßengalerie und direkt davor links ab (Wegweiser).

Tour auf einen Blick

Errichtet: 1906
Betreuung: ÖTK-Sektion Raxgmoa, Wien
Start: Höllental, Weichtalhaus, 547 m, Bushalt, Parkplätze
Zeiten: Zustieg 5 Min. Steig 1¹/₂ Std. Weiter zum Otto-Haus 1³/₄ Std.
Höhenunterschied: 500 m bis zum Ausstieg, 1100 m zum Otto-Haus
Anforderungen: Trotz der relativen Leichtigkeit des Steigs absolute Trittsicherheit und Schwindelfreiheit erforderlich. An einigen Stellen bei Nässe Rutsch- und dann auch erhebliche Absturzgefahr
Klettersteig-Schwierigkeit: A., alpiner Anstieg mit eingelagerten gesicherten Einzelstellen. Dazwischen immer wieder Gehgelände
Sicherungen: Ketten, Stahlseil, Eisen- und Aluleitern
Ausrüstung: Alpine Grundausrüstung
Kinder: ab 10 Jahre
Hunde: nein
Aussicht: Großes Höllental (Gaisloch, Klobenwand), Schneeberg, Gutensteiner Alpen, Türnitzer Höger, Krummbachstein
Orientierung: einfach. Markierung: blau. Zusätzlich rote Mark. des WWW 01
Einkehr: Weichtalhaus, 547 m; Otto-Haus, 1642 m
Eignung für den Abstieg: ja, aber Vorsicht in den unteren steilen und mitunter rutschigen Abschnitten. Der Steig bildet den kürzesten Abstieg nach einer Klettertour in den Blechmauern und den Vorderen Loswänden und ist daher stark frequentiert. So manchen ausgepowerten Sportkletterer hat er aber schon das Fürchten gelehrt!

Wenige Schritte im Wachthüttelgraben aufwärts, dann rechts und zur Abzweigung ins Große Höllental. Mit den blauen und roten Markierungen alsbald links ab und über einen Rücken unter eine Wandzone. Eine erste Abfolge von Leitern und Sicherungen führt in einer ansteigenden etwas rutschigen Querung aus der wilden schattigen Felsszenerie auf einen Sattel (tolle Tiefblicke ins Höllental). Etwas rechts ein großer Steinmann (Ausstieg des Blechmauernsteigs). Dann ein steiler Rücken mit kreuz und quer liegenden Baumstämmen (Windbruch) und eine Abfolge von Leitern und Ketten. Zuletzt einige solitäre Leitern, die zum Ende der gesicherten Steiganlage führen (Tafel, ca. 1050 m, in der Nähe Ausstieg des Akademikersteigs). $1^1/_2$ Std.

Erster Schnee im leichten oberen Abschnitt des Wachthüttelkammsteigs.

Durch reizvolle Lärchen- und Föhrenbestände, wiederholt an der Geländekante entlang (schöne Fernblicke und Tiefblicke ins Große Höllental), in nachlassender Steigung zur Einmündung des Teufelsbadstubensteigs und des Preintalersteigs. $^1/_2$ Std.

Der roten Markierung folgend auf einen ausgeprägten Waldrücken. Auf ca. 1440 m vorbei am kaum noch definierbaren Standort der einstigen Speckbacher-Hütte. Dann über einige Lichtungen (Rückblick zum Schneeberg, Blumen!) in ein Latschenfeld. Nach einem Schwenk nach Westen wieder in allgemein südlicher Richtung praktisch eben hinüber zum so genannten Praterstern und in Kürze hinauf zum Otto-Haus. $1^1/_2$ Std.

Tipps

✗ Abstiegsvarianten: Teufelsbadstubensteig, AV-Steig, Gaislochsteig
✗ Abstiege für Öffi-Benutzer:
   – zum Preiner Gscheid (via Seehütte, Waxriegelhaus)
   – nach Prein an der Rax (via Seehütte)
   – nach Hirschwang oder Edlach (via Otto-Haus und Seilbahn-Bergstation)
   – nach Kaiserbrunn (via Otto-Haus und Brandschneide)

271

Großes Wolfstal

Kaiserbrunn – Großes Wolfstal – Seilbahn-Bergstation

Kartenansicht Seite 255

Blick aus dem
Großen Wolfstal zum
Schneeberg.

Unter den zahlreichen Anstiegsmöglichkeiten aus dem Höllental Richtung Rax-Hochfläche ist diejenige durch das Große Wolfstal sicherlich die ursprünglichste und einsamste. Dafür sorgt der Umstand, dass es keine Markierungen und auch nur vereinzelt Steigspuren gibt. Außerdem ist der Anstieg durchwegs steil und daher entsprechend Schweiß treibend und mühsam. Landschaftlich hat er dafür Großartiges zu bieten: eine quasi unberührte wilde Grabenlandschaft mit von Laub und Geröll bedecktem Boden, moosbewachsenen Felsen, kreuz und quer liegenden Baumleichen – enge Felskessel und eine weit sich öffnende Hangfläche mit abschließenden Wandfluchten. Trotz aller Wildheit der Umgebung bleiben die Anforderungen an den Bergsteiger mäßig. Die Orientierung ist einfach, die technischen Schwierigkeiten gering. Das Große Wolfstal ist ein kleines Rax-Abenteuer für alle, die das Ausgefallene suchen und dafür gerne einige Strapazen auf sich nehmen.

Route

In Kaiserbrunn einige Schritte auf der Bundesstraße flussaufwärts. Nach einem Haus (noch vor dem Ortsende-Schild) links ab auf den gelb markierten Steig (Schild Brandschneide/Otto-Haus). Durch dichten Fichtenforst, dann die Markierung links liegen lassen und gerade mit wenigen Schritten zu einem Forstweg. Über eine lang gestreckte Lichtung am Zaun einer großen Wildruhezone (Fütterungsbereich) entlang, dann auf dem Forstweg zu einer

Tour auf einen Blick

Start: *Höllental, Kaiserbrunn, 526 m, Bushalt, Parkplätze*
Zeit: *3 Std. bis zur Seilbahn-Bergstation*
Höhenunterschied: *1050 m*
Anforderungen: *Großteils steiler und wegloser Anstieg mit großem Höhenunterschied. Auf den Geröllhalden recht mühsam. Trittsicherheit erforderlich. An zwei kurzen Stellen ganz leichte Kletterei (I-). Im Frühsommer Achtung auf steile Altschneefelder im oberen Abschnitt*
Ausrüstung: *Alpine Grundausrüstung*
Kinder: *ab 14 Jahre*
Hunde: *ja – aber nur, wenn sie über die kurze Eisenleiter getragen werden können*
Aussicht: *Schneeberg, Reisalpe, Hochstaff, Krummbachstein*
Orientierung: *trotz weitgehend weglosem Gelände einfach. Gespür für die günstigste Wegwahl erforderlich.* **Markierung**: *keine*
Einkehr: *Gasthof zum Kaiserbrunnen, 526 m; Raxalpen-Berggasthof, 1547 m; Otto-Haus, 1642 m*
Eignung für den Abstieg: *ja, für geübte Bergsteiger*

scharfen Linkskehre. Gerade weiter zu einer Grabenteilung und im rechten Ast in die Wildnis des Großen Wolfstals hinein. Steil und mühsam teils weglos, teils auf Steigspuren höher. Am linken Rand einer ersten großen Geröllhalde empor und in den Grund eines Felskessels. 1 Std.

Eine kurze Eisenleiter und ein kurzes Stahlseil helfen über den Abbruch hinweg (links an der Wand ein „Eishammer"). Nach kurzer ganz leichter Kletterei folgt wieder Gehgelände. Der Graben verbreitert sich, der Rückblick zum Schneeberg auch. Erst im Bereich einer Waldzone fällt das Steigen etwas leichter, im Hochsommer vegetationsbedingt dafür die Wegwahl schwerer. Am linken Rand einer weiteren ausgedehnten Geröllhalde hinauf in einen zweiten Felskessel auf ca. 1200 m. 1 Std.

Aus diesem rechts auf Steigspuren etwas ausgesetzt zu einen Waldrücken und nach kurzem Anstieg links haltend zurück in den Graben. Dieser weitet sich bald gewaltig und löst sich nach oben hin in einem großartigen breiten Talschluss auf. Lose Steinbrocken erschweren den Steilanstieg. Auf ca. 1350 m auf Steigspuren links hinaus zu einer Felswand und unter ihr zurück in den Graben. Dann unter einem Felsgrat entlang. Auf ca. 1500 m bietet eine 20 Meter hohe Schuttrampe mit rötlichem Gestein die Möglichkeit, das Große Wolfstal nach links in ganz leichter Kletterei zu verlassen (Bogenhöhle beim Ausstieg). Dann kurz auf dem Waldrücken weiter und auf deutlichem Steig längere Waldquerung in östlicher Richtung hinaus an den Waldrand nahe der Kaiserbrunn-Aussicht. In südlicher Richtung, der Sender neben der Bergstation der Rax-Seilbahn dient als Orientierungshilfe, in Kürze hinüber zum Raxalpen-Berggasthof. 1 Std.

Tipps

✗ Kombination mit einer Begehung des Wasserleitungswegs von Hirschwang nach Kaiserbrunn.
✗ Abstieg: Brandschneide
✗ Abstiege für Öffi-Benutzer:
  – zum Preiner Gscheid (via Seehütte, Waxriegelhaus)
  – nach Prein an der Rax (via Seehütte)
  – nach Hirschwang oder Edlach (via Otto-Haus und Seilbahn-Bergstation)
  – ins Höllental

Brandschneide

Kaiserbrunn – Brandschneide – Kaiserbrunn-Aussicht – Seilbahn-Bergstation

Kartenansicht Seite 255

Unterwegs auf der
Brandschneide.

Der Camillo-Kronich-Steig über die Brandschneide vermittelt den kürzesten Aufstieg aus dem Höllental zur Rax-Hochfläche. Der Name rührt von einem verheerenden Waldbrand, der 1859 gewütet hat. In direkter Linie verfolgt der Steig einen mittelsteilen, zunächst bewaldeten, dann felsdurchsetzten Rücken, bis sich dieser in einem schönen Nadelwald verliert. Er kommt mit ganz wenigen gesicherten Passagen aus. Seine Reize liegen in seiner landschaftlichen Umgebung. Vor allem der Blick über das Höllental hinweg zum mächtigen Schneeberg, zur Stadelwand und zum Krummbachstein machen die Brandschneide zu einem besonders wertvollen Anstieg, der sich viel mehr Begeher verdienen würde. Vielleicht erhält er in Zukunft wieder mehr Besuch, wenn sich die überaus lohnende Kombination mit dem Wasserleitungsweg und einem Abstieg über den Gsolhirnsteig oder den Törlweg herumspricht.

Route

In Kaiserbrunn einige Schritte die Bundesstraße flussaufwärts. Kurz vor dem Ortsende-Schild nach einem Haus links ab auf den gelb markierten Steig (Wegweiser). Zunächst durch dichten Fichtenforst aufwärts, dann durch lich-

Tour auf einen Blick

Errichtet: 1903. Erstbegehung 1887 durch Hans Wödl und Franz Morelli
Betreuung: ÖTK-Sektion Raxgmoa, Wien
Start: Höllental, Kaiserbrunn, 526 m, Bushalt, Parkplätze
Zeit: Steig 2 Std. Weiter zur Seilbahn-Bergstation $^1/_2$ Std.
Höhenunterschied: 800 m bis zum Ausstieg, 1050 m zur Seilbahn-Bergstation
Anforderungen: Großteils steiler Anstieg mit großem Höhenunterschied. Trotz der relativen Leichtigkeit des Steigs Trittsicherheit erforderlich
Klettersteig-Schwierigkeit: A, alpiner Anstieg mit kurzen gesicherten Einzelstellen
Sicherungen: Stahlseil, Eisenleitern
Ausrüstung: Alpine Grundausrüstung
Kinder: ab 10 Jahre
Hunde: nein
Aussicht: Schneeberg, Reisalpe, Hochstaff, Türnitzer Höger, Krummbachstein.
Orientierung: einfach. *Markierung:* gelb, dann blau
Einkehr: Gasthof zum Kaiserbrunnen, 526 m; Raxalpen-Berggasthof, 1547 m; Otto-Haus, 1642 m
Eignung für den Abstieg: ja

Auf der Brandschneide, dahinter der Schneeberg.

tere Hochwaldbestände. Allmählich wird das Gelände felsdurchsetzt und die Ausblicke verbessern sich. Einige kurze Abschnitte sind mit Handlauf gesichert, zwei Leitern helfen über Steilstufen hinweg. Dann im oberen Teil in einem schönen Nadelwald gemütlicher höher zur Einmündung in den blau markierten Gsolhirnsteig. $2^1/_2$ Std.

In einer sanft ansteigenden Querung hinüber zur Skipiste, dort links einschwenkend durch die Waldschneise und wieder links in Kürze zur Seilbahn und zum Raxalpen-Berggasthof (markante Sendeanlage). $^1/_2$ Std.

Tipps

✘ Kombination mit einer Begehung des Wasserleitungswegs von Hirschwang nach Kaiserbrunn.

✘ Lohnender Abstecher zur Kaiserbrunn-Aussicht: An der Stelle, wo die Skipiste erreicht wird, rechts haltend in nördlicher Richtung (grüne Markierung auf Steinen beachten) über eine ebene Rasenfläche und kurz abwärts zur Aussicht (Schneebergblick, schöner Rastplatz).

✘ Abstiegsvarianten: Gsolhirnsteig, Törlweg, Wachthüttelkammsteig, Teufelsbadstubensteig, AV-Steig, Gaislochsteig.

✘ Abstiege für Öffi-Benutzer:

– zum Preiner Gscheid (via Seehütte, Waxriegelhaus)
– nach Prein an der Rax (via Seehütte)
– nach Hirschwang oder Edlach (via Otto-Haus oder Gsolhirnsteig)

Hinternasswald – Moassa – Waxriegelhaus – Hirschwang

Kartenansicht Seite 201 (oben), 227 (oben), 232, 233

Das Rax-U ist eine Kreation des Autors und als Versuch gedacht, der Rax einen ähnlichen Höhenweg zu bescheren, wie ihn der Schneeberg mit seinen beiden Grafensteigen besitzt. Der Wegverlauf mag abschnittsweise gesucht erscheinen, und er wird wohl an sein berühmtes Vorbild vor allem wegen der doch längeren Forststraßen-Strecken nicht heranreichen. Aber den Versuch soll er wert sein!

Die Route verläuft in einer Höhe zwischen 1000 und 1400 m und umrundet die west- und südseitigen Felsabbrüche der Rax von den Kahl- und den Raxenmäuern über die Preinerwand bis zum Gsolhirn. Im ersten Teil werden durchwegs bestehende markierte Strecken benutzt, dann zum Großteil unmarkierte Forststraßenabschnitte zusammengefügt.

Streckenverlauf: Hinternasswald – Reißtalklamm – Nassriegel – Nasskamm – Schutzsteig – Moassa – Reißtalerhütte – Kontruszsteig – Waxriegelhaus – Griesleitengraben – Querung unter den Wänden der Preinerwand und des Jakobskogels – Knappenhof – Hirschwang
(Variante: Gsolhirnsteig – Seilbahn-Bergstation – Brandschneide – Kaiserbrunn)

Route

Von Hinternasswald wie beim Gamsecksteig (Seite 231) auf den Nasskamm. 1¹/₂ Std.

Durchblick vom Schutzsteig Richtung Schneealpe.

Auf dem rot markierten Abstieg ins Altenbergtal bis dorthin, wo dieser die Forststraße nach rechts auf einem Steig verlässt. Wegweiser „Schutzsteig" (in der Karte fälschlich „Schatzsteig"). Der unter dieser Bezeichnung verhältnismäßig unbekannte rot markierte Übergang vom Nasskamm zum Moassa bildet eine lohnende Querung der Waldzone unter den Raxenmäuern. Höhepunkte sind dabei sicher die Blicke hinüber zur Schneealpe mit dem auffälligen lang gezogenen Felsstreifen der Nasswand, den steilen Rasenflanken der Schauerwand (Heufeld) und dem Schneealpenhaus, dessen rotes Blechdach für einen typischen Farbakzent sorgt.

Auf der Forststraße mit geringem Höhenverlust zu einem Graben. Nach diesem links ab Richtung Moassa. Kurz auf dem Waldweg, dann rechts auf einem Steiglein weiter und über einen feuchten Graben. Die stimmungsvollen Waldhänge des Grabnergupfs mit geringem Höhenverlust queren (eine kurze Stelle bei einem Felsen erfordert Trittsicherheit). Auf einer Lichtung schöner Blick zur Schneealpe. In einem weiten Linksbogen in einen Lawinengraben, der vom Kessel zwischen Gamseck und Hohem Stein gespeist wird (oberhalb Pkt. 1068). Waagrecht weiter zu einer nahen Abzweigung. Links auf weichem Waldboden kurzer Anstieg in Kehren, dann bei der folgenden Gabelung rechts und weiter zu einer idyllischen Lichtung (Holzhütte, schöner Rastplatz mit Aussicht). An einem Reservoir vorbei zu einem Zaun, dann wieder auf dem Steiglein zur Einmündung in eine Forststraße. Auf dieser links (Blick zu den Raxenmäuern) und zum Moassa (unterwegs eine Schottergrube und – schöner! – erster Fernblick zur Veitsch). $1^1/_2$ Std.

Vom Moassa in allgemein östlicher Richtung auf dem rot markierten Übergang Richtung Reißtalerhütte und Preiner Gscheid. Zunächst zum Rücken des Bärenkogels (Einmündung des rot markierten Redensteigs), dann ober-

Altweibersommer im Altenbergtal. Blick zum Grabnergupf (links) und zu den Abstürzen zwischen Gamseck und Altenbergersteig.

halb einer Wiese die Einmündung des blau markierten Kohlbachecksteigs (beide aus dem Raxental kommend). Bei einer Kreuzung nördlich des Giglgupfs kurz auf einem Steiglein zu einer Forststraße empor und auf dieser zur Reißtalerhütte. Bei der nahen Kreuzung auf dem weiterhin rot markierten Kontruszsteig schöne Querung zu den Wiesen im Siebenbrunnenkessel und kurzer Anstieg zum Waxriegelhaus. $1^1/_2$ Std.

In westlicher Richtung auf dem schönen gelb markierten Waldsteig hinunter in den Griesleitengraben. Nach der Doppelkehre einer Forststraße im Grabengrund bei der folgenden Gabelung links und auf der Forststraße (unmar-

kiert) am Pkt. 1075 vorbei ansteigend auf einen Rücken, wo der grün markierte Anstieg von Griesleiten und der rot markierte Anstieg von Prein zusammentreffen. Auf der Forststraße um den Rücken herum, zu einer nahen Schottergrube und weiter zum rot markierten Abstieg in die Großau. Auf diesem abwärts (auf Wegverlauf genau achten!) bis zur Einmündung eines engen Grabens von links (ca. 800 m, direkt davor steiler, etwas unangenehmer Abstieg). Auf der Forststraße links und in allgemein nordöstlicher Richtung zum Pkt. 913. Weiter hinüber zur grün markierten Verbindung zum Törlweg. Auf diesem Steig rechts abwärts, dann bei der nächsten Gabelung scharf links und mit gelb zum Törlweg und mit rot hinunter zum Knappenhof. Weiterer Abstieg nach Hirschwang (gelb oder rot), Edlach (blau) oder Dörfl (rot). 3 Std.

Tour auf einen Blick

Start: Hinternasswald, 711 m, Bushalt, Parkplätze
Zeit: $7^1/_2$ Std.
Höhenunterschied: ca. 1100 m
Anforderungen: Langer Höhenweg, der an einer Stelle (auf dem Schutzsteig) Trittsicherheit erfordert. Sonst keine technischen Schwierigkeiten
Ausrüstung: Alpine Grundausrüstung
Kinder: ab 14 Jahre
Hunde: ja
Aussicht: Kahlmäuer, Schneealpe, Veitsch, Stuhleck, Sonnwendstein, Schneeberg, Gahns, Bucklige Welt, Wechsel
Orientierung/Markierung: Erster Teil gut markiert, dann unmarkiert auf Forststraßen. Kurz weglos, aber einfach zu finden
Einkehr: Alpengasthof Moassa, 1172 m; Waxriegelhaus, 1361 m; Knappenhof, 769 m; Hirschwanger Hof, 500 m

Ortsregister

Kursiv gesetzt: Schneeberg

Normal gesetzt: Rax

Literatur

ALManach Niederösterreich. Veritas Verlag, Linz 1998

Günter und Luise Auferbauer: Bergtourenparadies Steiermark. Graz: Styria 2000

Thomas Behm: Kletterführer Höllental. Wiener Neustadt: Eigenverlag 2000

Fritz Benesch, Josef Pruscha, Peter Holl: Führer auf die Raxalpe. Wien: Touristenverein „Die Naturfreunde" 1982

Ralf Brunner/Harald Pamberger: Klettergebiet Rax-Südwestseite. Langenwang: Eigenverlag 2001 (Tel. 03854-3325)

Gottfried Brandstätter: Die Rax – Juwel in den Kalkalpen. Ternitz: Verlag Gerhard Höller 1999

Thomas Dirnböck, Michaela Krause: Die Tier- und Pflanzenwelt von Rax und Schneeberg. Wien: Bohmann Verlag 1998

Franz Hauleitner: Der Schneeberg. St. Pölten: Niederösterreichisches Pressehaus 1984

Hans Hödl: Wandererlebnis Wiener Hausberge. St. Pölten: NP Buchverlag 1999

Franz Höpflinger & Herbert Schliefsteiner: Naturführer Österreich – Flora und Fauna. Graz: Styria 1995

Karl Kolar: Schneealpe – Rax – Schneeberg. Reichenau an der Rax: Eigenverlag 1999

Wolfgang Kos: Über den Semmering. Wien: Edition Tusch 1991

Karl G. Kreiter: Was uns die Namen dieser Schutzhütten im Alpenraum sagen. Worms: Eigenverlag 1994

Hans Georg Krenmayr [Red.]: Rocky Austria … Eine bunte Erdgeschichte Österreichs. Wien: Geol. B.-A. 1999

Wolfgang Ladenbauer: Puchberg am Schneeberg. Puchberg: Eigenverlag 1996

Karl Lukan: Schneeberg und Rax. Wien: Verlag Anton Schroll & Co 1978

Gerhard W. Mandl, Axel Nowotny & Manfred Rockenschaub: Geologische Karte der Republik Österreich, 1:50.000, Blatt 104 MÜRZZUSCHLAG. Wien: Geol. B.-A. 2001

Adolf Mokrejs: Die Wiener Hausberge. Wien: Pichler Verlag 2001

Robert Pap: Reichenauer Spaziergänge. Ternitz: Verlag Gerhard Höller 1998

Manfred Pils: „Berg frei". Wien: Verlag für Gesellschaftskritik 1994

Rudolf Reidinger: Schneebergführer. Reichenau an der Rax. Eigenverlag 1975

Martin Röggla, Werner Richter: Klettern in den Wiener Hausbergen. Wien: Österreichischer Bundesverlag 1989

Kurt Schall: Genuss-Skitourenatlas Österreich Ost. Wien: Schall Verlag 1999

Kurt Schall: Klettersteige und leichter Fels Österreich Ost. Wien: Schall Verlag 2001

Kurt Schall: Genuss-Kletteratlas Österreich Ost. Wien: Schall Verlag 2000

Kurt Schall, Harald Braun, Alfred Kapfenberger: Schneeberg – Raxalpe. Wien: Schall Verlag 1989

Gerhard Schirmer: Schneeberg & Rax. Wien: Österreichischer Touristenklub 1994

Peter Sova (Hrsg.): Alpinismus in Wien. Wien: Verlag Jugend & Volk 1999

Csaba Szépfalusi: Wanderparadies Niederösterreich. Wien: Pichler Verlag 1999

Csaba Szépfalusi: Winterwandern & Schneeschuhwandern. Wien: Pichler Verlag 2000

Robert Wurst/ Rachoy/ Hans Messeritsch: Nordalpiner Weitwanderweg 01. Graz: Styria Verlag 2001

Seite 286/287: Blick von der Schneealpe zur Rax (Gamseck, Heukuppe, Raxenmäuer).

Die Deutsche Bibliothek – CIP-Einheitsaufnahme

Csaba Szépfalusi – Karel Kriz: Bergerlebnis Schneeberg & Rax. Die schönsten
Bergwanderungen und Klettersteige /
Csaba Szépfalusi – Karel Kriz – Graz; Wien; Köln: Verl. Styria, 2002
ISBN 3-222-12830-8

Titelseite:
Großes Bild: Rax, auf dem Höhenweg vom Jakobskogel zur Preinerwand. Kleine Bilder: Links:
Schneeberg, Wurzengraben; Mitte: Schneeberg, Kienthaler Hütte; Rechts: Rax, Hoyossteig.
Letzte Umschlagseite: Links oben: Höllental, Wasserleitungsweg; Links unten: Rax, Abstieg vom
Jakobskogel; Rechts: Altenbergtal mit Blick auf Grabnergupf und Gamseck.

Alle Fotos: Csaba Szépfalusi – außer: Seite 25 und 49: MA31, Wr. Wasserwerke;
Seite 27: Archiv MA 49; Seite 194: Alexandra Schindelar.

Grundlagen für Panoramen und Karten:
© BEV – 2001, Vervielfältigt mit Genehmigung des BEV –
Bundesamtes für Eich- und Vermessungswesen in Wien, Zl. 40681/01.

© 2002 Verlag Styria Graz Wien Köln
www.verlagstyria.com

Umschlaggestaltung: Andrea Malek
Satz und Reproduktion: Reprozentrum Klagenfurt
Gesamtherstellung: Medienhaus Styria Graz
ISBN 3-222-12830-8

Alle Informationen wurden nach bestem Wissen und Gewissen ausgearbeitet. Dieser Führer ist
nur ein unverbindlicher Ratgeber; jede Umsetzung, insbesondere im Gelände, erfolgt in
Eigenverantwortung des Anwenders.